国家卫生健康委员会"十四五"规划教材

全 国 高 等 学 校 教 材

供养老服务管理专业用

中国传统养老文化

养老服务管理

主 编 王明强

副主编 张开伟 潘晓彦

编 委 （按姓氏笔画排序）

王林森（乐山师范学院）　　　　陈　宇（广西医科大学）

王明强（南京中医药大学）　　　陈红梅（天津中医药大学）

王彦茹（浙江中医药大学）　　　林星星（辽宁中医药大学）

向　楠（山东中医药大学）　　　罗宝珍（福建中医药大学）

刘云龙（南京中医药大学）　　　周　蓉（山西中医药大学）

宇　寰（安徽医科大学）　　　　赵心华（上海中医药大学）

许安萍（北京中医药大学）　　　段鸣鸣（江西中医药大学）

李　楠（沈阳医学院）　　　　　夏丽娜（成都中医药大学）

李莹波（陕西中医药大学）　　　隋　华（大连医科大学）

李振兴（广西中医药大学）　　　靳祥云（齐鲁医药学院）

何海燕（重庆医科大学）　　　　潘晓彦（湖南中医药大学）

张开伟（贵州中医药大学）

秘 书 谢士钰（南京中医药大学）

人民卫生出版社

·北京·

图书在版编目（CIP）数据

中国传统养老文化 / 王明强主编 . -- 北京 ：人民
卫生出版社，2024. 7. -- ISBN 978-7-117-36609-0

I. D669. 6

中国国家版本馆 CIP 数据核字第 202483A6E5 号

人卫智网	**www.ipmph.com**	医学教育、学术、考试、健康，购书智慧智能综合服务平台
人卫官网	**www.pmph.com**	人卫官方资讯发布平台

中国传统养老文化
Zhongguo Chuantong Yanglao Wenhua

主　　编：王明强
出版发行：人民卫生出版社（中继线 010-59780011）
地　　址：北京市朝阳区潘家园南里 19 号
邮　　编：100021
E - mail：pmph @ pmph.com
购书热线：010-59787592　010-59787584　010-65264830
印　　刷：三河市宏达印刷有限公司
经　　销：新华书店
开　　本：850×1168　1/16　印张：10
字　　数：262 千字
版　　次：2024 年 7 月第 1 版
印　　次：2024 年 7 月第 1 次印刷
标准书号：ISBN 978-7-117-36609-0
定　　价：59.00 元

◆◆◆ 出 版 说 明 ◆◆◆

人口老龄化是今后较长一段时期我国的基本国情。习近平总书记强调,有效应对我国人口老龄化,事关国家发展全局,事关亿万百姓福祉。养老服务管理专业作为新兴专业于 2020 年开始招生,专业建设亟待加强。为贯彻落实习近平总书记关于养老服务工作重要指示精神和党中央国务院决策部署,响应实施积极应对人口老龄化国家战略,补齐养老服务管理专业教材建设短板,加快推进养老服务管理专业建设,提升养老服务管理人才培养质量。在教育部、民政部和国家卫生健康委员会的领导下,人民卫生出版社和南京中医药大学依托全国养老服务管理专业高质量建设联盟,联合全国相关院校组织和规划了国家卫生健康委员会"十四五"规划教材全国高等学校养老服务管理专业规划教材的编写工作。

为了贯彻落实党的二十大报告关于"加强教材建设和管理"的要求,做好首轮全国高等学校养老服务管理专业规划教材的出版工作,人民卫生出版社在南京中医药大学和全国养老服务管理专业高质量建设联盟的大力支持下,成立了首届全国高等学校养老服务管理专业规划教材评审委员会,以指导和组织教材的遴选、评审和出版、选用工作,确保教材的编写质量。在充分调研论证的基础上,根据养老服务管理学专业人才培养目标和人才培养方案,确定了第一批《养老服务管理学》《养老政策法规》《中国传统养老文化》《居家社区养老服务管理》《老年健康管理》《养老机构运营管理》6 种规划教材。在全国 33 所高等院校 400 余位专家和学者申报的基础上,经过教材评审委员会遴选,近 200 位专家教授参与了教材的编写工作。

本套教材致力于满足当前养老服务管理学专业本科层次的教学需求,主要编写特点如下:

1. 面向老龄社会,服务国家战略 本套教材贯彻积极应对人口老龄化国家战略,力求编写出符合我国国情,适应我国养老行业发展需求,紧跟养老服务管理学人才培养教育教学改革步伐,促进学生综合素养提升的适宜教材,致力于培养"厚知识、融人文、懂服务、精管理"的高素质复合型养老服务管理人才。

2. 坚持立德树人,注重价值引领 牢牢把握正确的政治方向和价值导向,融入思政元素,把立德树人贯穿教材建设全过程、各方面,发挥中国优秀传统养老文化育人优势,促进传统和现代养老文明与专业教育有机融合,指导学生树立正确的世界观、人生观、价值观,帮助学生确立投身养老行业的职业信念和理想。

3. 汇集专家智慧,坚持质量第一 本套教材的编者不仅包括开设养老服务管理学专业院校一线教学专家,还包括本学科领域行业协会、养老机构的权威学者,充分发挥院校、行业协会、养老社会机构合作优势,凝聚全国专家智慧,打造具有时代特色、体现学科特点、符合教学需要的精品教材。

4. 以学生为中心,体现发展理念 注重教材编写对教学改革和课堂革命的适应性、引领性,体例设置和内容编排坚持以"学"为主导,体现学生在教学中的主体性,注重培养学生自主性学习和终身学习的习惯和能力。

5. 坚持与时俱进,打造融合教材 本套教材采用纸质教材和数字资源融合的编写模式,教材使用者可通过移动设备扫描纸质教材中的"二维码"获取更多的教材相关富媒体资料,包括教学课件、

复习思考题答案、模拟试卷、拓展资料等,为广大师生提供了丰富的教学资源和广阔的互动空间。

本套教材的编写,得到了相关部门的指导和大力支持,凝聚了全国养老服务管理高等教育工作者和行业学者的集体智慧,谨向有关单位和个人致以衷心的感谢!希望本套教材的出版能够助推高等学校养老服务管理专业建设与教学改革创新,为我国养老事业和养老产业高质量发展提供有力的人才支撑。

尽管在编写过程中各位编者和工作人员尽心竭力、精益求精,但本套教材仍可能存在不足之处,敬请各相关院校广大师生在使用过程中能够多提宝贵意见和建议,以便今后修订和完善。

人民卫生出版社

2024 年 7 月

◆◆◆ 前 言 ◆◆◆

中国传统养老文化是面向高等院校养老服务管理专业及其他涉老专业开设的一门专业基础课，目的在于弘扬传承中国传统养老孝老敬老文化、增强学生养老孝老敬老意识，在潜移默化中提升学生中国传统文化素养，培养学生的精神情怀、人生境界和优良品格，树立职业理想信念，为后续专业课程学习和终身教育打下基础。使用本教材的参考教学时数为18~36学时。

人口老龄化是社会发展的重要趋势，是人类文明进步的体现，也是今后较长一段时期我国的基本国情，为此党的十九届五中全会明确提出了"实施积极应对人口老龄化国家战略"。培养一流的养老服务管理专业化人才队伍是实施积极应对人口老龄化国家战略的重要举措，而培养一流的养老服务管理专业化人才则离不开优秀传统养老文化的教育和熏陶。2000年8月，中共中央、国务院发布的第一个指导中国老龄工作的纲领性文件《关于加强老龄工作的决定》，就提出"要大力弘扬中华民族传统美德，在全社会广泛开展敬老、养老、助老的道德教育"。2018年1月，全国老龄办、中共中央组织部、中共中央宣传部等14部门印发《关于开展人口老龄化国情教育的通知》，"孝亲敬老文化教育"被列为主要内容之一，提出要"把弘扬孝亲敬老文化纳入社会主义核心价值观宣传教育，激励人们向上向善、孝老爱亲"。2021年11月，《中共中央 国务院关于加强新时代老龄工作的意见》提出"实施中华孝亲敬老文化传承和创新工程"。2022年2月，国务院发布《"十四五"国家老龄事业发展和养老服务体系规划》，强调要"传承弘扬家庭孝亲敬老传统美德"，要"积极践行社会主义核心价值观，传承弘扬'百善孝为先'的中华民族传统美德"。作为从事养老服务管理的专业人士，只有充分领悟和把握中国传统养老文化的内涵和精髓，才能真正赓续中华优秀传统文化的精神血脉，把马克思主义基本原理同中国具体实际相结合、同中华优秀传统文化相结合，从而为养老事业和产业发展做出应有贡献。

基于课程的性质和作用，针对当代大学生所具备的中国传统文化知识和修养现状，结合养老服务管理专业及其他涉老专业开办实际，本教材编写坚持以立德树人为根本任务，突出文化引领，精选中国传统养老文化中优秀和精髓的内容。全书共分九部分：绪论，概要阐述"中国传统养老文化"的定义与内涵、整体架构与基本特性，以及学习中国传统养老文化的意义与方法；第一章"中国传统养老文化发展史"，分历史阶段对中国传统养老文化的时代背景、主要成就以及主要特征等历史风貌予以概要呈现；第二章"中国传统养老思想文化"，在概述中国传统养老思想文化的基础上，重点阐述儒家、道家、佛家的养老思想，兼及墨家、管子和医家的养老思想；第三章"中国传统养老制度文化"，在概述中国传统养老制度的基础上，重点阐述传统养老的管理制度、礼仪制度和法律制度；第四章"中国传统养老基本方式"，在概述中国传统养老方式的基础上，重点介绍传统家庭养老和政府养老两种基本养老方式；第五章"中国传统养老科技文化"，在概述中国传统养老科技文化的基础上，重点探讨中国古代医药学、养生学与养老文化的关系，兼及其他科学技术的养老文化内涵；第六章"中国传统养老民俗文化"，在概述中国传统养老民俗文化的基础上，重点从物质民俗、社会生活民俗、精神生活民俗和语言民俗四个方面阐述其中的养老文化；第七章"中国传统养老文学艺术"，概要阐述中国传统养老文学艺术的思想性与艺术性，从古代文学及其他艺术两个方面论述其中的养老文化；

第八章"中国传统养老文化的域外传播与影响",重点介绍中国传统养老文化在东亚、东南亚以及欧美的传播与影响。

在教材体例上,章前设学习目标、学习要点,章中选择性设有思政元素、课堂互动和知识链接,章后设复习思考题,目的在于引导学生总体把握章节内容,强化思政育人,并在课堂学习的基础上积极开展课外阅读与思考,以提升学生自主学习能力和综合素养。

本教材由王明强制定编写大纲和编写方案。具体编写分工如下。绪论:王明强。第一章:第一、二节,罗宝珍;第三节,夏丽娜;第四节,陈红梅。第二章:第一、二节,王林森;第三、四节,赵心华;第五节,李振兴。第三章:第一、二节,段鸣鸣;第三、四节,周蓉。第四章:陈宇。第五章:第一节,张开伟;第二、三节,李楠;第四节,隋华。第六章:第一、二节,向楠;第三、四节,许安萍。第七章:第一、二节,李莹波;第三节,王彦茹。第八章:第一节,林星星;第二节,刘云龙。宇寰、何海燕、靳祥云参与了相关编写工作。罗宝珍、王林森、周蓉、潘晓彦、张开伟、向楠、李莹波、刘云龙分别承担了所在章撰写内容的汇总统稿。王明强负责一、二、三章,潘晓彦负责四、六、七章,张开伟负责五、八章的统稿初审工作。各章节撰写者承担相应的数字教材编写,各章负责人对所在章数字教材进行汇总统稿,陈红梅负责全书数字教材的统稿初审工作。谢士钰协助全书汇总统稿。全稿由王明强统修审定。

截至目前尚未有同类教材的编写和出版,本教材作为首次编写的教材,具有一定的挑战性和难度。虽然全体编委尽心尽力、认真负责,但限于水平,疏漏缺憾之处在所难免,敬请使用者不吝赐教,多提宝贵意见。

教材编写过程中,自始至终得到人民卫生出版社的指导和帮助,在此一并表示感谢。

《中国传统养老文化》编委会
2024 年 2 月

◇◇◇ 目　　录 ◇◇◇

绪论 ……………………………………………………………………………… 1
　一、中国传统养老文化的定义与内涵 ……………………………………… 1
　二、中国传统养老文化的整体架构与基本特性 …………………………… 3
　三、学习中国传统养老文化的意义与方法 ………………………………… 5

第一章　中国传统养老文化发展史 …………………………………………… 6
　第一节　先秦两汉时期的养老文化 ………………………………………… 6
　　一、先秦两汉时期养老文化时代背景 …………………………………… 6
　　二、先秦两汉时期养老文化主要成就 …………………………………… 7
　　三、先秦两汉时期养老文化主要特征 ………………………………… 10
　第二节　魏晋隋唐时期的养老文化 ……………………………………… 10
　　一、魏晋隋唐时期养老文化时代背景 ………………………………… 10
　　二、魏晋隋唐时期养老文化主要成就 ………………………………… 11
　　三、魏晋隋唐时期养老文化主要特征 ………………………………… 14
　第三节　宋金元时期的养老文化 ………………………………………… 15
　　一、宋金元时期养老文化时代背景 …………………………………… 15
　　二、宋金元时期养老文化主要成就 …………………………………… 15
　　三、宋金元时期养老文化主要特征 …………………………………… 19
　第四节　明清时期的养老文化 …………………………………………… 20
　　一、明清时期养老文化时代背景 ……………………………………… 20
　　二、明清时期养老文化主要成就 ……………………………………… 21
　　三、明清时期养老文化主要特征 ……………………………………… 27

第二章　中国传统养老思想文化 …………………………………………… 29
　第一节　中国传统养老思想概述 ………………………………………… 29
　　一、中国传统养老思想理论渊源 ……………………………………… 29
　　二、中国传统养老思想文化内涵 ……………………………………… 31
　第二节　儒家养老思想 …………………………………………………… 32
　　一、儒家养老思想的伦理内涵 ………………………………………… 32
　　二、儒家孝道养老思想 ………………………………………………… 33
　　三、儒家"推己及人"养老思想 ……………………………………… 34
　第三节　道家养老思想 …………………………………………………… 34

一、以道法自然为理论基础··35
二、以清静养心为核心··35
三、以尊老敬老为价值观··36
四、养生是养老的基础和前提··37
第四节　佛家养老思想··38
一、以慈悲为理论基础··38
二、以孝道至上为美德··38
三、以修行求长寿··38
第五节　其他养老思想··39
一、墨家的养老思想··39
二、管子的养老思想··40
三、孙思邈的养老思想··41
四、《寿亲养老新书》的养老思想··43

第三章　中国传统养老制度文化··45
第一节　中国传统养老制度概述··45
一、中国传统养老制度的形成与演变··45
二、中国传统养老制度的特点··48
第二节　中国传统养老管理制度··49
一、中国传统养老奖励制度··49
二、中国传统养老惩戒制度··50
三、中国传统养老管理制度的特色与弊端······································51
第三节　中国传统养老礼仪制度··52
一、中国传统养老礼制··52
二、中国传统养老仪制··56
第四节　中国传统养老法律制度··60
一、中国传统养老法律制度主要内容··60
二、中国历代养老诏令法规··63

第四章　中国传统养老基本方式··70
第一节　中国传统家庭养老··70
一、中国传统家庭养老的形式及其历史演变····································70
二、中国传统家庭养老的成因··75
三、中国传统家庭养老的特征··77
第二节　中国传统政府养老··79
一、中国传统政府养老的形式及其历史演变····································79
二、中国传统政府养老的成因··82
三、中国传统政府养老的特征··84

第五章　中国传统养老科技文化··86
第一节　中国传统养老科技文化概述··86
一、中国古代养老科技体系的发展历程··87

　　二、中国古代科技体系与养老文化之间的相互影响 ················ 88
　第二节　中国古代医药学与养老文化 ····················· 90
　第三节　中国古代养生学与养老文化 ····················· 93
　　一、中国古代养生学中的老年养生思想 ·················· 93
　　二、中国古代养生学中的老年养生方法 ·················· 93
　第四节　中国古代其他科技与养老文化 ··················· 97
　　一、中国古代主要科学与养老文化 ···················· 97
　　二、中国古代制造技术与养老文化 ···················· 99

第六章　中国传统养老民俗文化 ······················· 101
　第一节　中国传统养老民俗文化概述 ···················· 101
　　一、民俗的概念和范围 ························· 101
　　二、养老民俗文化的形成与主要体现 ·················· 103
　　三、传统养老民俗文化的价值与意义 ·················· 104
　第二节　中国物质民俗与养老文化 ····················· 105
　　一、服饰民俗文化与养老 ························ 105
　　二、饮食民俗文化与养老 ························ 107
　　三、起居民俗文化与养老 ························ 109
　　四、出行交通民俗文化与养老 ······················ 110
　　五、生活日用民俗文化与养老 ······················ 111
　第三节　中国社会生活民俗与养老文化 ··················· 112
　　一、家族宗族民俗 ··························· 113
　　二、村社群体民俗 ··························· 114
　　三、交际活动民俗 ··························· 114
　　四、岁时节会民俗 ··························· 115
　　五、人生仪礼民俗 ··························· 118
　第四节　中国精神生活民俗与养老文化 ··················· 119
　　一、民间艺术 ····························· 119
　　二、语言民俗 ····························· 121

第七章　中国传统养老文学艺术 ······················· 123
　第一节　中国传统养老文学艺术的思想性与艺术性 ············· 123
　　一、养老文学艺术的思想性 ······················ 124
　　二、养老文学艺术的艺术性 ······················ 124
　第二节　中国古代文学与养老文化 ····················· 126
　第三节　中国古代其他艺术与养老文化 ··················· 133
　　一、孝子图、孝义图、二十四孝图与养老文化 ·············· 133
　　二、中国传统孝子戏与养老文化 ···················· 135

第八章　中国传统养老文化的域外传播与影响 ················ 138
　第一节　中国传统养老文化在东亚、东南亚的传播与影响 ·········· 138
　　一、日本 ······························· 139

二、朝鲜半岛 ·· 140

三、新加坡 ·· 141

四、越南 ··· 142

第二节　中国传统养老文化在欧美国家的传播与影响 ························· 142

参考文献 ·· 147

绪 论

作为从事养老服务管理的专业人员,只有充分了解养老的历史文化,才能更好地认识和理解自己所从事的行业,从而为养老事业和产业做出自己应有的贡献。中国养老文化历史悠久、源远流长。在当今社会,随着人口老龄化的加速,老年人的养老问题日益突出,养老文化的重要性愈发凸显。学习中国传统养老文化对于提升自身综合素养、树立正确的职业理想,以及传承中华文明、构建新时代养老制度、推进社会主义精神文明建设,都具有重要的价值和意义。

一、中国传统养老文化的定义与内涵

中国传统养老文化是我国世代传承发展的,家庭、政府以及社会为老年人提供物质赡养、生活照料、精神慰藉等养老资源的思想理念、伦理道德、行为方式、制度规范、法律体系,以及与此密切相关的物质、科技、教育、民俗和文学艺术等文化成果的总称。由于受时代限制,我国古代在养老文化上固然有落后、糟粕的成分,我们总结阐述和继承发扬的是其中优秀的部分。

(一)"传统"的界定

《辞海》将"传统"定义为:"历史沿传下来的思想、文化、道德、风俗、艺术、制度以及行为方式等。对人们的社会行为有无形的影响和控制作用。传统是历史发展继承性的表现,在有阶级的社会里,传统具有阶级性和民族性。积极的传统对社会发展起促进作用,保守和落后的传统对社会的进步和变革起阻碍作用。"首先,传统世代相传、历代延承,时至今日仍渗透在社会日常生活之中,所以传统并非古代的,甚至已经消亡的,而是在当下具有生命力的存在,是现代人必须了解和认识的;其次,传统并非一成不变,而是具有继承性和发展性的,对传统的继承和发展是一个民族生生不息的根源所在;最后,传统并非都是优秀的、积极的,也有保守的和落后的,现代学子必须明辨是非,区分优劣,传承精华,剔除糟粕。本教材编写的目的在于传承弘扬我国古代在养老方面优秀的文化。

(二)"老人"的标准

在中国古代,老人有生理学和社会学两方面的含义。前者往往以年龄为主要标志,指的是人体器官和生理功能的衰退达到一定程度,人体反映出衰老的征象,也就是我们平常意义上所说的"老年人";后者则就家族内部的代际关系而言,父母之于子女、长辈之于晚辈,尽管年龄并未达到老年人标准,也可以从代际关系上称为老人,获得子女或晚辈的尊重、服从与赡养。在中国古代敬老养老风俗中,后者具有更实际的意义,在现代社会则多以前者为主要标准。

在中国古代,老年人年龄的划定说法不一。一般五十岁以上即属于老年人。《论语·季氏》:"及其老也,血气既衰,戒之在得。"邢昺疏:"老,谓五十以上。"《礼记·曲礼上》:"五十曰艾。"孔颖达疏:"发苍白色如艾也。"意谓人到了五十岁的时候,头发苍白如艾的颜色。汉代桓宽《盐铁论》曰:"五十以上曰艾老。"对于六十岁以上的,则称为"耆老"或"耆年"。《礼记·曲礼上》:"六十曰耆。"《说文解字》:"老,考也。七十曰老。从人、毛、匕。言须发变

1

白也。"《楚辞·离骚》："老冉冉其将至兮，恐修名之不立。"王逸注："七十曰老。"古人认为年寿七十已经很难得，杜甫《曲江》诗曰："酒债寻常行处有，人生七十古来稀。"八九十岁的高寿老人则称为"耄耋"。《礼记·曲礼上》："八十九十曰耄。"《尔雅·释言》郭璞注："八十为耋。"百岁老人称为期颐。《礼记·曲礼上》："百年曰期颐。"元人陈澔《礼记集说》："人寿以百年为期，故曰期；饮食居处动作，无不待于养，故曰颐。"

目前各国划分老年人的年龄起点不一。我国采用 60 周岁为老年人的年龄起点。《中华人民共和国老年人权益保障法》明确规定："本法所称老年人是指六十周岁以上的公民。"但对于中国家庭养老而言，养老对象不能完全按照法定年龄划定，也要考虑到家族代际关系。

（三）"养老"的含义

我国自古即有敬老养老的传统，"养老"就其词汇而言，在古代有多层含义。其一，奉养老人。《周礼·地官·大司徒》："以保息六养万民：一曰慈幼，二曰养老，三曰振穷，四曰恤贫，五曰宽疾，六曰安富。"其中的"养老"意谓奉养老人，使其能够安度晚年。其二，"养老"是一种古代的礼制。择取年老而贤能的人，按时供给酒食，并加以礼敬。虞朝的燕礼、夏代的飨礼、殷商的食礼都是养老的礼制。《礼记·王制》载："凡养老，有虞氏以燕礼，夏后氏以飨礼，殷人以食礼，周人修而兼用之。"其三，"养老"谓保摄调养以延缓衰老。《史记·龟策列传》云："江傍家人常畜龟饮食之，以为能导引致气，有益于助衰养老。"其四，指年老闲居休养。唐代宋璟《告老乞致仕表》云："归全之望，获在愚臣，养老之恩，成于圣代。"其五，"养老"是人体穴位名。《医宗金鉴·刺灸心法要诀·小肠经分寸歌》："腕上一寸名养老。"注："从阳谷上行，手下锐骨上，一空腕后一寸许陷中，养老穴也。"养老穴是小肠经的郄穴，穴如其名，本穴为老年人强身保健穴位，有养肝明目、舒筋活络之功。

我们今天所说的"养老"是指为老年人提供物质、生活、疗护、文化和精神上的资源、行为，以及思想、伦理、制度和法律上的保障。就其内涵而言，上述"养老"词汇的含义均可囊括其中。虽第五义项指穴位名，但穴如其名，含有养护老人之意。

（四）"文化"阐释

国内外学者对"文化"多有阐释和争论，但时至今日并未有公认的结论。中国"文化"一词出于《易经·贲卦·彖辞》，"刚柔交错，天文也；文明以止，人文也。观乎天文，以察时变；观乎人文，以化成天下"。"文"是象形字，甲骨文此字像纹理纵横交错，本义是花纹、纹理。广义的"文"，指自然界天文或人类社会的某些人为现象，如天文、人文。"文化"是指以"人文"来美化人类个人行为和进行社会建构。目前对于文化的定义众多，比如《辞海》物质文化、精神文化的二分法；梁漱溟物质文化、社会文化和精神文化的三分法；余英时物质文化、制度文化、风俗习惯文化和思想与价值文化的四分法；弗里德里希·拉采尔在《人类学》中把文化分为九种类别，言语、宗教、科学与艺术、发明与发现、农业与畜牧、衣服与装饰、习惯、家庭与社会风俗、国家。英国人类学学者泰勒认为："文化是指迄今为止所有人类活动的物质和精神的成果，一切人类物质活动和精神活动的总和。"

"文化"内涵的丰富性，使得我们要以广阔的观察视野和深邃的历史目光来审视和总结中国传统养老文化，全面深入、广泛系统地挖掘中国传统养老文化宝库，把这份优秀的传统文化继承好、发展好、利用好。

（五）"养老文化"阐释

养老文化有广义和狭义之分。狭义的养老文化，主要是指家庭、政府或者社会为老年人提供物质赡养、生活照料、精神慰藉等养老资源的具体内容、行为方式、思想理念、价值取向、社会伦理、制度规范和法律体系。广义的养老文化则是在狭义养老文化的基础上，延及与养老相关的物质、科技、民俗和文学艺术等。

本教材是以广义的养老文化为理念来安排章节进行编写。考虑到"文化"内涵的复杂性和多样性,结合中国古代养老的实际,在概述中国传统养老文化发展历程的基础上,重点探讨了传统养老思想文化、制度文化、基本方式、科技文化、民俗文化、文学艺术,以及传统养老文化的域外传播与影响。

二、中国传统养老文化的整体架构与基本特性

中国作为一个历史悠久的文明古国,自古便有着尊老敬老的传统,早在数千年前的夏商周时期,就已经形成了养老思想,确立了专门的养老制度,此后在各个朝代不断完善和发展。而与养老密切相关的医学、养生学则在世界上独树一帜,蕴涵养老内容的民俗、文学艺术历代异彩纷呈,共同构成了独特的中华养老文化。

(一)中国传统养老文化的整体架构

1. 以孝亲思想为文化内核　孝文化源远流长,兴于周朝,制度化于汉朝,一直延续至今,是中国传统文化的核心思想之一。孝,会意字,像一个孩子扶持老人之状。《说文解字》云:"孝,善事父母者。从老省,从子。子承老也。""孝"的内涵比单纯的"养"老要深广。《论语·为政》提出:"今之孝者,是谓能养。至于犬马,皆能有养。不敬,何以别乎?"《孟子·万章上》亦称:"孝子之至,莫大乎尊亲。"《礼记·祭义》载曾子将孝分为三个层次:"大孝尊亲,其次弗辱,其下能养。"真正的孝是既赡养老人,又尊重老人,也就是古人强调的"色养"。基于血缘的家庭孝亲伦理推广开去,就形成了社会上普适性的尊老、敬老理念,正如《孟子·梁惠王上》所云"老吾老以及人之老"。中国家国同构的社会特性,使得孝在国家治理层面得到大力倡导,中国古代的养老制度,从某种程度上就是孝文化在社会层面的制度载体。然而,孝亲思想需要遵循基本的人性和道德,否则就可能成为封建专制的工具。

2. 以家国同构为社会基础　中国传统养老文化建立在家国同构的社会基础上。家国同构是指家庭、家族和国家在组织结构方面具有共同性,是中国农耕文明时代形成的国家、社会、家庭三位一体的社会组织模式。在这种社会组织模式下,家是国的原型,国是家的扩展,一国即是一家;在价值观念上,便是"忠孝同义","父慈子孝"的家庭纲常于治国上便是"以孝治天下"。建立和维护养老制度,便是在维系家庭,维护社会稳定。正如《礼记·乡饮酒义》所言:"民知尊长养老,而后乃能入孝弟;民入孝弟,出尊长养老,而后成教;成教,而后国可安也。"通过教育使民众懂得尊老爱幼,进而实现社会教化,国家方能安稳。《孝经·开宗明义章》云:"夫孝,始于事亲,中于事君,终于立身。"孝文化受到历代治理者的大力推崇,汉代将孝亲伦理上升为以孝治国的国策,将尽孝与入仕联系起来;唐玄宗曾两次为《孝经》作注,并颁行于天下和国子学。在家国一体的社会架构下,尊老敬老由个体道德、家庭伦理上升为国家伦理和仁政的重要组成部分。

3. 以家庭养老为主要方式　中国古代养老,虽不乏政府设置的养老机构,社会上也有救济性质或民办的养老场所,但都不是养老的主流。中国古代养老的主要方式是家庭养老。中国传统农业社会中,老年人的晚年生活几乎完全依靠家庭赡养和照料,血亲子嗣既是老人衣食住行等生活所需的供应者,也是老人丧失自理能力后的生活照料者。与家庭密切相关的宗族组织,作为血缘共同体,对家庭养老以及家庭之间的互助养老也发挥了重要的作用。在历史上,为了推行和维持家庭赡养制度,历朝历代的治理者都通过颁布相应的法律制度对此进行规范,并竭力倡导孝行,以保证老人的晚年生活有所依靠。

4. 以法令和日常礼仪为行为规制　为确保老人得到赡养和尊遇,古代法令、律典对维护老年人权益多有规定。汉代皇帝曾多次颁布养老诏令,实施与养老令配套的制度《受鬻法》。"存留养亲"自南北朝成为定制以后,一直被视为仁政的一种表现,各代围绕其条件、

笔记栏

限制等形成了一整套制度。据统计,在《唐律疏议》中涉及孝的条款有 58 条,约占全部条款的 11%,充分体现了中国古代法律中的孝伦理思想。《孝经·五刑章》载:"五刑之属三千,而罪莫大于不孝。"古代不孝之人除了受到道德舆论的谴责之外,还要受到相关法律的惩戒,甚至遭受弃市、绞刑、徒刑等严苛的刑律。在日常生活中,中国古代更是形成了一系列尊老敬老的礼制礼仪,《礼记·王制》所载的虞朝燕礼、夏代飨礼、殷商食礼都是关于养老的礼制。《礼记·乡饮酒义》记载"乡饮酒之礼"云:"六十者坐,五十者立侍,以听政役,所以明尊长也。"

5. 以医药科技提供疗护保障　中国自古重视对老人的疗护,周代已实施"养疾之政",专设"掌病"一职,负责给老人"问病"。《管子·入国》载:"凡国都皆有掌病,士人有病者,掌病以上令问之。九十以上,日一问;八十以上,二日一问;七十以上,三日一问;众庶,五日一问。"据《史记·扁鹊仓公列传》记载,扁鹊"过洛阳,闻周人爱老人,即为耳目痹医",可见我国老年医学很早就获得发展,并且取得了令人瞩目的成就,宋代陈直所著的《养老奉亲书》就是世界上现存最早的老年医学专著。我国古代医学和养生学为老人的疗护提供了保障。

6. 以民俗与文学艺术为弘扬载体　中国的民俗和文学艺术中蕴含有丰富的养老内容,推动着养老文化的传承、弘扬。《礼记》中记载了很多尊老敬老的礼仪,如《曲礼上》"谋于长者,必操几杖以从之;长者问,不辞让而对,非礼也",《王制》"五十杖于家,六十杖于乡,七十杖于国,八十杖于朝",《乡饮酒义》"乡饮酒之礼,六十者坐,五十者立侍,以听政役"等等,很可能就是当时民风民俗的记录;即使不是,其施之于行,久而久之也就成为行为惯例、民风民俗。《孟子·梁惠王上》中则提到当时"为长者折枝"的敬老风俗。乡里敬老的淳朴民风,在很多文学作品中亦有所呈现。如龚自珍《己亥杂诗·其一五○》云:"里门风俗尚敦庞,年少争为齿德降。桑梓温恭名教始,天涯何处不家江?"描写的就是自己家乡崇尚敦厚敬老的风俗。

(二)中国传统养老文化的基本特性

1. 内涵丰富性　中国的传统养老文化作为中华文明的重要组成部分,内涵非常丰富。就传统养老思想文化而言,儒、释、道均有丰富的养老思想,如儒家孝道文化、"老吾老以及人之老"的社会养老理念,道家"我命在我不在天"的尊生、贵生思想,以及佛家慈悲济世教义,无不对中国的养老文化产生了深远的影响,极大地推动了养老、敬老风气的盛行。就养老制度文化而言,古代对养老设官职、颁法令、行举措、定礼仪,形成了系统性的制度体系,如《管子》即载有负责养老事务的"掌老",历代皇帝多有颁布养老诏令,法律中写入明确的养老相关条文,日常生活中则形成了尊老敬老的礼制礼仪。另外,我国古代养老文化广涉科技、民俗和文学艺术等。

2. 传承发展性　我国传统养老文化历史悠久,传承不绝。历代在继承前朝养老文化的基础上,推广发展,创新举措。如先秦时期的"授杖""赐物"等制度在后代得到继承和发展;受到刑罚之人,若其高堂无人照顾,北魏首创"存留养亲"制度,历代沿袭并予以适时调整;自梁武帝萧衍效仿佛教"给孤独园"创办中国历史上第一所真正意义上的"养老院"始,历朝历代对机构养老均有所沿袭,唐朝有悲田养病坊,宋代有福田院、居养院、安济坊,南宋、元朝、明朝均设立养济院,清朝则有养济院、普济堂、施棺局等。

3. 社会广泛性　中国传统养老文化是在农业社会小农经济基础上衍生出来的,深受儒家孝亲思想和大同政治理想影响,并在家国同构的政治文化、管理文化中得以存续发展,具有极其广泛的社会基础。在中国古代,上至朝堂,下至乡野,从典籍著述、法令律典、礼仪规制、民风民俗,到医药科技、文学艺术等均可看到养老文化的内容。

三、学习中国传统养老文化的意义与方法

对于从事养老事业和产业的当代学子来说,要继承好、发展好、利用好中国传统养老文化,必须明晰学习中国传统养老文化的意义,掌握正确的学习方法。

(一)学习中国传统养老文化的意义

1. 中华优秀传统文化传承发展的需要　尊老养老一直是我国古代社会风尚的主流,养老文化是我国先人集体智慧的结晶,是我国优秀传统文化的重要组成部分,也是中华五千年文明绵延不绝的根基所在。养老文化早已深深渗入我国的文化基因,上至朝堂政治,下至百姓日常生活均受其影响。学习中国传统养老文化,对于传承、弘扬我国优秀传统文化,推进社会主义精神文明建设,坚定文化自信,具有重要的意义。

2. 养老事业、产业发展与和谐社会构建的需要　毋庸置疑,人口老龄化业已成为当今社会必须面对的现实和挑战,养老事业和养老产业的发展面临新形势、新任务、新要求。中国古代养老文化的内容非常丰富,是一笔宝贵的财富。深入研究我国古代养老文化,对于构建新时代养老制度,繁荣发展新时代养老文化,构建社会主义和谐社会具有重要的价值和意义。

3. 个人素质养成与职业发展的需要　古人云:"百善孝为先。"以传统孝道为核心的古代养老文化熏陶了一代又一代中国人,形成了独具民族特色的尊老养老优秀传统,对于中华文明的传承发展发挥了基础性的作用。尊老养老意识和行为是一个人优秀品格的重要体现,学习传统养老文化对于塑造个人品格、提升个人素质有着重要的作用。尤其是对于养老服务行业的从业人员而言,传统养老文化可帮助提升职业品德和从业能力。

(二)学习中国传统养老文化的方法

1. 坚持文化引领,积极阅读传统养老文化经典,使中国养老文化内化于心　学习中国传统养老文化,必须阅读中国传统养老文化经典,了解中国传统养老文化的发源、形成与发展,从中体察中国养老文化的哲学底蕴、文化基因和社会基础,体悟中国养老文化的智慧,牢固树立中国文化自信,形成养老文化的中国理念、中国思想和中国气度,让中国养老文化内化于心。

2. 坚持知行合一,积极践行中国传统养老文化,使养老文化外化于行　学习中国传统养老文化,必须坚持学以致用、知行合一,在日常生活中积极践行中国传统养老文化,在尊老敬老的社会实践中体悟中国传统养老文化的美好意蕴和对和谐社会建构的积极价值,在点滴的尊老敬老行为中塑造自己良好的道德情操,提升自己的人格修养,使中国养老文化外化于行。

3. 坚持服务社会,积极投身于养老事业和产业,使养老文化造福于民　学习中国养老文化,必须坚持服务社会,积极投身于养老事业和产业,大力弘扬中国尊老养老传统美德,积极发挥中国养老文化在新时代养老事业、产业中的引领作用,以中华优秀传统文化守望中国养老,推动国家老龄事业和养老体系建设的长足发展,用情怀把养老服务事业做大做强,让养老文化造福于民。

复习思考题

1. 如何理解中国传统养老文化的内涵?

2. 请谈谈你对孝亲思想的认识。

3. 如何才能学习好中国传统养老文化?

◆◇◆ 第一章 ◆◇◆

中国传统养老文化发展史

学习目标

知识目标

掌握先秦至明清各个时期养老文化的主要成就,了解养老制度、养老礼仪、养老思想的形成与发展。

能力目标

了解先秦至明清各个时期养老文化的主要特征,在历史情景中分析各个时期的养老文化。

素质目标

结合时代背景,归纳各个时期养老文化的时代价值与启示。

课程思政目标

体会我国养老文化的悠久历史,确立专业理念,树立职业价值观。

学习要点

1. 各时期养老制度的异同。

2. 古代养老思想的形成与发展。

中国传统养老文化历史悠久。周朝已经形成赐杖、天子视学等养老礼仪;两汉时期沿袭了周朝的养老礼仪,初步建构养老制度,形成了"以孝治国"的思想风尚;唐代是尊老养老文化的繁盛时期,养老制度更加完善;宋元时期上承唐制,出现养老著作百花齐放的现象;明清时期是养老文化的集大成阶段,养老文化传承与创新并举。

第一节　先秦两汉时期的养老文化

传统养老文化的历史可上溯至先秦两汉时期,养老、孝老、敬老文化的产生与当时社会背景密不可分。

一、先秦两汉时期养老文化时代背景

先秦两汉时期的养老文化是当时经济发展到一定阶段的产物,是国家治理的需要,也与当时诸子百家敬老、尊老思想密不可分。

(一)经济的发展

商周秦汉时期,以渔猎和采集为主的原始社会逐渐过渡到以农业生产为主的小农经济社会。生产工具的改进促进了生产力水平的全面提高,以家庭为单位的小农经济逐渐发展,

为养老、孝老、敬老提供了物质保障。汉代是我国传统农业生产技术迅速发展的重要时期，社会经济的繁荣为政府优待老年人奠定了物质基础。

（二）政治的需要

周朝以来形成的养老礼仪，在春秋战国时期遭到破坏。春秋战国时期颇有尚财产、轻伦理和重功利、轻礼仪之风，导致出现老无所养、不孝顺父母等社会问题。随着社会的发展，国家治理者逐渐认识到施行尊老养老的举措是维持国家长治久安的重要保证。西汉政府采取"以孝治天下"的治国方略，制定一系列尊老养老的制度，倡导敬老尊老的社会风尚，以孝道教化子民，并制定奖惩举措，推动了养老文化的发展与普及。

（三）先秦诸子思想的影响

先秦诸子均有敬老养老思想。儒家孝文化中有养亲、敬亲、谏亲等内涵，道家提出"事亲则慈孝""事亲以适"的法天贵真养老思想，墨家主张无差等的孝亲，法家主张"子事父"等等。汉代采用"以孝治天下"的治国方略，把《孝经》列为儒家经典，通过教育、选拔、奖励等方式来强化"孝"的伦理教育，使得尊老养老思想成为汉代社会的主流思想之一。

二、先秦两汉时期养老文化主要成就

先秦两汉是养老思想形成发展时期，养老制度和养老礼仪已初步构建，形成社会养老风尚。

（一）养老思想

孝是中国的传统美德，指的是家庭或家族内的尊老养老。《尔雅·释训》说："善事父母为孝。"《孝经·开宗明义章》说："夫孝，始于事亲，中于事君，终于立身。""事亲"指奉养父母，"事君""立身"是孝的高层次表现。商周时期就有"孝"字，表现为扶老助弱。先秦儒家思想认为孝敬父母是人的天性，《孟子·尽心上》说"亲亲，仁也；敬长，义也"。孝作为家庭尊老养老的核心体现，对父母要尽赡养的义务，同时要做到"敬"，态度恭敬，给老者巨大的宽慰。孟子强调赡养父母是"孝"的重要内容。传统中"孝"的精华，是精神方面的"敬"与物质方面的"养"。作为一种道德观念和行为规范，统治阶级逐渐将子女对父辈、对祖辈的敬、养推广为对所有长辈、老人的奉养、尊敬和服从。汉代的《孝经》是中国孝文化的核心典籍，其从孝的基本原理、孝道与政治的关系、孝道的实践三方面阐述"孝"的理论。汉代董仲舒吸收并整合前人的"忠""孝"思想，提出了以天为孝、忠孝合一等"孝治"理论，将"事亲""忠君"结合，使养老敬老的思想上升到国家观念意志。经汉武帝推广，"孝治"观念成为国家伦理和政治伦理。两汉从教育、法律、礼仪等各方面来贯彻落实"孝治"方针。这一理论和思想受到汉代以后历代治理者的高度重视，成为历代治理者治国安邦的指导思想。

（二）先秦两汉的养老制度

1. 赐王杖　王杖，又称鸠杖，由朝廷赐予，是老者身份的象征和享有优待的凭证。王杖长九尺，杖首饰鸠，象征老人饮食如鸠不噎，又喻"久久"之意。赐杖礼仪始于周朝仲秋时节的"授几杖"，由周天子给老人授几杖、赐糜粥。手杖是老人生活的必需品，糜粥易于消化，以此表敬老养老之意。汉代"赐几杖"制度始于汉高祖刘邦，吕后时期进一步发展，形成独具特色的王杖制度。一是规定了赐王杖的条件。受杖者一般是七十岁以上、号召力强、品行修养高、乡里威望大的人，受杖时间在八月。二是规定了受杖者的政治待遇。受杖者享受节信待遇，享用皇帝专用驰道的旁道，可出入官府，种田不交租赋、经商不交税赋等优待。三是受王杖者享有一定的权益并受到法律的保护。出土的汉代《王杖简》明确规定严惩侵犯王杖持有者权益的不法行为。东汉延续了西汉时期对于高年老者的赐杖制度，且更加规范化。近年来出土了不少高年长者持鸠杖图，如滕州市古庙老人持鸠杖汉画像石，山东泰山及嘉祥

"董永力田"汉画像石中董永父亲持鸠杖坐在手推车上,四川汉画像石中的持鸠杖图等,可见汉代社会对老年人的尊重和爱护。汉代政府通过"赐王杖"明确了受杖者的特别待遇,运用法律加以强制执行,将这种优待合法化、制度化,切实保护了老年人的实际权益。

2. 赐酒肉米粟布帛　从周朝开始,政府就经常赐予老人酒与粮食、衣物。汉代沿袭了这种做法,向老人赐发酒、肉、粟米等生活用品,对贫老无依者施以物质援助。一是制度性的发放,汉代有"受米""受粥法""禀粥米"等制度,始于汉高祖刘邦时期,不过其规模和发放对象范围仅限于"三老",即五十岁以上、人品好、能带领大家向善之人,由乡而县,可以与县令丞尉"以事相教"。吕后时期由官府给九十岁以上老人"受米"。汉文帝将其范围扩大到除"刑者及有罪耐以上"之外的,年龄在八十岁以上的老人,每人每月受赐粟米一石、肉二十斤、酒五斗,九十岁以上老人加赐帛二、絮三斤,以"佐天下子孙孝养其亲""称养老之意"。汉武帝时"受粥法"则定期向九十岁以上老人发放粟米,完善了对老人的优待措施,并且加大了力度。东汉时期,这一制度演变为中秋时节"行糜粥",受赐者由九十岁下移到七十岁。此种赐物行为在出土的汉代画像中多有反映,例如在四川省彭州市出土的养老画像砖、四川省成都市郊土桥东汉砖石墓中的养老图等,可见汉代向长者赐物十分频繁。二是临时性地发放,如遇君王登基、自然灾害等,多向年高之人赐粟米、布帛等物。

3. 对老者犯罪量刑从宽　老年人年迈体弱,无力进行反抗,很少会对社会统治构成威胁。先秦时期已有对老人刑律方面的优待,《周礼·秋官·司寇》载"一赦曰幼弱,再赦曰老旄,三赦曰蠢愚",对儿童、高年老人及智力低下者给予刑罚减免。两汉政府以诏令的形式逐渐完善老年人刑罚从宽政策。先是废除老年人的酷刑。《汉书·惠帝纪》载:"民年七十以上,若不满十岁,有罪当刑者,皆完之。"对七十以上的老年人刑罚都处完刑,免除肉刑。《汉书·刑法志》记载汉景帝后元三年诏:"年八十以上,八岁以下,及孕者未乳、师、侏儒当鞠系者,颂系之。"年满八十的老人、八岁以下的儿童、孕妇、目盲的乐师、侏儒可以不加桎梏等刑具。其次是对高龄犯罪减免刑罚。《汉书·宣帝纪》:"诸年八十以上,非诬告杀伤人,它皆勿坐。"年龄在八十岁以上的老人,除非犯诬告、杀人、伤人罪,一律不以刑罚处罚。《后汉书·光武帝纪》:"男子八十以上,十岁以下,及妇人从坐者,自非不道、诏所名捕,皆不得系。"年满八十的老者,除犯不道罪,或诏书有名而特捕者,不予拘捕监禁。出土的《王杖诏令册》也有记载:"年七十以上,人所尊敬也,非首杀伤人,毋告劾也,毋所坐。"七十岁以上的老人,如果不是犯了首谋杀伤人的重罪,则不要起诉和追究。对老年人犯罪施优恤,反映了先秦两汉时期社会对尊老养老的提倡与重视。

4. 减免老年人及家属赋役　赋税与徭役是秦汉民众的沉重负担。秦汉时期政府通过减免赋役的方式,减轻赡养老人的负担。一是减免老年人的赋役。《礼记·王制》:"五十不从力政,六十不与服戎,七十不与宾客之事,八十齐丧之事弗及也。"老人五十岁不再从事苦力,六十岁就不再服兵役。西周时期还依据地域、年龄、身高减免老人的赋役,规定近郊年六十以上、郊外年六十五以上的老人可免征赋役。汉代实行对老年人减免赋税的政策。《汉书·高帝纪》记载高祖四年开征"算赋",《汉仪注》记载"民年十五以上至五十六出赋钱,人百二十为一算",年龄达五十六岁则免除算赋;汉武帝建元二年,又诏令八十岁者免除两口人赋税;《王杖诏令册》记载受王杖者"贾市,毋租",有免税经商的自由;规定夫妻无子者"田毋租,市毋赋"。二是减免老年人家属的租役,即"复子孙",复即减免之义,以确保有人手赡养父母。《管子·入国篇》记载"年七十已上,一子无征,……八十已上,二子无征,……九十已上,尽家无征"。不同年龄段的老人,其子享有不同的兵役优待。通过实施免除赋役的规定,既减轻了老年人自身养老的负担,也减轻了家庭养老的压力,有利于子女更好地履行尊老、养老的义务,更有利于社会尊老养老良好风气的形成。

笔记栏

5. 官员致仕制度　致仕又称"致事"，即"致其所掌之事于君而告老"之意，指官员退休告老。致仕制度指政府给退休官员相应的政治经济待遇。"致仕"见载于《公羊传·宣公元年》。但在战国以前，我国的官吏制度为世卿世禄制，贵族们世代担任官职，真正致仕制度始于两汉，年龄基本在七十岁以上。《汉书·平帝纪》记载："天下吏比二千石以上年老致仕者，三分故禄，以一与之，终其身。"这标志着官员致仕制度的形成。在经济上，年老致仕者除享有俸禄外，还有赏赐，如赐土地、府第、谷类、黄金等；死后还享受抚恤，政府给予钱、绢布、朝服、米粟、棺材等，以供祭祀和安葬之用。在政治上，德高望重的老臣还能成为朝廷顾问、享受政府的慰问等。致仕制度所受人群有其局限性，但作为一种养老制度，历代皆有沿袭。

6. 推行孝治　孔子认为孝是一切德行的根本，一切教化都从"孝"开始。先秦两汉时期注重通过教育、奖惩、选拔官吏等方式来推行孝道教化。一是在教育上，西周时期乡大夫就对百姓进行"孝、友、睦、姻、任、恤"六行教育。《孝经》作为中国孝文化的核心典籍，两汉时期已被确立为经学典籍，文帝时设《孝经》博士，平帝时设《孝经》师。汉代重视《孝经》的推广与普及，"导民以孝，则天下顺"(《汉书·宣帝纪》)。二是在法律上，颁布法令，对养老、敬老表现突出者，或扬名乡里，或加官进爵；对弃老、辱老者，则从法律上加以严惩。三是官员选拔上，汉代以察举为选拔途径，认为孝是"百行之冠，众善之始"(《后汉书·江革列传》)，廉则是为官之根本。汉武帝时确立了汉代以孝为标准的选官制度，举孝廉是两汉选拔人才最多的方式，通过举孝廉步入仕途的人非常多，平均每年达200多人。选官制度为全社会制定了敬老尊贤的行为准则，造就了"在家为孝子，出仕做廉吏"的社会氛围，成为鼓励人们尊老养老的强大精神武器，极大地推动了敬老、养老风气的形成。上述教育、法律、选吏等多方面举措，使孝道成为社会规范，"孝"成为人们养老敬老的自觉日常行为。

(三) 先秦两汉养老礼仪

1. 天子视学　养老礼，天子视察太学举行养老礼仪，表达对老者的尊敬。因其对象是国家选定的"三老五更"，即知天、地、人事的"三老"，知五行更代事的"五更"，多是有德行、有爵位的老者，以及现任或退休的官吏，所以又称为三老五更养老礼。据文献记载，尧舜时期已有养老宴饮之礼。周朝天子在春、秋、冬季视察太学，在祭祀先师先圣后，都要举行隆重的养老礼。《礼记·文王世子》记载："始之养也，适东序，释奠于先老，遂设三老、五更、群老之席位焉。适馔省醴，养老之珍具，遂发咏焉。"天子检视三老、五更、群老的座位和肴馔酒醴是否齐备，然后奏乐请老者入席。《礼记·乐记》记载："食三老五更于大学，天子袒而割牲，执酱而馈，执爵而酳，冕而揔干，所以教诸侯之弟也。"宴请之时，天子袒露上身为老者割肉，献食饮酒，戴着头冠、手持盾牌娱乐老者，表达尊老敬老之礼，示范孝悌之道。西汉时期重视"三老五更"的选拔，但未进行天子视学养老礼，东汉时期得以恢复且更加隆重。光武帝就初设明堂、辟雍(太学的中心建筑)、灵台，设立养老礼仪。明帝时按照此礼仪流程，选择三老五更作为尊奉对象，在洛阳辟雍举行隆重的养老之礼。天子视学养老礼尊奉高年，宣扬孝道，示人礼化，对社会有良好的示范作用。此后各郡、县乡也举行了隆重的敬老仪式。东汉正式实行先秦"养衰老、授几杖、行糜粥饮食"的养老制度，将高层次的教化体系与基础层次的优老行动同时实现，进一步弘扬了尊老敬老的价值观。

2. 乡饮酒礼　乡饮酒礼指乡党集会的宴饮礼仪，进行尊老尚齿的教育。乡饮酒礼是中国古代历史上最为盛行、延续时间最长的敬老养老仪式。周朝每年秋季进行全国性的敬老大礼，饮酒时依照年龄大小安排席位、享受馔食，称为"正齿位"。《礼记·乡饮酒义》记载："乡饮酒之礼，六十者坐，五十者立侍，以听政役，所以明尊长也。六十者三豆，七十者四豆，八十者五豆，九十者六豆，所以明养老也。民知尊长养老，而后乃能入孝弟；民入孝弟，出尊长养老，而后成教；成教而后国可安也。"礼仪真正目的不在饮酒，而在于正齿序(明长幼尊卑之序),以明敬老、养老之义。西汉时期沿袭先秦的乡饮酒礼,并且蕴含了一定的社交功能。东汉时乡饮酒礼更为广泛,多由郡县道的政府官员于学校举行,体现政府对敬老仪式的重视程度,又充分发挥了学校的社会教化功能。通过乡饮酒礼,对敬老尚齿进行礼仪性的养育,带动了社会上形成敬老、养老之风,规整长幼之序,以"明尊长""明养老",让民众知孝悌,从而达到"国可安"的政治目标。

三、先秦两汉时期养老文化主要特征

先秦两汉时期是我国养老文化的初创阶段,在养老制度、养老礼仪与养老思想三个方面初步形成了养老文化体系。

(一) 以国家为主导,建章立制,完善养老保障体系

国家是颁布养老法规、推行具体养老措施的主体,在养老制度和体系的建立上起着规范和引导的作用。依据《汉书》《后汉书》《二年律令》等史书和出土汉简的记载,汉代帝王都曾以法令的形式规定养老制度。周朝仲秋"授几杖"制度在两汉发展为"赐王杖",保障王杖持有者的利益;汉文帝时的"廪给"制度对贫老无依者施以援助,保障其基本的生活来源;两汉继承周代的宽刑罚制度,体现了治理者的矜老之意,维护了老人的尊严和地位,引导了社会尊亲重孝之风。"举孝廉"将孝子廉吏纳入汉代选官用人的制度中,尊老孝亲是民众赢得赞誉、参政入仕的前提条件,这些都极大地推动了敬老、养老风气的发展。

(二) 以社会为依托,宣扬传诵,营造养老文化氛围

先秦时期的敬老尊老制度在两汉得到传承和宣扬。一是先秦的"三老"制度在汉代得到延续,汉代先后设置县三老、郡三老、国三老,东汉国君实行视学养老之礼,尊崇"三老"的地位,为全国树立起养老敬老的榜样,成为高层示范孝伦理教育的传统方式。二是周朝时期"乡饮酒礼"在先秦两汉得以延续推广,成为基层推行尊长敬老礼仪的主要形式。这一正齿位、序人伦、尊长辈、平事端、睦乡里的传"孝"礼仪、敬老主题,反映了当时农业社会对老年人知识、经验的认可与尊重。三是对《孝经》文化的推崇诵读。随着《孝经》思想社会化,汉代君王躬身垂范,通读研习,重视普及《孝经》,将"忠""孝"植入人们的思想,实现"以孝治天下"的政治目的。

(三) 以家庭为承接,养尊敬亲,传承养老文明

对父母、长辈的尊重、服从与赡养是上至国君下到黎民崇尚的养老风尚。周朝以来推行了减赋役、免租税等针对老年家庭的优待政策,减轻奉养老人家庭的负担,保障老年人晚年生活;汉代的《二年律令》等养老法令,对子孙在家庭中承担赡养父母及其长者的责任和义务做出了详细规定;对孝行的标榜、扶植,对不孝行为的摒弃、惩戒,有力地肃正了尊亲敬老风气。

第二节　魏晋隋唐时期的养老文化

魏晋时期社会动荡,沿袭发展了先秦两汉尊老养老的制度、礼仪以及"孝道"思想。隋唐在继承前代养老文化的同时又有所创新,是中国历史上又一个尊老养老的繁盛时期。

一、魏晋隋唐时期养老文化时代背景

魏晋隋唐时期经济与文化继续发展,国家治理者进一步推广"孝"治理念与实践,儒释道的融合促进了养老文化发展与进步。

（一）经济与社会的进一步发展

魏晋至隋唐时期,经济进一步发展,为养老提供了物质保障。历经魏晋南北朝的动荡之后,社会趋于安定,为尊老、养老奠定了物质与社会基础。

（二）国家维护统治的需要

魏晋南北朝的门阀政治出于巩固和扩大家族势力的需要,在全社会范围内大力推广"孝行至上"的观点,使孝的理论和实践获得空前的发展。"孝"被奉为百行之首、人之常德,渗透到社会生活的各个领域。政府在政治、法律、道德教育、官员选拔方面加强措施,强化"孝"的观念,使其成为社会道德的核心,以保障国家的长治久安。

（三）儒释道的融合与互促

汉末时佛教在中国广泛传播,与道教、儒家思想逐步融合。道教以其周穷救急和善恶报应的思想,主张恤老怜贫、救济老弱病残;佛教"业报轮回"的思想主张通过救助贫病老年人、施医施药、救助受苦的百姓收获福报,"慈悲"观念则提倡普度众生、解救众生之苦,这些与儒家的敬老、养老思想有相通之处。儒释道思想共同影响了民众,推动了对老弱病残等弱势群体的救助,在一定程度上推动了养老制度的完善。

二、魏晋隋唐时期养老文化主要成就

晋唐时期在继承汉代养老制度的基础上,进一步扩展完善,出现了版授高年、侍丁制度,视学养老与乡饮酒礼也发展出新的文化内涵。

（一）养老制度

晋唐时期上承汉代养老制度:一是沿袭官员致仕制度;二是降低老年人的税赋负担,唐代规定年满六十岁的男性老人可分四十亩地,并且免除课税、兵役;三是减免老人刑罚,《唐律疏议·名例律》对不同年龄段的老年人的量刑、讯问或刑罚手段等实行照顾,规定九十岁以上犯有死罪不加刑,八十至九十岁的一般犯罪不处罚,七十岁以上的老人犯罪可以免受拷打和免除服劳役刑。同时,晋唐时期出现一些养老制度的创新。

1. 版授高年　版授,又称板授、板官,指授予老年人虚拟性质的官职,表达对老年人的尊敬与优待。这一制度兴起于魏晋时期,隋唐得以延续。北魏孝文帝曾数次诏书,让京畿地区高年者享受板官荣誉。《唐大诏集令》记载唐太宗即位时,对八十以上老人"仍加版授,以旌尚齿"。这一时期的墓志中见有大量版授高年的情况。唐高宗《改元弘道诏》:"老人年百岁已上者,版授下州刺史,妇人版授郡君;九十已上者,版授上州司马,妇人版授县君;八十已上者,版授县令,并妇人节级,量赐粟帛。"从年龄上看,受板者多为八十岁以上老人,随年龄的增长而予以改授。从权利看,版授只是荣誉性称号,颁赐粟帛以及与官品相符的袍服、笏板等,并无实权,但其享受地位、礼节与国家官吏同等。高宗时期版授高年的数量很大,大量妇女也得到版授。唐高宗末年至玄宗时期,版授的标准比较紊乱,数量泛滥,至玄宗后期版授数量逐渐下降,逐渐由尊老的荣誉转变为藩镇幕职的版授。版授高年体现了政府对老人的尊敬与肯定,对巩固和提高老年人的社会地位有很大促进作用。

2. 赏赐高年　魏晋时期上承汉制,向老年人定期或不定期进行赈济。据《晋书》《宋书》《魏书》等文献记载,魏晋南北朝时期政府向高年赐帛、谷、羊、酒有 22 次。唐代更加频繁,唐太宗"即位赦"《赐孝义高年粟帛诏》规定:"高年八十已上赐粟二石,九十已上三石,百岁加绢两疋。"其在位期间外巡 27 次,每次都颁布养老诏敕,《赐高年帛》《赐高年粟帛有差》《赐高年尤加优恤》等。之后的唐代治理者也延续这一制度。《旧唐书·本纪第十四》记载:"百姓九十已上,赐米二石,绢两匹……百岁已上,赐米五石,绢二匹,绵一屯,羊酒。"唐代赏赐高年具有三大特点:一是范围上,除对版授高年者赐物外,几乎一半的赐物普恩到了平民百姓中普通老人,可见唐政府对老年人的尊养和政策的开明。此外,对父老、耆寿、耆老等在乡村治理中起到重要作用的老人,还有专门赏赐。二是被赏赐者的年龄为八十岁以上,年龄越大,接受赏赐越多。三是赏赐的物品种类繁多,主要有粮食、纺织品等生活用品;赏赐时间多是朝廷岁时存问,或是与君王慰问、登基等政治活动有关。这些赏赐为高年者提供了生活物资,在一定程度上保障了老年人的生活。

3. 给侍及存留养亲制度 唐代家庭养老以子女赡养父母为主,破残家庭的养老则由政府"给侍"制度加以保障。"给侍"即给予照顾,指国家安排专人照顾年老或笃疾者。享受"给侍"的老人称为"侍老";负责照料老人的人称为"侍丁",按照其与侍老亲疏关系,分为亲侍和外侍。《新唐书·本纪》记载,贞观十一年诏"给民百岁以上侍五人",《通典》记载开元二十五年诏"诸年八十及笃疾,给侍丁一人;九十,二人;百岁,三人"。唐初侍老的法定年龄在八十岁以上或是未满八十但罹患重病的老人。这一标准在天宝八年又得以修正:"丈夫七十五已上,妇人七十已上,宜各给中男一人充侍,仍任自简择;至八十已上,依常式处分。"男七十五岁,女七十岁,政府配给侍丁,表明了对女性的公平优待。唐代给侍制度因为享受群体、侍丁来源、享受权利的差异,有四个特征。一是唐代官员侍老。除少数政府特别重用的官员外,其他官员均须侍老,或携之赴任,或停官归侍,委弃家中老人属于犯罪行为;申请致仕的官员,其给侍多由儿子承担,儿子担任官职者则一人停官侍养,享受致仕的"半禄"待遇,八十岁以上则配给侍丁。二是庶民侍老。唐开元二十五年户令:"皆先尽子孙,次取近亲,皆先轻色。无近亲外取白丁者。"以直系血亲赡养为主,旁及兄、妹、侄、孙、媳、义子等晚辈亲属对老人的赡养;以上均无者,申请外侍,外侍与被侍家庭可以双向选择。通过登记造册、个人申请、里正审查、县司审批,获得给侍资格。三是对罪犯实行"存留养亲"制度。这一制度始于北魏,唐朝沿用。《唐律疏议·犯死罪应侍家无期亲成丁》规定:"诸犯死罪,非十恶,而祖父母、父母老疾应侍,家无期亲成丁者,上请。犯流罪者,权留养亲。不在赦例,课调依旧。"犯人直系尊亲年老应侍,而家无成丁,死罪非十恶,允许上请;流刑者可免发遣,不能赦免,但在回家留养期间只需缴纳调和租,免除正役和杂徭。"若家有进丁及亲终期年者,则从流。"直至家中有成年男子,或老人去世,犯人方押送流放之地。四是唐代侍丁可以享受孝假,免于服役,仅交纳租调,以保障其有足够时间奉养老人。唐代给侍制度与唐代的徭役和赋税、刑罚制度相结合,促进了家庭养老,尤其是"存留养亲"制度存礼法于刑罚之中,既维护了"家"这一社会基础单元的稳定性和延续性,又体现了治理者的"仁政",有效保证了家庭养老的基本条件。

4. 收养救助老人 北魏时期政府就开始负责收养孤寡、残疾、笃病而不能自存的老人。一是采取就近收养救助。《魏书·食货志》记载:"孤独癃老笃疾贫穷不能自存者,三长内迭养食之。"规定残疾、生病及孤寡老人在"三长"(邻、里、党)内收养。《梁书·武帝本纪下》载:"凡民有单老孤稚不能自存者,主者郡县咸加收养,赡给衣食,每令周足,以终其身。"规定单老孤稚由所在郡县收养。二是成立专门机构进行救治。《魏书·高祖本纪》记载:"可敕司州洛阳之民,年七十已上无子孙,六十已上无期亲,贫不自存者,给以衣食;及不满六十而有废痼之疾,无大功之亲,穷困无以自疗者,皆于别坊遣医救护,给医师四人,豫请药物以疗之。""别坊"即政府成立的用以救助孤寡、残疾、笃病之人的场所。《梁书·武帝本纪下》记载梁武帝诏:"于京师置孤独园,孤幼有归,华发不匮。若终年命,厚加料理。"孤独园救助无家可归的孤儿、老人,使不能自存的老人有安身之处与基本衣食保障,还负责料理老人的后事,承担了养老救济机构的职能。

由于南北朝战乱频繁,真正将养老救济机构制度化是在唐朝。武则天时期在长安、洛阳设立救济机构"悲田养病坊",悲田为佛教用语,指"施贫",病坊主要收留老人、穷困和残疾、无家可归及无以为生的人。"悲田养病坊"唐时又称"悲田院""养病坊",是综合性救济机构,承担了养老救济的基本职能。《唐会要·病坊》记载:"悲田养病,从长安以来,置使专知。"病坊由朝廷设专职官员管理,僧侣参与经营和管理,属于寺办官助性质,经济来源于寺庙自有田产与政府支持。唐代的养老救济机构逐渐由两京推广到民间,发展到全国各州镇,成为定制,成了普遍性的福利机构。这些收养与救济,在一定程度上保障了无家可归和丧失劳动能力的老年人的养老。

5. 推行"孝治"　魏晋时期延续汉代"以孝治天下"的政策,从五个方面措施推行"孝治"。一是帝王树立"仁孝"形象以示范天下。北魏、唐代帝王多以"孝"为谥号,彰显其孝行;唐代将具备孝道作为册立君王的标准,重视培养仁孝之君;唐代治理者在宗庙祭祀、立后选妃、敬老养老方面都竭力塑造自己的"仁孝"形象,达到率先垂范、教化天下的效果。二是"旌表",表彰民间的孝行。通过免除课税和擢授官爵、赏赐财物、树碑立传等方式,褒扬孝行。北朝、唐代受到政府表彰的孝子有数百人之多,享受至高的荣誉,起着特殊的教化和认同作用,促进民间行孝尽孝之风。三是强化《孝经》教育功能。北周时德高望重的宿儒、皇帝亲自讲授《孝经》;梁文帝、唐玄宗曾为《孝经》做注;唐代在重大礼仪活动时,也讲论《孝经》;唐代规定《孝经》为德之本,《孝经》不仅是学校的必修课,也是唐代每个家庭的必备书籍,使"孝"的思想得到普及。四是提倡以"孝"作为选拔官员的重要标准。隋代将"孝"作为科举取士的重要品德标准;唐太宗多次诏令举荐有孝行的人;《孝经》是科举考试的必考内容。五是依法护"孝"。把"不孝"列为"十恶之七",从重处罚;在孝与法产生矛盾的时候,坚持"孝"为根基,而法治是"孝"的重要保障。

(二) 养老礼俗

1. 天子视学养老礼　东汉上承周礼,发展了以"三老五更"为中心的视学养老礼,晋时北方有少数民族割据,儒学衰微,曾两次举行养老礼,但不如东汉时隆重与规范。北魏孝文帝延续古代遗风,每年都有尊老养老的举措,制定敬老的礼仪,厚养国老、庶老。唐代国家统一,举行隆重的养老礼,重振上古尊老敬老之风,对"三老五更"的官员资格限制更加严苛,须由年老致仕的官员担任,高级别的致仕官员成为君主敬老的主体,在养老礼仪上更加烦琐。皇帝主持的敬老仪式,以颂扬帝王文治武功、讴歌太平盛世为主要内容,倡导鼓励尊老敬老,对民间敬养老人风俗有重要的影响。

2. 乡饮酒礼　唐代沿袭了先秦两汉的乡饮酒礼,但其功能逐渐由尊老尚齿转化为宾贤礼能。《唐会要·乡饮酒》记载,贞观六年唐太宗下诏开展乡饮酒礼,录《礼记·乡饮酒礼》一卷颁行天下,同时诏令"每年令州县长官,亲率长幼,齿别有序,递相劝勉,依礼行之",以"识廉耻,人知敬让"。乡饮酒礼分为州和县两级,州的乡饮酒礼,以刺史为主人,邀请本州获得相关资格、准备进京赴考的士人以及致仕的官员参加;县的乡饮酒礼,以县令为主人,选择六十岁以上且德高望重者为主宾。乡饮酒礼尊老尚齿的功能逐渐演变为地方州县长官设宴招待乡贡士大夫的酒宴礼仪,养老敬老的风俗色彩逐渐淡化。武则天长安二年,及第的武举人"亦以乡饮酒礼送兵部",将乡饮酒礼与科举联系在了一起。开元年间,乡饮酒礼更是与科举紧密相连,无论文武取士,都以乡饮酒礼相贺。唐代的乡饮酒礼传承了宾贤礼能的功能,显示出对贤才的尊重。

(三) 养老思想与养老著作

1. 养老思想　魏晋隋唐时期儒学、道教、佛教三教逐渐融合,加之政府对《孝经》的重视与普及,丰富了此期养老思想。一是家庭"孝"的思想内涵进一步拓展。一方面是生养,奉养父母饮食起居,照顾疾病,尽力保全父母性命,维护父母的权威等,并强调"色养",和颜悦色奉养父母或承顺父母以保持父母愉悦的情绪;另一方面是死葬,包括修建坟墓、庐墓守丧、哀毁过礼等。二是道教与佛教丰富了老年人的养生思想。道教修仙的内容中有健体延年的现实功用。陶弘景的《养性延命录》《本草经集注》中服食、导引和房中术有世俗化的倾向。隋唐时期，成仙思想逐渐淡化，道教的服食被分类使用，导引术被医学体系加以系统采纳，房中术则按照功用被列入相应治疗门类。佛教重视"精神永生""禅修养性"，提倡摒弃杂念、平心静气、戒除妄念，从而达到一种超越世俗的心灵世界，这些对老年人的精神养生颇为有益。三是医药养生思想得到归纳与总结。孙思邈《备急千金要方》《千金翼方》中总结了不少老年人养生保健的思想与方药。

2. 养老著作　孙思邈的《备急千金要方》收录17首养老食疗方，分为药食方和药物方两大类，其中14首为药食方、3首为药物方。孙思邈《千金翼方》中的《养生大例》《养老食疗》详细叙述老人的生理、心理、体质、性格、脾气、兴趣、言行等特征，强调子孙后辈应顺其所需，以免影响老人的情绪和健康。《养老食疗》强调老年人饮食的宜忌，对老年人运动、情绪、行动、生活习惯、嗜好等方面都有不少正确的建议。这是早期医学文献中关于养老思想的专篇内容，是这一时期医学养老思想的发展，反映了社会尊老养老思想在医学方面的成就。

三、魏晋隋唐时期养老文化主要特征

晋唐时期在汉代养老文化的基础上，进一步完善养老制度、养老风尚、家庭养老内涵，使养老体系更趋完备。

（一）养老制度更趋完善

魏晋隋唐上承秦汉的养老制度并加以创新，尊老养老制度与礼仪呈现三大特征。一是养老制度覆盖面广。在礼仪方面举办隆重的养老礼和乡饮酒礼；在法律上对犯罪老人减免刑罚；在生活上通过配给侍丁制度、赏赐物品等措施为老人提供帮助，将养老与赋税、兵役等法律制度相结合，进一步加强老年人生活的保障；在精神上，通过版授高年等给老人荣誉。二是唐代注重养老制度的落实。有实行机构、监督机构，促进养老制度的真正推行。三是惠及面广。无论是三老五更、致仕官员还是庶民，无论是居家侍老还是孤寡笃疾的老人，均有所覆盖；在性别上，唐代的女性老人与男性一样在赐物、版授等方面也享受优抚优待。

（二）养老风尚更趋良好

魏晋隋唐时期，在儒释道融合、《孝经》普及、政府倡导的三方合力之下，尊老敬老的社会风气更加浓郁。具体说来，一是由于道教养老延年的思想、佛教普度众生的理念与儒家"亲亲"的孝道观念相结合，使得敬老养老获得更加广泛的社会基础。二是由于魏晋以来《孝经》注解、图解增多，更加推广与普及了"孝道"思想。三是由于政府养老制度的完善、养老礼仪的推广示范，使得魏晋隋唐时期的养老保障体系更为有力。

（三）家庭养老的内涵更为全面

魏晋隋唐时期家庭养老得到发展完善，其包括两个方面：一是生养。首先规定了子女对父母的赡养义务，儿子是家庭养老的首要成员，通过官员停官侍亲、罪犯留侍等确保承担起家庭养老的重任，并强化妇女孝顺公婆的观念；其次是精神与物质的奉养，保证老人衣食住行的同时，强调"色养"，满足父母心理与精神的需求。二是死葬。父母在世的时候要赡养，死后要为父母安葬、服丧与守孝。对于上述家庭养老，政府奖惩结合，予以激励和保障。家庭养老逐渐成为健全的养老模式。

第三节　宋金元时期的养老文化

宋金元时期是我国古代社会经济和文化高度发展以及各民族文化大交流、大融合的时期,也是我国养老文化承前启后的重要时期,在养老文化发展史中具有独特的意义。

一、宋金元时期养老文化时代背景

宋金元时期中央集权日益强化,经济高度发展,受理学的影响,宋金元时期的养老文化内涵日渐丰富,但也出现了教条化、极端化的现象。

(一) 经济的发展

宋金元时期,经济重心由北方向南方转移,黄河、长江、珠江三大流域的广大地区基本处于统一状态,社会较为安定,广大劳动人民的生产积极性较高。社会经济发展迅速,农业、矿冶业、手工业、商业、制瓷业、印刷业、造纸业等得到极大的发展。社会经济的极度繁荣为宋金元时期养老文化的发展奠定了物质基础,也为后来明清南方医学及养老养生中心的形成奠定了基础。

(二) 政治的需要

宋金元时期,加强了权、兵、钱、法等几个方面的中央集权。为了适应中央集权君主专制统治的需要,治理者把"孝"与"忠"紧密相连,在推崇忠的同时,也十分重视孝的推广教化,通过制定一系列养老政策,对赡养制度进行硬性规定,把一切违反"孝"的行为都视为不忠,以此达到教化和社会治理的目的。随着中央集权制度的日益强化,宋金元时期的养老文化出现了一些极端化的现象。

(三) 哲学思想的影响

宋初儒学复兴,儒家孝道认为"奉亲之道,亦不在日用三牲,但能承顺父母颜色,尽其孝心,随其所有,此顺天之理也"(《养老奉亲书·贫富祸福》)。强调孝道要顺应父母,尽其孝心。理学融合了儒家思想、道教思想、佛教思想及魏晋玄学的某些成分,是具有思辨性的新儒学,盛行于宋金元时期。理学受佛学"本体论"思维模式的影响,提出"形而上学"本体论概念,并在儒学伦理道德学说的基础上,提出"存理去欲""存心去欲"的修养论,以及"格物""格心"的认识论,对宋金元时期社会政治、文化教育以及伦理道德均产生了深远的影响。随着理学的不断发展与深化,传统孝养思想的原有内涵出现一定程度的异化,更强调父母对于子女的绝对正确性和子女对于父母的无原则顺从。据《宋元学案·豫章学案》,宋代出现了"天下无不是底父母"等极端论调,对父母的绝对顺从成为孝的基本要求。

(四) 科学技术的进步

宋金元时期是我国科技飞速发展的一个时期,科技成果硕果累累。科技的发展影响着养老养生文化的发展,如活字印刷术的发明使得大量书籍得以刊印、传播,加快了养老养生文化的传播与普及速度。

二、宋金元时期养老文化主要成就

宋金元时期养老文化思想受到理学的影响,形成了趋于完善的养老制度,涌现了大量有关养老的书籍。

(一) 宋金元时期的养老思想

1. "移孝于忠"　伴随着时代的变迁和儒学的兴起,邵雍、周敦颐、张载等人就宇宙起源、天人关系等哲学问题进行了深入的探讨,提出"理""气""太极"等理学的基本范畴,初步建立起理学的基本理论体系。其后,经过程颐、程颢、朱熹等理学家的发展与总结,理学从"理气合一"到"存天理,灭人欲",再到"格物致知",从而完成了自身理论体系的构建,理学成为宋金元时期的主流思想。宋代治理者在"以孝治天下"的背景下,在继承理学思想的基础上,把"孝"在政治领域中所涵盖的范围不断扩大,移孝于忠,忠重于孝。《宋大诏令集·政事·诫饬》收有宋太宗雍熙二年六月辛丑《约束州县长吏不得出家讳诏》,诏令明确规定:"新授职官内有家讳者,除三省御史台五品、文班四品、武班三品已上许准式,其余不在改避之限。"按照唐律,凡官职名称或府号犯父祖名讳的,不得"冒荣居之"。例如父祖名"安",子孙不得在长安县任职;父祖名"常",子孙不得任太常寺的官职。如果本人不提出更改而接受了官职则会面临处罚。宋元时期此种避讳常予以放宽,据南宋洪迈《容斋随笔》记载,两宋皇帝为了笼络大臣,有时改官称以避家讳。此诏令则将授官家讳改避予以明令宽限,明确了"忠"在孝文化中处于核心地位。

2. 愚孝思想　宋代"孝"文化进一步深化的同时,其"孝"的专一性、绝对性和约束性也在不断加强。这一过程中,"孝"的本质被逐步异化,出现"愚孝"的社会现象,是对孝道的曲解、误解。张载认为,对于父母之命,子女要无条件、无原则地服从。其在《正蒙·有德篇》中曰:"聚百顺以事君亲,故曰'孝者,畜也',又曰'畜君者,好君也'。"程朱将舜奉为孝子,主张子孙无论是身体或精神,都要绝对顺从父母,把"孝"放在核心地位。宋代士大夫所撰写的家训,也要求后代严格遵守父辈的教诲。袁采在《袁氏世范》一书中,主张子孙不能与父兄辩论是非,认为"子之于父,弟之于兄,犹卒伍之于将帅,胥吏之于官曹,奴婢之于雇主",即"若以曲理而加之,子弟尤当顺受,而不当辩",意在强调父子之间的长幼尊卑不可逾越。"孝"文化逐渐演变成不辨是非、唯命是从的"愚孝"。

(二) 宋金元时期的养老政策

1. "致仕"养老的完善　宋代治理者在官员养老制度上进行了一定程度的完善。第一,打破了对于致仕官员官阶的限制。《宋大诏令集》卷一七八中记载:"应曾任文武职事官恩许致仕者,并给半俸。"即凡是文武致仕官员,无论职位官阶高低,皆可享受原俸禄的一半。第二,实现了"七十致仕"从礼到法的转变。宋代之前,"七十致仕"只存在于礼仪规范的层面,从宋代开始"七十致仕"纳入官员"致仕"政策,将其作为官员致仕的法定年龄并强制实施。《宋史·职官志·致仕》中载:"文武官年七十以上不自请致仕者,许御史台纠劾以闻。"第三,完善了宋代致仕官员的待遇。在政治上,致仕官员及其亲属仍然享有门荫,官员致仕后,其亲属可由政府授予一定品级的官职,称为"荫补"。在经济上,宋代治理者为致仕后的老年官员提供半俸收入,予以优厚的物质生活保障,以保障其基本养老费用。此外,因致仕官员年老体衰,宋代治理者往往会允许其子女在官员致仕后就近为官,以便于照料。致仕官员仍然享有在朝中的法律特权,如免除徭役、免除保举人连带责任等有关政策。对于老年的高官阶官员,除了延续"致仕"的传统外,政府还会安排其担任一些闲职,享受一定的待遇,如新增宫观养老、分司养老制度,将其作为致仕养老方式的过渡与补充。在金代,从金世宗开始,沿袭了宋代的致仕制度,结合政治、经济等多方面因素,将致仕年龄降低至六十岁。元代初期,对官员的致仕年龄、享受等方面尚无具体规定,但随着政治体制的不断健全,以及社会经济的不断发展,元代借鉴宋代致仕制度,将"加官进爵""食俸禄""荫叙子孙"作为致仕养老政策。

2. 恤养鳏寡独老方式的转变　对于鳏寡独老群体,宋代治理者延续了唐朝逢大喜之事赏赐老人的传统,形成了固定的季节性救助。此外,宋代治理者分别在中央、地方建立了专门负责恤养鳏寡独老的机构,形成较为完善的管理体系,使恤养鳏寡独老的工作得以顺利开展。在中央,宋代沿袭了唐朝的养老救助方式,设立福田院,负责管理下属各州和郡的养老院;在地方州县普遍建设有福利养老院,北宋名为"居养院""安济坊",南宋名为"养济院",主要提供食宿、医疗和生活保障等服务,用以收养救济孤贫老人,目的在为鳏寡独老群体提供物质帮助。恤养机构的建立,将恤养鳏寡独老从单纯的米帛等物质供给,延伸到粮米、住所、医疗救助等多个方面,实现了从"临时性"到"制度性"的转变,使恤养鳏寡独老的救济模式发生改变。

金代治理者赐予高年的物质赏赐种类主要包括钱财、米粟和绢帛等生活物品。元代对老年人的赏赐与救济,在内容、形式、对象等方面均有不同的发展,涵盖了衣、食、住、药、丧葬等各个领域。在灾害和饥荒之时,对老年人也有特殊的关照和救助。此外,元朝政府设立了官方的养老机构养济院,对老人的收养救助工作逐步建立和完善。至元八年(1271),在各路设济众院一所;至元十九年(1282),各路设立养济院一所,政府对丧失生存能力的老人给予救助和收养。元代末期,由于政治、经济因素影响,逐渐从物质救助转为赏赐救济,将衣、食、住、用、医等多种救助方式,简化为单一的赐帛,救助对象也由七十岁以上的老年人,缩小为八十岁以上的高年。

3. 老人赋役及刑罚的优免　金代沿袭唐律,制定了老人在赋役及刑罚方面的优免政策。《金史·食货志·户口》记载:"六十为老,无夫为寡妻妾,诸笃废疾,不为丁。"把年迈丧失赋役能力的老人列入非课役户。据叶潜昭先生《金律之研究》,金代对七十岁以上犯罪的老人有减轻处罚或免除刑罚的特殊规定,其遵循《唐律疏议·名例》规定,凡是"年七十以上,十五以下及废疾,犯流罪以下,收赎;八十以上,十岁以下及笃疾,犯反、逆、杀人,应死者,上请;盗及伤人者,亦收赎,余皆勿论;九十以上,七岁以下,虽有死罪,不加刑"。元代在继承宋代法律的基础上,继续对老年人实行刑律优免政策。《元史·刑法志》载:"诸年老七十以上,年幼十五以下,不任杖责者,赎。"不过元代并非对所有老年人都给予优待,而是要根据德行、犯罪类型和改过情况等具体裁决。

4. 优恤特殊老年群体　宋代以前,政府的养老政策与措施,大多是针对高龄老人、中高级致仕官员以及鳏、寡、独等,其他老年群体相对较少涉及。宋金元时期,由于政治局势、经济状况、军事制度等因素,将老年的科举士人、军士、僧道,及战亡将士父母、祖父母等群体纳入政府养老范围,制定相应的优恤措施。对于老年科举士人,宋代施行特奏名政策,能让多次应举的老年士人有机会获取功名。对于老年军士,宋代治理者除设立"剩役"制度外,还采取了"降充小分""补授添差官""归农""放停"等优恤的办法。对于老年僧道,宋代治理者也给予免除其免丁钱等一定优恤。对于战亡将士父母、祖父母等,政府或赐以钱物,或施以粮米。这些措施不仅拓展了宋金元时期养老对象的范围,也丰富了宋金元时期养老制度的内容,使得该体系日趋完善。

5. 赐杖与赐宴　在中国古代传统社会里,赐杖、赐宴均属于嘉礼中的尊老养老礼制范畴。《礼记·王制》记载:"五十杖于家,六十杖于乡,七十杖于国,八十杖于朝。"封建王朝有着非常严格的君臣之礼,赐杖、赐宴、设座是给予年高者的特权。《金史》中有很多皇帝赐宴优礼老人的记载,其中赐宴对象不仅有功勋卓著的开国老臣、宗室耆老,还有群臣故老,乃至庶民百姓,政府通过宴会礼待联络感情,推行礼制教化。

(三) 宋金元时期的养老习俗

宋代的乡饮酒礼是由地方官吏主持的敬老之礼,宋太宗时曾诏令天下,要求各州县每年金秋时节举行饮酒礼,此后又陆续颁布三次乡饮酒礼的制度。参加乡饮酒礼者须是德高望重之人,以年龄高低安排席位。此外,在日常生活中也处处尽现敬老礼仪。司马光《居家杂仪》称:"凡卑幼……坐而尊长过之,则起;出遇尊长于涂,则下马;不见尊长经再宿以上,则再拜,五宿以上则四拜,贺冬至、正旦六拜,朔望四拜。凡拜数,或尊长临时减而止之,则从尊长之命。"朱熹《增损吕氏乡约·礼俗相交》对幼辈尊长予以明确界定:"与父同行,及长于己三十岁以上,曰尊者。长于己十岁以上,与兄同行,曰长者。年上下不满十岁,曰敌者。少于己十岁以下,曰少者。少于己二十岁以下,曰幼者。"并对"造请拜揖""请召送迎""庆吊赠遗"等礼节有具体的规定。

(四)宋金元时期的养老著作与思想

1. 宋金元时期的养老著作 宋金元时期涌现出大量有关养生的医学著作,其中包含有关老年养生的思想论著。

(1)《养老奉亲书》:北宋陈直所著《养老奉亲书》是我国现存最早的老年养生保健医药专著,约成书于北宋神宗元丰年间,全书分为15篇、233条。此书特色在于养生与孝亲两方面,"寓养生于孝亲中"是其独特之处。全书论及老人食治医药之法、摄身养性之道,重点论述了脾胃功能在老年疾病发生、发展和转归中的重要性。创造性地提出"虚阳气"概念,并将其视为影响人体衰老的关键因素。提出食疗为主,强调医药扶持,重视顺应四时,注重调护等独特的养老养生方式,并对一系列具体规制和孝亲情感的实现进行了详尽的论述,对养老养生学的发展有一定的参考价值。

陈直继承《千金翼方》,首次阐明了脾胃在老年疾病中的重要性,认为"脾胃者,五脏之宗也。四脏之气,皆禀于脾,故四时皆以胃气为本"(《饮食调治第一》)。随后根据老年人的生理、病理状态,从治疗原则、治疗禁忌等角度,对老年疾病的治疗方法进行分析,提出"若有疾患,且先详食医之法,审其疾状,以食疗之。食疗未愈,然后命药,贵不伤其脏腑也"(《饮食调治第一》)的观点,认为"善治药者,不如善治食",提倡食治养生,强调食治对老年疾病治疗的重要性。最后,陈直从形、脉、气、色四个方面,对长寿老人的生理特征进行了探讨,并在《黄帝内经》和《千金翼方》基础上,创造性地提出了"虚阳气"这一新的概念。《形证脉候第二》云:"老人真气已衰,此得虚阳气盛,充于肌体,则两手脉大,饮食倍进,双脸常红,精神康健,此皆虚阳气所助也。"通过对"虚阳气"延缓人体衰老作用的阐述,进一步补充和发展了前代医家的相关理论。对于老人的将护奉养,陈直主要从日常调护和四季养生两方面进行讨论,从起居、饮食、服药、情志等方面进行了详细论述,并提出了一套完备的奉养方法。尤其《宴处起居》篇更是从卧室床榻到座椅衣物都作了细致规定,是陈氏养老具体内容的特色所在。陈直沿袭《素问·四气调神大论》的四时调摄养生理论,进一步阐释了与老年人相关的四时养生调护理论,认为老年人的饮食要因时而异,春季味宜甘少酸以养脾气,夏季味宜辛少苦以养肺气,秋季味宜酸少辛以养肝气,冬季味宜苦少咸以养心气。

《养老奉亲书》继承《黄帝内经》《备急千金要方》《千金翼方》《太平圣惠方》等医书理念,下启《摄生消息论》《遵生八笺》《老老恒言》和《粥谱》等医书的养老思想,为后世各朝各代养老书籍的撰写提供了借鉴。其中,邹铉所著《寿亲养老新书》、刘宇所著《安老怀幼书》以及胡文焕所著《食治养老方》,均是以《养老奉亲书》为基础进行撰写的。《养老奉亲书》在中国养老养生学中有着承上启下、不可替代的作用。

(2)《寿亲养老新书》:邹铉是元代医学家和养生学家,其所著《寿亲养老新书》是以《养老奉亲书》为基础续撰三卷而成。书中记载众多"嘉言善行"之事,是对陈直养老奉亲说的真实写照。而对于老年人的日常生活细节,则表述得更为细致,涵盖了生活中的方方面面。此外,书中有大量食疗方,不仅可以应用于孝亲养老,还可运用于妇女、儿童等群体。在《寿亲养老新书》中,呼吸吐纳的养生之道受到重视,认为呵、呼、呬、嘘、嘻、吹分主五脏六腑。《寿亲养老新书》是在《养老奉亲书》的基础上进行的扩展与补充,标志着中国老年医学的诞生。

2. 宋金元时期医家养老思想　宋金元时期,许多著名的医家、养生家总结新经验,提出新见解,完善了老年养生养老的内容。

(1)刘完素 - 食养起居:刘完素提出老年宜保,主张在食养、起居等方面调养精气。《素问病机气宜保命集·摄生论》中有"饮食者,养其形,起居者,调其神"之说。其在《素问病机气宜保命集·原道论》提出:"起居适早晏,出处协时令,忍怒以全阴,抑喜以全阳,泥丸欲多栉,天鼓欲常鸣,形欲常鉴,津欲常咽,体欲常运,食欲常少。"刘完素认为五味失常会损其形,饮食过量会损伤脾胃,因此饮食五味不应偏嗜、过量。在起居调神方面,刘完素推崇《黄帝内经》四时养生法,认为起居当随四时而变,不违背阴阳之道。此外,刘完素提倡导引之术,《原道论》中云:"吹嘘呼吸,吐故纳新,熊颈鸟伸,导引按跷,所以调其气也;平气定息,握固凝想,神宫内视,五脏昭彻,所以守其气也;法则天地,顺理阴阳,交媾坎离,济用水火,所以交其气也。"

(2)朱震亨 - 滋阴养老:朱震亨提倡滋阴养老,认为精血俱耗、阳常有余阴常不足是老年人生理特点。《格致余论·养老论》云:"人生至六十七十以后,精血俱耗,平居无事,已有热证。"主张老年摄生应滋阴以制火,强调老年人饮食要节制,主张"茹淡饮食"。此外,朱震亨认为老年人"内虚脾弱,阴亏性急",应忌肥腻肉食、生冷甜滑之物,恐湿生痰凝。

(3)蒲虔贯 - 导引养生:蒲虔贯撰有《保生要录》一书,分为养神气门、调肢体门、论衣服门、论饮食门、论居处门、论药食门六部分,主要阐述饮食、服饰、运动等日常生活方面的调摄。其创立了导引养生术——小劳术。《保生要录·调肢体门》云:"养生者,形要小劳,无至大疲。故水流则清,滞则洿。养生之人,欲血脉常行,如水之流。坐不欲至倦,行不欲至劳,频行不已,然宜稍缓,即是小劳之术也。"对于老年人的养生延年具有一定的指导作用。

在此时期还有李杲、刘词、周守忠、瞿祐、洪迈等养生家论述老年起居养生禁忌内容。如李杲《脾胃论》重视对脾胃的调养,认为脾为后天之本、气血生化之源,人体的生长、发育、衰老和疾病都与脾胃关系密切,调养脾胃有利于养生养老。刘词《混俗颐生录》重视房事禁忌,该书单列《禁忌消息》论房事禁忌,内容涉及行房自然环境、行房时间、行房时健康状态等多个方面的禁忌。周守忠所著《养生类纂》,是一部综合性的养生学专著,辑录宋以前多种养生文献的精要内容。瞿祐著有《居家宜忌》《四时宜忌》两书,《居家宜忌》主要从居家角度谈论日常衣食住行中的宜忌,《四时宜忌》则记载了一年四时日常生活中的具体事宜以及禁忌。洪迈在《夷坚志》中首次提出八段锦,是传承至今的一种重要的养生导引之术,其动作和缓轻柔,姿势和要求难度不高,非常适合老年人的日常锻炼。

三、宋金元时期养老文化主要特征

宋金元时期的养老制度在宋代之前制度的基础上,政府参与度更高,养老制度更加完备,客观上提升了老年人的生活质量。

(一)养老制度更加完备

与宋代之前相比,宋金元时期养老制度更加完备。第一,该时期的恤养鳏寡独老制度得到了进一步的发展,救助方式从临时性的米帛赏赐转变到以居养院、安济坊为依托的制度性的集中收养,救助内容也扩展到粮米、住所、医疗救助等,实现了从临时性赏赐向制度性收养的转变。第二,增设优恤特殊老年群体制度,既拓宽了这一时期的养老对象范围,又充实了养老制度内容,使得养老制度日趋完善。第三,发展了"致仕"养老制度,使致仕养老突破了官员官阶的限制,实现了"七十致仕"从礼制到法律的转变,还采取"闲职养老"这一新兴的养老模式,创立了分司官、宫观官等机构。第四,进一步健全了家庭养老保障体系,建立了较为完备的家庭养老奖惩制度。

（二）政府参与度更加深入

宋代以前，政府在建立养老体系方面表现出了很大的积极性，但是其对养老事务的介入却远不如宋金元时期。在恤养鳏寡独老方面，宋金元时期政府对鳏寡独老的关怀力度大大超过了以前，而随着广惠仓、居养院、安济坊等政府恤养机构的推广与普及，政府在鳏寡独老事务中的主体地位越来越突出。在官员致仕方面，宋金元时期政府对官员的致仕制度进行了更深层次的干预，一方面将七十致仕制度化，若年满七十的官员执意不致仕，轻则受到弹劾，重则勒令致仕、剥夺致仕待遇；一方面完善了"致仕"养老方式，提高了致仕官员的待遇，保障了致仕官员的生活质量。

（三）医学养老思想百花齐放

宋金元时期，医学流派百家争鸣，大量关于养老的医学著作问世，医学养老思想多元丰富。如陈直《养老奉亲书》主张老年行住坐卧皆需巧立制度，刘完素提出老年宜保，朱震亨提倡滋阴以养老，刘词《混俗颐生录》重视房事禁忌，蒲虔贯《保生要录》注重日常调摄，瞿祐《居家宜忌》《四时宜忌》探讨四时日常起居之宜忌，李杲《脾胃论》强调以饮食药膳坚固年老之体等等，对后世中医养老文化的发展产生了深远的影响。

第四节　明清时期的养老文化

在宋金元养老文化发展的基础上，明清时期在养老制度、礼俗、思想，以及养老医疗等各个方面均取得了长足进步，成为中国古代养老文化发展集大成的阶段。

一、明清时期养老文化时代背景

明清时期，社会相对稳定，经济持续发展，老龄人口比例增加，在儒家孝文化影响下，明清两朝推行"以孝治天下"，尊老敬老，积极出台养老政策，建设县域以上养老机构，鼓励家庭、宗族、善堂等组织参与养老，共同促进了明清养老文化的繁荣。

（一）经济发展

明清时期，中国古代社会经济发展达到了一个高峰，特别是商品经济的繁荣，资本主义市场萌芽出现，社会经济活力增强，财富迅速积累。据统计明朝时每年流入中国市场的白银达三四百万两，整个明朝时期流入了近三亿两白银。清朝财政收入主要是地丁、盐课、关税、杂税四项，不同时期、不同年份朝廷的岁入有别，但乾隆时期大约每年岁入四千五百万两，加上历代积累，当时中国国内白银超过八亿两。经济发展，财富聚积，为明清养老文化的发展提供了物质基础。

（二）老龄人口增加

由于社会稳定和医疗技术进步，明清时期人均寿命延长，老年人口数量增加。明弘治年间全国在籍人口为五千三百二十八万余，万历六年（1578）为六千九百九十六万余。清乾隆六年（1741）全国在籍人口为一亿四千三百四十一万余，乾隆五十年（1785）为二亿八千八百四十六万余，44年内人口净增一倍有余，每年平均增速 15.3‰。从明朝到清朝人口迅速增长，老龄人口也随之增加，推动了明清养老文化的蓬勃发展。

（三）儒家思想影响

儒家思想强调尊老敬老和孝道，这种思想观念在明清时期深入人心。明朝建立之初，明太祖朱元璋为教化人民，引导社会尊老敬老而提出"孝顺父母，恭敬长上，和睦乡里，教训子孙，各安生理，毋作非为"的"圣谕六言"。圣谕先后通过木铎、乡约、族谱、家训、会社、书院、小说等多种途径,在民间得到广泛传播。同时,清顺治帝继承了朱元璋提出的"圣谕六言",每月朔望举行乡约,宣讲圣谕。康熙九年(1670),在圣谕六言基础上,演变出了"圣谕十六条"。雍正二年(1724),雍正帝解释"圣谕十六条"达万言,成《圣谕广训》,颁令全国进行宣讲,并一直延续到清朝灭亡。从明初到清末,儒家思想中尊老敬老内容以"圣谕"的形式在社会中持续推广,在促进社会和谐发展的同时,营造了良好的敬老养老氛围。尊老文化有了更广泛的社会认同,促进了明清养老文化的发展。

(四)朝廷政策支持

明清时期,朝廷积极关注养老问题,出台了一系列政策,支持养老事业的发展。《明律·户律》明确规定了对老年人照顾和赡养义务:"凡鳏寡孤独及笃废之人,贫穷无亲属依倚,不能自存,所在官司应收养而不收养者,杖六十;若应给衣粮而官吏克减者,以监守自盗论。"《清实录·世祖章皇帝实录》记载清顺治帝一即位就诏告天下:"军民年七十以上者,许一丁侍养,免其杂派差役;八十以上者,给绢一匹、帛一斤、米一石、肉十斤;九十以上者倍之。有德行著闻,为乡里所敬服者,给冠带荣身。"这些法律与诏令,为明清养老文化的发展提供了政策保障。

(五)社会组织参与

明清时期,各种社会团体和民间组织积极参与养老事业。明朝在地方常有"怡老会""耆老会""里老会""十老会"等社团,这些社团聚集了年龄在六七十岁及以上的老人,他们在社团中讲学论道、吟诗作画、互助养老。清朝在地方设有义庄,对宗族内老年人予以积极救助。后来,还出现了义田,作为宗族养老的补充。整个明清时期,与官办养老机构养济院相对,民间设有养老机构普济堂,专门为社会上一些孤苦无依的老人提供养老服务。服务不限籍贯,即使是外地人员,一样可以享受普济堂的当地养老福利,解决了社会流浪老人的养老问题。明清社会形成了以乡邻、宗族、善堂为基础的社会互助养老。这些社会组织为明清养老文化的发展提供了社会支持,丰富了养老文化的内容。

二、明清时期养老文化主要成就

明清时期中国古代养老文化呈现全面发展的态势,在各个方面取得了不菲的成就,下面主要从养老文化的制度、习俗、著作、科技、文学艺术等方面予以概述。

(一)养老制度

在继承前朝养老制度基础上,明清时期进一步发展并完善了养老制度。

1. 旌表侍丁,家庭养老 明朝建立之初,提倡"以孝治天下"。《明实录·高祖卷》载太祖朱元璋曾说:"人情莫不爱其亲,必使之得尽其孝,一孝而众人皆趋于孝,此风化之本也。"为了提倡孝义,在养老制度上明朝大力推崇旌表政策,以鼓励民间家庭养老。明太祖执政期间曾发布三次旌表令,对孝子加以表彰,也常授予孝子一定官职,即"赐予爵位"。明朝政府还为家庭养老创造理想的养老条件,如规定有七十岁以上的老人家庭免去一子的差役,以便老人身旁有儿子照顾。始于唐朝的"侍丁"制度,老人年龄从八十岁降为七十岁,为家庭养老提供更为广泛的保障。清朝继承了明朝的"旌表""侍丁"制度,为贯彻"孝治"思想,还承袭前朝律条,从法律角度对不孝行为进行严惩。朝廷旌表孝行,严惩不孝,推行"侍丁"制度,为家庭养老成为明清社会的主要养老方式提供制度保障。

2. 宗族养老,政府扶持 明清时期中国传统宗族互助体系发展得越来越完备,宗族通过设置义田、义仓、学田、义屋、义冢等途径开展宗族内部救济,帮助贫困族人渡过难关,具体分为宗族救助、宗族养老、宗族教育和宗族医疗。宗族互助大致分为三个层次:第一个层次是使用宗族公产为族人提供制度化救助,主要包括衣食、嫁娶、生育、丧葬、养老、幼孤、寡妇、废疾、习艺、灾病等项目;第二个层次是宗族内部不同家庭之间的临时性互助;第三个层次是比较富裕的族人自愿捐助其他族人。传统宗族养老重视血缘,强调养老过程中的亲情关怀和精神慰藉,是具有中华民族特色的传统养老文化,可以充分发挥血缘关系网络及家庭互助的养老作用,是中国养老文化中的优良传统,在当前的社会养老中应继续继承、提倡和发扬。

3. 组织养老,政府鼓励 在以孝为基础的血缘关系中,通过一系列政策确保家庭养老与宗族养老成为明清主要的养老方式。同时,朝廷也鼓励各种民间组织养老。明朝宣德十年(1435)由内宫申用、商宜等太监发起组织的香山云惠寺寿藏义会,即为太监“义会”,是宫廷宦官的群众性养老组织。清朝苏州一些行会设立了“义庄”,这些义庄通常由同行业或同地区的商人、手工业者等捐资建立,为老年人提供居住、饮食、医疗等方面的帮助。明朝中后期东林党人组建的“同善会”,救济穷苦之人。高攀龙在《同善会序》中言:“无告之人,寒者得衣,饥者得食,病者得药,死者得,同会者人人得为善。”虽然“同善会”以救助贫苦为主,但其救助对象却有一定限制。如浙江嘉善同善会创立者陈龙正所作的《同善会会式》中列举了四类不予帮助的对象,分别是衙门中人、僧道、屠户、败家子,同时规定“至于不孝不悌,赌博健讼,酗酒无赖,以及年力强壮、游手游食以至赤贫者,皆不滥助”。所以,“同善会”也起到了教化民众、劝人为善、宣扬儒家仁义节孝等道德观念的作用。这种慈善组织一直延续到清朝中期,对清代兴起的“善堂”产生了不小的影响。清朝后期在“养济院”衰落的同时,其他一些养老机构如“悲田院”“普救坊”等,发挥了对贫困的孤寡老人的收养作用。民间慈善组织如“同仁堂”“积谷仓”等,也发挥了很好的民间养老的补充作用。清代四大药局——北方药局“同仁堂”、西北药局“时济堂”、南方药局“胡庆余堂”、广东药局陈李济“杏和堂”,均在当时积极参与社会慈善事业,设立养老院、慈善机构等,为老年人提供一定的生活照料、精神慰藉等服务。这些善举体现了四大药局所代表的中医药行业反哺社会的孝老敬老精神,赢得了当时朝廷与社会的广泛赞誉。

4. 养济院制,抚恤孤老 明朝建立之初,朝廷积极总结历代抚恤孤老的经验教训,责令各州府设立专门机构“养济院”,收养年老孤贫无告之人。《明太祖实录》记载,洪武元年太祖宣布:“鳏寡孤独废疾不能自养者,官为存恤。”并在《大明律·收养孤老》中规定了具体的救济标准:“凡鳏寡孤独,每月官给粮米三斗,每岁给棉布一疋,务在存恤。监察御史、按察司官,常加体察。”这是按当时从事体力劳动的人发放食米的国家标准来量定的。据《明会要·恤鳏寡孤独》载,建文元年二月诏:“鳏寡孤独贫不能自存者,岁给米三石,令亲戚收养。笃废残疾者收养济院,例支衣粮。”明确养济院收养对象主要是“笃废残疾者”,“鳏寡孤独贫不能自存者”则由亲戚收养,政府给予一定救助,将官府与宗族的收养对象进行了区分。

由于明太祖朱元璋的大力倡导,养济院设立很快在全国开展起来。到了永乐三年,《明实录·明太宗实录》载有巡按福建监察御史洪堪的建议:“存恤孤老,王政所先。今处各府州县养济院多颓坏,有司非奉堪合不敢修葺,孤老之人,多无所依。又或有一县之内,素无建置者。……乞敕有司常加修葺,未建置者即建置之,如例收养。”明太宗采纳其建议,著令各地加以实施。到了永乐十年,《明实录·明太宗实录》收载安仁知县曹润的奏折称:“天下府州县俱有惠民药局、养济院。”此时各府州县已经普遍设立了养济院,并逐渐由内地蔓延至边疆。明朝历时270年,养济院的设立一般是一县(州)一所,且多设在县城(州城)内,朝廷在县域以上的行政单位基本确保了“老有所养”。同时,明朝建立之初,朱元璋还下令拨款在当地继续开设“惠民药局”,为当地百姓提供免费的医疗服务。

在养济院设立方面,清承明制。《清实录·世祖章皇帝实录》记载,顺治元年(1644)十月下令:“穷民鳏寡孤独废疾不能自存者,在京许两县申文户部,告给养济;在外听该府州县申

笔记栏

详抚按,动支预备仓粮给养,务使人沾实惠,昭朝廷恤民至意。"顺治五年(1648)十一月又下令:"各处养济院收养鳏寡孤独及残疾无告之人,有司留心举行,月粮依时发给,无致失所。应用钱粮,察明旧例,在京于户部、在外于存留项下动支。"对朝廷内外的养济经费来源及负责的机构作了明确规定,为养济院的持续发展提供了稳定的经济来源,确保了清朝国家养老机构养济院持续发挥作用。顺治以后,清朝历代皇帝多沿袭了顺治的政令,养济院的设立几乎遍及全国各县。同时,《大清律·收养孤老》规定:"凡鳏寡孤独及笃疾之人,贫穷无亲依倚、不能自存、所在官司应收养而不收养者,杖六十。若应给衣粮而官吏克减者,以监守自盗论。"对养济院的收养提供法律保障。清朝后期,由于社会形势的剧烈变化,再加上当时财政匮乏、吏治腐败等原因,养济院的经营日渐难以维持。

5. 申明亭制,老有所用　明朝在乡里推行"申明亭"制度,里设里长外,还增设一名"老人",老人同里长履行相同的职责,负责调解民间民事案件和轻微的刑事案件。每里在集中的地方建一亭,名曰"申明亭","里长、老人听各里之讼于申明亭"(海瑞《续行条约册式》)。这一制度在一定程度上确保了老人在乡里或家庭事务中的重要地位,也鼓励老人参与地方事务的管理,使老有所用。同时,也为养老开辟了一个新的内容:养老不仅包括物质供奉和精神愉悦,还要创设制度满足老人的自我认可和自我价值的实现。

除了以上养老政策,明清时期还有"致仕告老""终养侍亲""有司存问""犯罪存留""刑罚优免""免除赋役"等具体的政策支持养老奉亲,营造了尊老孝亲的文化环境和风尚。

(二) 养老习俗

明清养老文化继承了前朝的敬老养老、庆生祝寿、乡饮酒礼等民间习俗。

1. 继承敬老养老传统　在敬老养老方面,民间仍然信奉"父母在,不远游"的习俗,强调子女应在家中照顾年迈的父母。此外,"不孝有三,无后为大"等观念,及社会上广为流传的"孝子典范"王祥的故事等,均宣教了子女为父母养老送终、延续香火等责任。一些民间传统习俗,如"先长后幼""尊老爱幼"等,强调了老年人的社会地位和理应受到的尊重和照顾。

2. 发展庆生祝寿习俗　在庆生祝寿方面,明清时期延续了古代社会的一些民间习俗。《论语·里仁》言:"父母之年,不可不知也。一则以喜,一则以惧。"在中国古代,老年人所过的生日被称为寿诞,60岁为花甲寿,70岁为古稀寿,80、90岁为耄耋寿,100岁为期颐寿。因长寿的人相对较少,不少地方满50岁,甚至40岁,就开始做寿。明清时期苏州地区经济发达,对寿诞礼尤为讲究,每当寿诞之时,宾客盈门,场面壮观。据明人归有光《唐令人寿诗序》记载:"吴俗重生辰,每及期,亲党咸集,置酒高会以为乐。"《默斋先生六十寿序》称:"吾昆山之俗,尤以生辰为重。自五十以往,始为寿。每岁之生辰而行事。其于及旬也,则以为大事。亲朋相戒,毕致庆贺。玉帛交错,献酬燕会之盛,若其礼然者,不能者以为耻。富贵之家,往往倾四方之人,又有文字以称道其盛。"清朝末年苏州《嘉定县志·风俗》记载:"绅富年届六十,或七八十者,其子若孙为之称觞,俗称'庆寿'。先期束邀亲友筵宴,往祝者多以烛、面、糕、桃为馈赠。"

明清时期的庆寿活动,除了有宴请宾客的习俗,还有求取寿文、寿诗而诵的习俗。《静观堂集·寿张思南序》载"缙绅寿每登十,则有文贺"。明朝中期文人周用在《寿王翁毛十诗序》中说:"今世士大夫之事亲,往往谒诸荐绅先生为之文词诗歌,及时,集宾客为寿,则使少者起而诵焉,长者坐而听焉,衎衎鼓舞以为乐。不如是,虽具酒食,人犹为少焉。"此外,时人还经常请名人代写寿序,并悬挂起来以示夸耀。除了寿文庆寿外,还流行歌舞、戏曲等祝寿形式。清代钱谦益在《慧命篇赠萧孟巧四十称寿》一文中这样写道:"吴人生辰为寿,徵笙歌、制屏幛,多宰杀以供长筵。"祝寿之家为了渲染喜庆的气氛,往往要请戏班演戏。据《清嘉录·青龙戏》记载:"金阊戏园不下十余处,居人有宴会,皆入戏园,为待客之便。击牲烹鲜,宾朋满座。栏外观者,亦累足骈肩,俗目之为看闲戏。"富贵之家甚至请专业戏班子到家里或自家戏班子演出数天到数十天。

重寿习俗是中国人自古以来尊老敬老的一种表现形式,在清康乾时期发展到了极致。康熙、乾隆借着自己的寿诞,在宫廷多次举行"千叟宴"。康熙五十二年(1713),借自己六十大寿之机,在畅春园宴请 65 岁以上的现任和休致的满蒙汉大臣、兵丁等两千多人。康熙六十一年(1722)正月,再次召集 65 岁以上满蒙汉大臣及百姓等一千多人,赐宴于乾清宫前。席间,康熙帝与满汉大臣作诗纪盛,名《千叟宴诗》,"千叟宴"由此得名。乾隆继承了康熙这一寿诞宴请习俗,于乾隆五十年(1785)举行千叟宴,列席八百桌,预宴者三千九百余人。嘉庆元年(1796),乾隆宣布退位为太上皇,内禅礼成,他再次在宁寿宫皇极殿举行千叟宴。《清实录·乾隆朝实录》载:"六十以上预宴者凡五千九百余人,百岁老民至以十数计,皆赐酒联句。"

3. 沿袭乡饮酒礼习俗　明清时期,始于先秦的"乡饮酒礼"等习俗得以沿袭。府、州、县地方官按时在学府举行敬老仪式,营造一种尊老重贤的社会风尚。《大明会典·乡饮酒礼》载:"乡饮之设,所以尊高年,尚有德,兴礼让。敢有喧哗失礼者,许扬觯者以礼责之。其或因而致争竞者,主席者会众罪之。十八年,大诰天下:乡饮酒礼,叙长幼,论贤良,别奸顽,异罪人。"洪武五年(1372)礼部对乡饮酒礼做了明确规定:"有司与学官率士大夫之老者,行于学校。"《明史·礼志·乡饮酒礼》规定:"每岁正月十五日、十月一日,于儒学行之。其仪以府州县长吏为主,以乡之致仕官有德行者一人为宾,择年高有德者为僎宾,其次为介,又其次为三宾,又其次为众宾。"以礼宾的形式,实现了尊崇有德行长者的目的,塑造了尊老尚齿的社会风尚。清朝沿袭了明朝这一习俗,直到今天,尚老仍为中华文化的特征之一。

(三) 养老著作

明清为中国养老文化发展的集大成时期,产生了众多养老著作,记录了丰富的养老内容及思想。

1. 徐春甫《老老余编》　徐春甫(1520—1596),字汝元,号东皋,祁门(今属安徽)人,明嘉靖年间著成《老老余编》。该书内容包括尊老养老、情志性嗜、宴处起居、四时调摄、形证脉候、饮食用药等老年学相关内容。徐春甫认为养老应顾护脾胃、食养为先,顺时养生、慎避外邪,宴处起居、巧立制度,尊老爱老、顺情从欲。在老年病防治上,提倡动静结合的保养,指出"善服药者,不如善保养"。全书重在饮食、起居、情志调护,主张少用药饵,载有大量食疗方。

2. 龚廷贤《寿世保元》和龚居中《福寿丹书》　龚廷贤(1522—1619),字子才,江西金溪人,出身世医之家,曾任太医院吏目,有"医林状元"之称。在万历四十三年(1615)著成《寿世保元》,其自序言:"为保元云者,正欲保其元神,常为一身之主;保其元气,常为一身之辅。而后神固气完,百邪不能奸,百病无由作矣。"他在《老人》篇中对老年人养生提出五戒,涉及处世、衣着、起居、饮食等多方面。他认为"四时宜制健脾理气补养之药""凡年老之人,当以养元气、健脾胃为主",并设计、研制阳春白雪糕,由茯苓、山药、芡实、莲肉、陈米、糯米、白砂糖等组成,此"王道之品,最益老人"。《寿世保元》"衰老论"还对人变老的原因作了专题研究。

龚廷贤同族后人龚居中,生活于明末清初,其著述《福寿丹书》专列"养老"篇。龚居中以"人年五十以上"为年老之界,总结出此类人群所具有的身心特征,强调导引与长寿的关系。书中较为系统地论述了老年人调摄养生的重要原则,强调对于老年人群,家中子孙后辈须悉心护养其日常生活起居。又以"人年六十"为例,着重阐述了该人群所特有的病理现象,既有气血津液匮乏所导致的"大便不利",亦有元阳虚损而引起的"常苦下痢"。他建议采用日常饮食养护的方式调护老年常见病,指出虽言治病救疾之法唯在于药,然安身立命之本却有赖于饮食调养。龚居中提出老年人日常生活应以"不饥不饱、不寒不热"为准则,在行住坐卧、言谈语笑、寝食造次之中,力求做到不该读的书不读、不该听的声音不听、不该做的事不做等,以此而不妄失,方可延年益寿。

3. 高濂《遵生八笺》　高濂在明万历十九年(1591)撰成《遵生八笺》19卷、目录1卷。该书是明代最有代表性的综合性养生著作,在古代养生史上具有重要地位和影响,具体内容由八部分组成:第一清修妙论笺,主张养德养生并重,收录儒释道三家修身养性格言250余则,作为戒心律己的法则;第二四时调摄笺,详述四季吐纳、导引、方药等修养调摄的方法;第三起居安乐笺,分恬逸自足、居室安处、晨昏怡养、溪山逸游、三才避忌、宾朋交接诸项,介绍"节嗜欲、慎起居、远祸患、得安乐"等调养方法;第四延年却病笺,述气功、导引、按摩、八段锦,以及戒色欲、修身心、择饮食等养身之道;第五饮馔服食笺,详述饮茶、汤粥、蔬菜、鲊脯等食疗方法及养生药物,收载食品400余种,保健药品20余种,服饵方剂40余种;第六燕闲清赏笺,介绍书画鉴赏文房四宝以及养花赏花等;第七灵秘丹药笺,选录益寿延年的各种奇方及经验效方各30余种,并载痰火、眼目、风痹、噎嗝、泻痢等单方100余种;第八尘外遐举笺,介绍百余位隐逸名士的事迹。高濂的《遵生八笺》对老人的四时顺养、饮食调治、起居调理、药物补养等都作了相当深入的讨论。高濂强调老年人应注重自我管理和保健,提出很多建议,包括合理饮食、适量运动等保持健康的生活方式,以及保持开朗、快乐的心情等心理调适之道。高濂还强调了孝道和尊敬长辈的重要性。这些论述不仅为后世的养生文化提供了宝贵的思想源泉,而且丰富了当时的养老文化。

4. 徐文弼《寿世传真》　徐文弼,字勷右,丰城(今属江西)人,生平喜辑验方,极重养生,于乾隆三十六年(1771)编撰《寿世传真》。该书共八卷:卷一修养宜行外功,介绍自我按摩导引之法,其中《分行外功诀》分述头面、手足、腰背的练功方法,《合行外功诀》叙述十二段锦、八段锦等套路功法及面部美容按摩和六字诀等,均以图谱配合歌诀;卷二修养宜行内功,主要介绍气功养生法;卷三修养宜宝精宝气宝神,乃集前贤论精、气、神的语录、格言和歌诀;卷四修养宜知要知忌知伤,详列养身"十要""十忌""十八伤";卷五修养宜四时调理,叙述四季日常养生法;卷六修养宜饮食调理,介绍饮食调养的方法;卷七修养宜堤防疾病,依据中医藏象、病机学说,主张养生以保脾胃为主;卷八修养宜护持药物,泛论老人药饵护持养生方法,详解15首延年益寿方。徐氏重视导引气功养生法,认为"延年却病,以按摩导引为先"。倡导内外兼修以积精、调气、养神,顾护正气,未病先防。养生延年坚持以健运脾胃为本的理念。全书所载养生诸法,把静养、动养、食养、药养结合起来,动静兼备,四时皆宜,人人可用,处处可行,具有较高的实用价值。

5. 曹廷栋《老老恒言》　清人曹廷栋在乾隆三十八年(1773)著成《老老恒言》,并自刻刊行。书凡五卷,引证书目遍及经史子集,凡307种,是老年养生的集大成之作。该书前二卷叙述起居动定之宜,次二卷列居处备用之物,末附粥谱一卷。该书集中体现了历代养生家的养生思想和具体操作方法,除了主张和情志、养心神、慎起居、适寒温外,对老年饮食、调脾胃尤加重视,列粥谱一百方,其中自创十四方。主张养生要适应日常生活习惯,不可勉强求异。强调老年养生首重省心养性,日常慎饮食起居。其方法细致入微,通俗易懂,并切实可行,全书所论多有独到之处,甚为后人称道。

除了以上主要老年著作外,明清时期还有明洪楩《食治养老方》一卷,主要辑录宋陈直

笔记栏

《养老奉亲书》的"养老食治方"而成。清石光陛等《仁寿编》十六卷，其中上册卷一和下册卷三与老年医学关系紧密，该书认为孝敬老人是天经地义的事，为人子应该承担养老奉亲的任务，需在老人的饮食、服装、起居、精神等四个方面进行护理。清代养生家石成金撰写了一系列养老著作，如《长生秘诀》《长寿普》《食愈方》《延寿丹方》等。晚清出现了来华传教士医生施列民从西医角度撰成的《延年益寿》老年养生著作。

課堂互動

讨论：如何挖掘明清养老作品中的中医药文化特色。

本节内容我们较为详细地学习了6部明清养老作品。请从中任选一部自己感兴趣的著作，揭示其中蕴含的中医药文化特色，并制作PPT进行展示交流。

（四）养老科技

明清时期用于养老的科学技术越来越丰富，无论是老年疾病的保健及治疗技术，还是老年人日常生活所需的物质技术都得到较大发展。

1. 医养技术，保障养老延龄　医养技术为养老文化的发展发挥了重要作用。随着老年医学的发展，针对老年人生理病理特点的医学观念与技术不断产生。如《寿世保元》《景岳全书》《医学入门》《慎疾刍言》等医学专著对老年人的生理、病理特点及疾病防治、养生保健等方面都有较为详尽的论述。明代虞抟的《医学正传》对老年外感疾病的治疗注重补益正气。其《伤寒》篇云："外感无内伤者，用仲景法。伤寒挟内伤者，十居八九。经曰：邪之所凑，其气必虚。补中益气汤，从六经所见之证加减用之。"林珮琴在《类证治裁》中对老年慢性病提出久恙求本的治法："数年久恙，须调补其本。""俾脾元充旺……可免痼疾之累。"李中梓在《医宗必读·咳嗽》中指出："在老人虚人，皆以温养脾肺为主，稍稍治标可也。若欲速愈而亟攻其邪，因而危困者多矣。"以治本顾标应对老年疾病的易发并发症。吴鞠通采用形神共病共调来治疗老年病。王九峰对老年重病的治疗多注重善后处理。在现代医学看来老年人发病后往往预后不良，主要表现为治愈率低和死亡率高，而中医应对不良预后往往有奇效。明清医家在老年疾病的治疗技术上从实际出发不断精进，充分发挥了中医药技术在老年人健康长寿中的独特作用。

导引术、食疗方等老年养生保健之法也得以不断推广，如把养后天脾胃之本的食养技术发展到了新的阶段，养生甚至治病的粥谱越来越发达，逐渐塑造了老人喝粥的传统。不少养老专著均列举了食疗方，明代洪楩《食治养老方》继承宋代陈直《养老奉亲书》中的"养老食治方"，全书分食治养老益气方、食治眼目方、食治耳聋耳鸣方等16类，共158首方剂，剂型有酒、粥、羹、索饼、奶等。曹廷栋《老老恒言》五卷有粥谱一卷。徐文弼《寿世传真》八卷前两卷就针对老年人讲述外功、内功导引的技法。这些老年养生保健的技术方法，对提高老年人的生活质量、延长寿命和提高健康水平起到了积极的作用。

2. 助行器械，助力老人生活　中国传统的助行器手杖是老人常用的器具。手杖，俗称拐杖，又名"扶老"。东晋陶渊明《归园田居》曰："策扶老以流憩，时矫首而遐观。"清人田松岩的《手杖》诗："月夕花晨伴我行，路当坦处亦防倾。敢因持尔心无虑，便向崎岖步不平。"点明了手杖对于老人出行的助益，也表达了"烈士暮年，壮心不已"的情怀。镌刻在手杖上的文字，则称之为"手杖铭"。清人曹廷栋的竹杖铭是："左之左之，毋争先，行去自到兮，某水某山。"所谓"左之左之"者，是指扶杖当用左手，则右脚先向前行，杖与左脚即随后，步履

方稳顺。手杖有"龙头杖""凤头杖"之别,甚至有皇帝赐予功臣的"灵寿杖"等等,它既是老年人手中的常备之物,也是尊老敬老的标志。

总之,明清时期老年保健及老年疾病治疗技术、保障老年人生活的物质技术,均较前朝得到较大发展。医家或病家常采用针灸、按摩、导引等非药物疗法来减轻老年人的病痛。随着西方科学技术的传入,用于老年人的产品与技术也越来越多,为明清养老注入了新的活力。

(五) 养老文学艺术

明清时期文学艺术作品塑造了许多孝子贤孙奉亲养老的故事,为养老文化发展营造了社会氛围。

《红楼梦》《三国演义》《水浒传》《聊斋志异》等明清小说对养老文化有深刻描绘。如《红楼梦》中贾母是家族中的长者,她的生活起居由贾府照料,体现了家族养老;贾宝玉和林黛玉等晚辈也会时常探望贾母等长辈,表现了尊老敬老的传统美德。明清不少戏曲,如《寻亲记》《祝发记》《东海记》等,也常见孝子贤孙为赡养父母而努力奋斗的故事,这些故事宣扬了孝道观念和奉亲思想。又如绘画《侍疾图》通过细腻的笔触展现了家庭养老的真实场景,明清石刻浮雕《二十四孝图》借助 24 幅连环画,塑造了各种各样的孝子孝女形象,引导社会行孝道。又如明代编写的儿童启蒙书《增广贤文》所载"千经万典,孝义为先""堂上二老是活佛,何须灵山朝世尊"等有关孝道的教诲,鞭策人们尊敬奉养父母双亲。

总之,明清出现了以"孝"为主题的各种文学作品,或呼吁社会各界关注老年人生活的艰辛和孤独,或以养老为主题用通俗易懂的语言宣传养老文化和孝道观念,营造了明清养老文化的社会氛围,促进明清养老文化的发展。

三、明清时期养老文化主要特征

明清时期养老文化发展的时代特征主要有以下几点。

(一) 官办养老机构与民间养老机构并存

明清时期,官方在县域以上的机构完善前朝的"养济院"制度,同时鼓励民间宗族养老,扶持社会团体组织互助养老。官办养老机构和民间养老机构并存,共同为老年人提供养老服务,体现了政府与民间的合作与互动。明清时期在养老问题上广泛发动各种力量参与其中,形成社会合力,是其时代特征之一。

(二) 养老资金来源较为多样化

明清时期的养老资金不仅来自政府的财税补贴和资助,还来自民间捐赠、各类慈善机构募资和医疗机构施医舍药的投资,甚至包括义庄、义田式的自筹。这种多样化的资金来源为明清养老事业的发展提供了资金保障。

(三) 养老服务内容较为丰富

明清时期的养老服务不仅包括物质上的供养和生活上的照料,还注重精神上的慰藉和文化上的传承。例如,一些养老机构为老年人提供文化娱乐活动和宗教信仰服务;朝廷采用"申明亭"制,加强精神养老;养老著作强调老人的饮食起居,同时也重视老人精神摄养方法的总结。

(四) 养老文化传承与创新并重

明清时期,养老文化在传承的同时也注重创新。主要的养老制度多在前朝基础上继承与发展,一些新的养老理念和模式出现,如宗族养老、义庄养老、善堂养老等。同时在养老思想总结方面大大超越了前朝,形成了众多的体系化的老年养生著作。

复习思考题

1. 两汉时期养老礼仪有哪些?
2. 谈谈你对于隋唐时期养老制度的认识和看法。
3. 宋金元时期主要养老著作与思想有哪些?
4. 明清时期养老文化的主要成就有哪些?

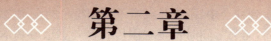

第二章
中国传统养老思想文化

学习目标

知识目标

掌握中国传统养老思想的基本概念、理论渊源,以及儒家、道家、佛家、墨家等养老思想基本概念和内涵。

能力目标

能够理解中国传统养老思想文化内涵,并在现实养老服务中予以应用。

素质目标

深刻把握中国传统养老思想的历史坐标和定位,体会儒家、道家、佛家、墨家等养老思想及其对于社会生活的重要意义,加深对养老服务的理解。

课程思政目标

体会中国传统养老思想文化的重要性,巩固专业思想,树立文化自信。

学习要点

1. 掌握中国传统养老思想及其理论渊源。

2. 掌握儒家、道家、佛家、墨家等养老思想的内涵。

第一节　中国传统养老思想概述

中国传统养老思想融汇中华传统儒释道以及其他相关文化内涵,萃集中华优秀传统文化之精华,形成以血缘、宗亲关系为纽带,以传统孝文化为基础,具有鲜明中华文化特色的思想体系,在积极应对人口老龄化、致力于树立文化自信的当代中国有着极为重大的意义。

一、中国传统养老思想理论渊源

中国传统养老思想源于中华民族的独特思维和社会建构,主要包括天道自然观、天人合一观和血缘宗法制。

(一) 天道自然观

"道""自然""天道"是中华优秀传统文化中最为重要的文化术语,具有深邃的哲学意涵和思想意蕴,是中国传统养老思想得以建构和不断赓续的理论依据。

1. "道法自然"的天道观　《老子》第二十五章云:"人法地,地法天,天法道,道法自然。""道"是人类应当效法的对象,依"道"而行,行为符合道的内在规律,万物将自生自化。由此,天下可以垂手而治,而个人生命将得以长保。"道"依附个人,则形成常德、孔德或玄德的人格;"道"落实到社会中,则将是没有矛盾和纷争的至德之世。

"道"的特征是"自然无为",同时也是中国传统养老思想最基本的观念和追求的理想。"自然"即自然而然,依本性而发展。"无为"则是不妄为,涤除任何人为的成分。"道"对天地万物不妄加干涉,只是依其本性自由发展。中国传统养老思想一以贯之地妙用"道法自然"的内涵真谛,将"虚""静"等"道"的重要特点应用于传统养老之中,在纷繁复杂的现实世界,强调要回归"道"的本质。中国传统养老思想坚持"致虚极、守静笃",达至与"道"玄同合一的境地,使老年群体依其质朴的本性自由自在地安度幸福美满的晚年生活。

2. "物我为一"的天道观 中国传统养老思想蕴含"物我为一"的天道观。"道"虽然无形无象,却最具实在性,是比天地更为古老的原始存在,是化生万物的本体。而有形的万物,以及阴阳之气、五行之实,都是"不得先物"的有限之物。只有那个使万物成为"物"的"非物"才能是万物的本根。"自本自根"而又"生天生地"的道,并不完全在万物之外、之上,而就存在于万物之中,是世界的统一原理,是一切事物的内在原因。基于对"道"超越性与内在性相统一的认识,中国传统养老思想强调不要人为地去破坏自然界,不要以人有目的活动去对抗自然命运,不要以得之自然的天性(德)去殉社会上的名分,应依循天道内在规律开展养老活动,秉承大道自然的养老观念,给予老年群体幸福充实的晚年生活。

3. "明于天人之分"的天道观 中国传统养老思想亦注重人在养生中的积极作用,把"天"看作"行有常"的自然之天,要求"明于天人之分""制天命而用之"。葛洪《抱朴子·内篇·黄白》云:"我命在我不在天。"自然界的运行有其恒常的规律,是不以人们的主观意志为转移的。但人类具有掌握规律、改造自然的主观能动性,有能力成为大自然的主人,可以通过主观努力去改变自然,为人类造福。因此,中国传统养老思想认为人之死生、寿命取决于自身,而非天命,非常注重人的主观能动性。《抱朴子·内篇·论仙》云:"形骸,己所自有也,而莫知其心志之所以然焉;寿命,在我者也,而莫知其修短之能至焉。""明于天人之分"的天道观塑造了中国古代一代又一代的养老观念和习惯。

(二)天人合一观

中国传统养老思想倡导天人合一的养老观念,追索天与人的相通,以求天人之协调、和谐与一致,提倡顺应自然、顺时养老。中国传统养老思想强调"观天之道,执天之行",认为人与自然相应,要顺应自然规律,不能违逆。老年人应四时避忌,将四时摄养与疾病预防相结合。同时,倡导"形具神生"的养老理念,强调人体生命活动中形与神相互依存、相互作用。张景岳《类经·针刺类》云:"形者神之体,神者形之用。无神则形不可活,无形则神无以生。"形神兼养,身心兼治,不仅通过饮食调治保养形体,还要摄养精神,使其保持清静、乐观、坚强和开朗,从而达到"形神相亲,表里俱济",实现延年益寿之终极目标。

(三)血缘宗法制

血缘宗法制影响着中国传统养老思想的文化走向,注重血缘关系、强调孝亲情感是中国传统养老思想的基本特征。一方面表现为对活着的长辈绝对的顺从、孝敬;另一方面表现为尊祖敬宗的心理,对逝去先祖隆重祭祀,以祈求他们保佑人丁兴旺、家族昌盛。

所谓血缘宗法制,是指一种以血缘关系为纽带,尊崇共同祖先以维系亲情,在宗族内部区分尊卑长幼,并规定继承秩序以及宗族成员各自不同权利和义务的法则,它源于原始社会父系家长制家庭成员之间的亲族血缘联系。血缘宗法制对整个中国古代社会产生了重大影响。自先秦时期开始,中国业已形成以种植业为主的农业社会,并在此基础上形成血缘宗法制的社会结构,以生物性遗传为核心的自然血缘关系为纽带,形成内外有别、等级森严的社会治理秩序和血脉相连的亲情凝聚力。

血缘宗法制以家庭为本位,以姓氏为标识进行人群的自然区分,对家庭内与家庭外、姓氏内与姓氏外的人群进行区别对待,并形成"父族四、母族三、妻族二"的九族概念。以血缘纽带相联系的人际关系充满了人情味和非理性色彩,人们在广泛的人际交往中总要染上点亲情、乡情色彩才觉稳妥。这种浓厚的感情色彩造就了中华民族忍让、同情、宽容、大度的美德,并融汇了修身、齐家、治国、平天下、"国家兴亡匹夫有责"等浓烈的家国情怀。血缘宗法制的价值观念和道德精神促成了中华民族的家族观念、家族制度、家族行为规则,并泛化至社会的各个层面,成为中国人为人处世、待人接物的话语指南和行动指针。当然,血缘宗法制过于强调家庭本位,人为划分远近尊卑,容易形成狭隘的宗族观念和小集团意识,滋长家长制、任人唯亲、宗派主义等不良风气。当今社会,我们应以理性的态度来审视血缘宗法观念,吸取精华,排除糟粕,充分发挥其利于社会发展的一面,来推动社会文明进步,构建和谐社会。

二、中国传统养老思想文化内涵

中国传统养老思想文化是中华优秀传统文化之一,是一份弥足珍贵的文化遗产。"老吾老以及人之老"充满着浓郁的人文关切,这种人文关切既主张为老年人提供物质上的保障,又注重老年人在精神和情感上的需求,成为社会建构的重要指针。

(一)中国传统养老思想文化之物质生活内涵

中国传统养老思想文化重视在物质生活上照顾好老年人,要让老年人吃得好、穿得好、过得好。《孟子·梁惠王上》云:"五十者可以衣帛,七十者可以食肉。"依照古代中国的物质生活标准和生活条件,"衣帛食肉"是比较高的生活标准。中国传统养老思想文化关注老年人的生存状态,提出"颁白者不负戴于道路"(《孟子·梁惠王上》)的理念,主张"谨庠序之教",加强教化,倡导孝悌道德,力求使敬老观念深入人心,在社会上普植敬老之风,以实现老有所养,充分展现了中国传统养老思想文化在物质生活上对老年人的照顾,洋溢着"仁者爱人"的暖意,以及尊老、亲老的拳拳之心。

(二)中国传统养老思想文化之精神情感内涵

中国传统养老思想文化重视在精神和情感上敬老、亲老。中国传统养老思想文化强调"孝敬"。《论语·为政》云:"今之孝者,是谓能养。至于犬马,皆能有养。不敬,何以别乎?"由此可见,"孝"有"养"与"敬"的差异。"孝敬"与"孝养"有别。后者注重物质、经济层面上的奉养,前者则更加凸显精神、感情层面的内涵。在《论语·为政》篇中,孔子强调"色难",指出:"有事,弟子服其劳;有酒食,先生馔。曾是以为孝乎?"替父母承担劳务,让父母享用酒饭,都不能作为判断孝顺与否的标准,真正的孝要做到对父母始终和颜悦色,而要做到这一点是非常难的。中国传统养老思想文化的"色难"观念,强调从内心深处尊重长者,常怀敬老之心。

养老指子女或晚辈为父母及老年人提供衣食住行等日常生活上的合理需要。敬老指子女或晚辈从内心对父母及老年人的尊重,让老年人精神愉悦。敬老是孝道的核心内容,是孝道的本质,是养老的深化,是养老的精髓所在。养老是孝道的表现形式,是敬老的具体体现。两者相互统一、相辅相成,缺一不可。

(三)中国传统养老思想文化之社会建构内涵

中国传统养老思想文化用"孝"来调节、规范家庭代际关系,使养老、敬老成为人们必须遵循的道德准则和行为规范,并延伸、扩展成为社会的基本道德规范。孝文化在社会中扮演着道德评判者的角色,督促和规范人们赡养父母、忠君爱国、积德行善。养老思想文化在某种程度上是社会秩序建构和治国安民的重要基础。中国传统养老思想文化认为理想社会是善待老年人的社会,善养老年人为理想社会的基本标志,善养老年人是社会文明进步的重要象征。"文王善养老"就是典型的理想社会建构的故事。《孟子·尽心上》云:"所谓西伯善养老者,制其田里,教之树畜,导其妻子,使养其老。五十非帛不暖,七十非肉不饱。不暖不饱,谓之冻馁。文王之民,无冻馁之老者,此之谓也。"周文王让人民耕者有其田,引导人民种树、养家畜,教育人民善待老人,使五十岁以上的长者穿暖,七十岁以上的长者吃饱,其善养老的美名广为传播。

第二节 儒家养老思想

养老问题一直是儒家关注的重点。孔子曾说"老者安之"(《论语·公冶长》),荀子强调"老者以养"(《荀子·富国》)。董仲舒将正确对待老年人视作王道政治的一项基本要求,主张要"养长老""存长老"(《春秋繁露·治水五行》)。《礼记》明确指出"明养老"。儒家养老思想蕴含浓厚的人本价值,其养老理念凸显出尊养老年人是人之为人的重要表现,是成人的根本。没有对老年人的尊重与赡养,人之为人的生命本质和意义也就无法得到确证。孝养老年人是成全人生、确证生命意义之根本。

一、儒家养老思想的伦理内涵

儒家养老思想中蕴含着仁爱、亲亲、尊尊等伦理内涵。

(一) 仁爱

"仁"是儒家养老思想内蕴伦理内涵的核心。"仁"的本质是"爱人",是珍惜和善待生命,是爱护帮助他人,其中就包括老年人。儒家倡导"仁政","老有所养"是"仁政"的重要内容。另外,儒家养老思想认为德高才能寿长,《论语·雍也》云"仁者寿"。董仲舒在《春秋繁露·循天之道》中云:"故仁者之所以多寿者,外无贪而内清净,心平和而不失中正,取天地之美以养其身。"

(二) 亲亲

儒家把父母创生人的生命本源性与天地创生万物本源性相提并论,父母子女关系是由此而创生的一系列人伦关系中的先在性关系,敬养父母就成为先在的、绝对的义务。因此儒家伦理强调"亲亲",也就是要爱自己的父母和家人。《毛诗序》论《诗·小雅·伐木》云:"亲亲以睦,友贤不弃,不遗故旧,则民德归厚矣。"孔颖达疏:"既能内亲其亲以使和睦,又能外友其贤而不弃,不遗忘久故之恩旧而燕乐之。"儒家养老思想的起点是基于血缘的血亲价值观念,其倡导敬老孝老,是让"亲亲"之情流淌于家庭、家族血脉之中,以"孝"营造和谐的家庭氛围,并推己及人,把家庭范围内的"孝""悌"思想推及他人和社会,用以处理人与人之间,上下、朋友、长幼间的基本关系,进而为整个社会稳定发展夯实情感和社会基础。

(三) 尊尊

儒家养老思想强调"尊老敬长",提高老年人的社会地位与作用。而且尊老养老不仅是个体绝对的义务,也是一项整体的社会义务,在政治生活中有着极为重要的地位。儒家经典《礼记》从劳役、政治、生活等方面对敬老、尊老做了明确的制度规范,从具体的养老礼、乡饮酒礼等礼仪中彰显尊老、敬老、养老。养老礼仪是古代社会养老敬老必须遵守的基本准则,从事生到事死都要依礼而行。孝道的最高境界就是"尊亲"。《礼记·祭义》云:"孝有三,大孝尊亲,其次弗辱,其下能养。"尊老是孝道的本质,是养老的价值尺度,尊老基础上的养老才合乎孝道。

笔记栏

二、儒家孝道养老思想

儒家养老思想中的孝道思想作为中国传统养老文化的精华内容,是中国传统养老文化的思想基础。

(一)百善孝为先

《说文解字》释"孝"云"善事父母者"。所以,"孝"就是对父母的尊重和赡养。《论语·学而》云:"孝弟也者,其为仁之本与?"将"孝"看作"仁"的根本、仁德的核心要义。《孝经·三才章》云:"夫孝,天之经也,地之义也,民之行也。"《孝经·圣治章》云:"天地之性人为贵,人之行,莫大于孝。"明确指出"孝"是人之所以为人的核心道德标准。儒家重视血亲,为孝道的确立提供了一种自然基础,孝是基于血缘亲情的自然情感,行孝就是天道在人伦中的体现。

"百善孝为先"的内核主要包括:尊祖、传宗、敬亲、奉养、侍疾、谏诤、孝志、善终。尊祖,即尊宗敬祖,祭祀先祖;传宗,即传宗接代,繁衍后代;敬亲,即对双亲恭敬和悦;奉养,即赡养父母;侍疾,即对待生病的双亲要及时诊治、精心照料;谏诤,指对父母的错误也要加以规劝以使其改正;孝志,则是按照父母的志向去做,当然如果父母的想法是错误的,也要耐心地去加以引导,正如《弟子规》中所言"亲有过,谏使更,怡吾色,柔吾声";善终,则强调"孝"讲究善始善终。

(二)孝亲养老

孝亲养老是一种家庭道德,是维系家庭关系的基本准则。儒家养老思想认为父母养育子女恩情深重,子女报答父母深恩是良知的重要体现。《孝经·纪孝行章》云:"孝子之事亲也,居则致其敬,养则致其乐,病则致其忧,丧则致其哀,祭则致其严,五者备矣,然后能事亲。"从敬、乐、忧、哀、严等方面规范子女孝养父母的行为。《吕氏春秋·孝行》指出:"养有五道:修宫室、安床第、节饮食,养体之道也;树五色、施五采、列文章,养目之道也;正六律、和五声、杂八音,养耳之道也;熟五谷、烹六畜、和煎调,养口之道也;和颜色、说言语、敬进退,养志之道也。此五者,代进而厚用之,可谓善养矣。"概而言之,孝亲养老要养亲、敬亲、顺亲。

1. 养亲　养亲即物质上供养父母,是尽孝道最基本的要求。养亲是指满足老年人的吃穿用等物质需求和日常生活照料,强调的是子女有赡养老年人的义务。

2. 敬亲　敬亲是精神上体恤父母,对待父母要和颜悦色、温柔体贴,是尽孝道更高层次的要求,是孝亲情感的内在本质规定。孔子提出"色难",并将保持态度和悦恭敬提高到人畜之别、君子小人之别的高度,道出了"敬"是孝道的最高境界。"敬亲"不仅是对父母的尊敬,也包括帮助父母丰富精神生活,使老年人心情愉快。《礼记·内则》云:"乐其心,不违其志;乐其耳目,安其寝处,以其饮食忠养之。""敬亲"是指从内心深处真正尊敬父母。《礼记·祭义》云:"孝子之有深爱者,必有和气;有和气者,必有愉色;有愉色者,必有婉容。"以诚心尽孝,自可悦亲,做到"出入扶持须谨慎,朝夕伺候莫厌烦"。一代名相房玄龄,在赡养老年人方面就是"道德楷模",尤其在"色养"老年人上做得极为到位。《贞观政要·孝友》云:"房玄龄事继母,能以色养,恭谨过人。"

3. 顺亲　顺亲强调以顺为孝,要遵从父母的心愿和意志。儒家养老思想要求孝顺是出自内心真正的爱,从内心深处真心实意地去孝顺父母。但这种孝顺并非毫无原则地去顺从父母。《孝经·谏诤章》中曾子问孔子:"敢问子从父之令,可谓孝乎?"孔子曰:"是何言与!是何言与!……父有争子,则身不陷于不义。故当不义,则子不可以不争于父,臣不可以不争于君,故当不义则争之。从父之令,又焉得为孝乎?"汉代赵岐注《孟子》"不孝有三"云"于礼有不孝者三事",放在首位的就是"阿意屈从,陷亲不义"。

课堂互动

讨论：如何理解顺亲内涵。古代曾出现"愚孝"现象,你对此有什么看法?

三、儒家"推己及人"养老思想

儒家思想的忠恕之道先从正面推己"所欲立""所欲达"(《论语·雍也》)及人,再从反面避免推己"所不欲"(《论语·卫灵公》)及人。"万物皆备于我"(《孟子·尽心上》)是"推己"的理论前提,"反求诸己"(《孟子·公孙丑上》)是推己及人的实践。推己及人养老思想核心内涵即为"老吾老以及人之老",让所有老年人老有所养、老有所依、老有所乐、老有所安。儒家养老思想认为老年人应受到全社会的普遍关爱,而且养老是"王政"的必然内涵。儒家养老思想以"老吾老以及人之老"的精神构建了老人的社会保障之网,体现出一种务实和理性精神,透射出儒家养老思想对老年长者的眷顾和萦怀。

(一) 从个人层面,要尊敬所有的老人

儒家"老吾老以及人之老"的"推己及人"养老思想是将对自己父母长辈的爱扩展、辐射到别人的父母长辈,是突破了血缘和亲情的拘囿,而将尊老敬老覆盖到所有的老人。当然,对待他人父母长辈并非要和对待自己的父母长辈一样,对待自己的父母长辈有基于血缘伦理上的孝亲赡养义务,对待他人的父母长辈则没有孝养的义务和责任。尊老敬老之情在"推己及人"的过程中有程度上的不同,先"亲亲",后他人,即爱有差等。

(二) 从社会层面,要形成尊老敬老的风尚

从社会层面而言,儒家"老吾老以及人之老"的"推己及人"养老思想就是要在全社会形成尊老敬老的良好风尚。儒家典籍对日常生活方方面面的敬老、尊老做了明确规范,尊老、敬老的理念和礼仪历代被广为宣教。

(三) 从国家层面,要施行养老的"王道""仁政"

从治理者来说,"老吾老以及人之老"就是要施行养老的"王道""仁政"。儒家"王道""仁政"的治世思想,其基础在于"以民为本"。解决老者养老问题是儒家"仁政"的重要内容。《孟子》中多次论及养老是仁政的重中之重。《孟子·梁惠王上》说:"养生丧死无憾,王道之始也。""七十者衣帛食肉,黎民不饥不寒,然而不王者,未之有也。"《孟子·梁惠王下》说:"老而无妻曰鳏,老而无夫曰寡,老而无子曰独,幼而无父曰孤。此四者,天下之穷民而无告者。文王发政施仁,必先斯四者。"《孟子·尽心上》云:"文王之民,无冻馁之老者。"

课堂互动

讨论:谈谈你对"老吾老以及人之老"的理解和认识。

第三节　道家养老思想

道家养老思想是中国传统文化中的重要组成部分,其理论渊源主要来自先秦时期的道

家思想和经典著作。这些经典所强调的自然无为而治和齐物论等思想对道家养老思想的形成产生了深远影响。《道德经》中的无为思想告诉我们不要过度干预自然,要尊重事物的自然发展。在养老领域,"无为而治"的思想意味着我们应该让老年人回归自然,享受内心的平静和自由。同时,我们也要避免对老年人过度治疗或干预,而是让他们自然地生活和老去。这种思想与现代医学界所推崇的"顺其自然"的养老观念相一致,都是强调尊重老年人的自然生命进程。《庄子》中的"齐物论"思想提出了一个重要的观点:天地万物都是平等的,没有高低贵贱之分。因此,包括老年人在内的所有人,都应该得到尊重和关注。老年人应该与年轻人一样享有平等的权利和机会,而不是被边缘化和忽视。这种思想对于我们更好地关注老年人的生活和权利、促进社会的和谐发展具有深刻的启示意义。只有我们真正理解和尊重老年人的价值和权利、关注老年人的生活,才能构建一个更加和谐、包容的社会。

一、以道法自然为理论基础

道家认为,"道"是宇宙间最高的原则,是万物之母,是宇宙万物产生的根源。《道德经》第二十五章云:"人法地,地法天,天法道,道法自然。""道法自然"强调了"道"的自然性和本源性,即"道"所反映出来的规律是自然而然的,不是人为干预的结果。所以道家在养老思想上也认为,人们应该顺应自然规律,不要过度追求长生不老、青春永驻等不切实际的幻想。而是要顺应自然,适当地进行养生保健,以达到身体健康、长寿的目的。

(一) 顺应自然养生

人的生命是有限的,要珍惜生命。《庄子·养生主》言:"吾生也有涯,而知也无涯。以有涯随无涯,殆已。"强调生命是有限的,而知识是无限的,用有限的生命去追求无限的知识,是危险的。庄子用这句话来阐述养生的重要性和难度,即人生有限,应该珍惜生命,不要过度追求不切实际的目标。

在养生保健中,道家强调要顺应自然规律来治理身体,不要过度追求人为的手段来保持健康。《道德经》第六十四章云:"为者败之,执者失之。是以圣人无为,故无败;无执,故无失。"《道德经》第五十七章主张"以无事取天下","我无为,而民自化;我好静,而民自正;我无事,而民自富;我无欲,而民自朴"。都强调了"无为",提倡一种顺应自然、少加干预、重自我发展的养老观念。养老只有顺应自然规律,保持内心的开放和自然,才能达到成功和长久。

(二) 反对过度治疗

道家养老思想认为,过度治疗会破坏身体的自然平衡,会对身体健康造成伤害。在老年阶段,身体机能逐渐衰退,免疫系统也逐渐减弱,因此老年人容易出现各种疾病。但是过度治疗不仅不能有效地缓解疾病的症状,反而会破坏身体的自然平衡,从而加重病情。因此老年人应该注重调节身体内部环境促进身体的自然康复。

《黄帝内经》防治原则受到道家思想的影响,认为不能过度治疗。如《素问·五常政大论》中提到:"大毒治病,十去其六;常毒治病,十去其七;小毒治病,十去其八;无毒治病,十去其九。谷肉果菜,食养尽之,无使过之伤其正也。"说明在采用药物治疗疾病时,一定要掌握好药物使用的度,避免过度使用而伤害人体的正气,破坏机体自我恢复的机能。此外,《黄帝内经》还强调"衰其大半而止"的治疗原则,即在治疗过程中,当病情已经大部分缓解时,就应适时停止治疗,以免过度治疗带来不必要的损害。这一思想正与道家反对过度干预和控制的主张相呼应。

二、以清静养心为核心

修身养性是保持身心健康的关键。老子强调人们应重视自己的身体和生命,而非过分追求外在的物质财富。在道家看来,清静无为、淡泊名利是一种理想的生活态度,这需要我们注重调节自己的情绪和思想,以达到内心的平静。

(一)清静

在道家思想中,水是一种象征,代表着柔和、包容、顺应自然的态度。《道德经》第七十八章云:"天下莫柔弱于水,而攻坚强者莫之能胜。"道家认为,水代表了一种柔软的力量,但它却可以战胜一切困难和挑战。这句话提醒我们,应该像水一样,保持这种柔和、包容、顺应自然的态度,不与外界相争,避免过度强求,以达到内心的平静和自然。

《庄子·天道》云:"夫虚静恬淡寂漠无为者,天地之平而道德之至,故帝王圣人休焉。休则虚,虚则实,实则伦矣。虚则静,静则动,动则得矣。"凸显了虚静恬淡寂漠无为的重要性,认为是天地之平、道德之至的表现。只有通过内心的虚静,才能真正充实和完备。同时,虚静也可以带来内心的平静和稳定,从而在行动中获得成功。在养老过程中,老年人可以通过虚静恬淡的态度来面对生活中的挑战和困难,从而获得内心的平静和安宁。

只有保持内心平静,通过致虚、守静的修炼过程,才可以观察到万物的本质和规律,从而找到生命的真谛。《道德经》第十六章云:"致虚极,守静笃。万物并作,吾以观复。夫物芸芸,各复归其根。归根曰静,是谓复命。复命曰常,知常曰明;不知常,妄作,凶。知常容,容乃公,公乃王,王乃天,天乃道,道乃久,没身不殆。"强调了致虚守静的重要性。人们所畏惧和厌恶的事情很多,但只有通过内心的修炼才能消除杂念,保持内心的清静和宁静,使形体健康、精神愉悦。在养老过程中保持内心平静,可以使老年人恢复到生命的本源,达到返璞归真的状态。

(二)养心

形神兼养是保持身心健康的重要原则。"形为神之宅",只有身体健康,精神才能更加愉悦平和。同时"神为形之主",精神也是身体的指挥者,只有精神愉悦平和,身体才能更加健康,因此养生保健要以神为主,注重调节情绪,保持心情愉悦,做到形神兼养。

《淮南子·精神训》云:"心者,形之主也;而神者,心之宝也。"道家认为,养心是养生的核心。心不仅控制着人的情感和思维,还决定着人的行为和反应。如果想要保持身体健康和心理平衡,就需要保持内心的平静和稳定。只有当心境宁静、清净时,才能够真正地感受到身体的变化和需求,从而更好地保持身体健康。同时,养心也可以减少外界的干扰和诱惑,使人心无旁骛,专注于自身的健康和修养。

三、以尊老敬老为价值观

老庄道家主张超越世俗道德,不承认儒家认为的孝道在哲学和伦理、政治上的地位。道家孝道观重视自然天性,注重亲子间的精神感通,讲求莫逆于心,反对繁文缛节。道家孝道具有其价值和意义,对于中国孝文化的形成和发展产生了一定影响。

(一)老子"孝慈"之道

儒道两家都重视"孝"这种自然亲情,儒家将其作为培育道德情感和提升道德理性的起点,而道家则通过坚守"孝"的自然情感来维护淳朴的本性。《老子》中虽然只有两处提及"孝",但都与"慈"相关联。在通常的情况下,"孝慈"被尊崇为美德和人性善的代名词。但在老子的思想体系中,"孝慈"可以从两个方面来理解:一方面是由于六亲失和所导致的果,另一方面则是人们保持本真的本性。

《道德经》第十八章中云:"大道废,有仁义;智慧出,有大伪;六亲不和,有孝慈;国家昏乱,有忠臣。"这似乎表明老子认为强调"孝慈"是社会倒退的表现。然而,从"道"的角度来看,如果人们能够天然地相亲相爱,就不需要"孝慈"这种繁缛的人为礼制来指引人们的行为。这个孝慈是老子专门用来指称儒家的仁义礼智孝慈观的。老子反对的是社会中作为观念和道德规范的人为"孝道"，而不是否定亲情。

此外，《道德经》第十九章云："绝圣弃智，民利百倍；绝仁弃义，民复孝慈。"这表明老子认为人们本性中存在着至淳、至朴的"孝慈"观念，只有摒弃儒家所倡导的"仁义"，人们才能回归到人类本初的"孝慈"之道。一个"复"字，可见在老子的本初思想中就已经认可了人的本性是"生而有孝慈"的。"孝慈"正是"自然"之真，也是"道"的实现，主张以"孝"之自然情感强化"慈"之天性本然。

（二）庄子"至仁无亲"

道家所强调的"孝"是天性的自然显露。庄子认为"至仁无亲"。"至仁"是一种极致的仁爱，它超出了常人对亲疏的界定，不是基于血缘关系或者个人情感，而是基于对所有生命和事物的普遍关爱。在极端的仁爱中，没有亲疏之分。"无亲"也就是忘亲，忘亲忘孝才可通达至理，爱得广泛和普遍。《庄子·天运》载："庄子曰：'父子相亲，何为不仁？'曰：'请问至仁。'庄子曰：'至仁无亲。'太宰曰：'荡闻之，无亲则不爱，不爱则不孝。谓至仁不孝，可乎？'庄子曰：'不然。夫至仁尚矣，孝固不足以言之。此非过孝之言也，不及孝之言也。'"

"至仁无亲"反映了庄子对仁爱的独特理解和追求。他认为，真正的仁爱应当超越个人的情感和亲疏，以一种超越世俗的眼光去看待生命和事物。这种思想体现了庄子对生命的尊重和关爱，也体现了他的哲学思想中对超越性的追求。

（三）孝是道家文化中长寿修仙的基础

道教素有重视孝道的传统，其早期经典《太平经》中明确提出孝的重要性，云"天下之事，孝为上第一"，最大的罪过是不孝，"夫天地至慈，唯不孝大逆，天地不赦"。道教要求慕道修仙之人，首先必须履行"人道"。《无上秘要》说："父母之命，不可不从，宜先从之。人道既备，余可投身。违父之教，仙无由成。"孝道被视为一种重要的道德规范和修行方式。通过孝顺父母，可以积累功德，提高自己的修行境界，从而更容易得道成仙。由此可以看出，孝也是道家追求仙道的基础。

四、养生是养老的基础和前提

在道家思想中，养生和养老是相互关联的。道家认为，养生是养老的基础和前提。只有通过养生，保持身体的健康和精神的愉悦，才能更好地享受老年生活。同时，道家也强调在养老过程中，应该注重养生方法的运用和推广，以帮助老年人更好地保持身心健康和生活活力。

在《庄子》中，庄子提出了"养生主"的思想，即通过内在修养、调节身心来达到健康长寿的目的。《庄子·养生主》中说："吾生也有涯，而知也无涯。以有涯随无涯，殆已！已而为知者，殆而已矣。为善无近名，为恶无近刑。缘督以为经，可以保身，可以全生，可以养亲，可以尽年。"庄子认为，人们应该保持清净无为的心态，减少欲望和烦恼，保持身心的平衡和稳定，这样就可以保护自身、保全天性、奉养父母，并且能享尽天年，从而达到"养生主"的目标。"养生主"思想强调了内在修养和身心平衡的重要性，以及顺应自然规律的行为方式。这些思想对于实现健康长寿的目标有着重要的指导意义。

总之，道家养老文化是中国传统文化中的重要组成部分。其主张尊重老年人的价值和需求，注重养生保健，提倡清心寡欲、顺应自然、身心合一的理念，为老年人提供良好的生活条件和社会环境，这些思想对中国的养老文化和养生保健产生了深远的影响。在老龄化社会中，道家养老文化和养生保健的结合是必要的，也是可行的。我们应该将道家养老文化的精髓融入现代社会中，为老年人提供更好的照料和服务，同时也要注重养生保健的方法和技巧，使自己能够更好地享受老年生活。

第四节 佛家养老思想

作为中国传统文化重要组成部分的佛家养老思想,有其独特的理论渊源和文化内涵。佛家强调慈悲为怀、孝道至上,以及修身养性等方面,鼓励人们通过修行和善举来获得福报和长寿。同时,也主张超越生命的短暂和虚幻,关注永恒的精神追求和智慧的获得。

一、以慈悲为理论基础

佛教认为慈悲是一种高尚的品德,是修行佛法的关键。慈悲不仅是对自己的亲人、朋友和同胞怀有同情心,还要对一切众生都怀有同样的情感。佛教徒应该以慈悲心对待众生,以慈爱之心对待其他生命,帮助他们解除痛苦。同时应该尊重并关心所有人,包括父母和其他家庭成员。每个人都有自己的价值和经历,我们应该以包容和尊重的态度对待他人。《佛说盂兰盆经》所言"一切男子是我父,一切女子是我母",更是体现了佛家慈悲为怀的理念,阐述了孝道的重要性和对于父母的感恩之情。

佛家的慈悲思想鼓励人们关注弱势群体和需要帮助的人,尽自己的力量去帮助他们。这种思想源于佛教创始人释迦牟尼对于人类的终极关怀和对生命的尊重。他认为人生短暂而脆弱,我们应该珍惜生命、关爱他人。这种慈悲为怀的理念是佛教文化内涵的重要组成部分,也是其养老思想的理论基础之一。

二、以孝道至上为美德

在佛家看来,"孝"是一种重要的美德和社会责任,也是修行的一种方式。父母养育子女长大成人,子女应该尽心尽力地赡养年迈的父母,这是一种自然的伦理道德。

中国佛教早在汉末魏晋时期就翻译引进了和《佛说盂兰盆经》,五代十国时期翻译引进了《佛说父母恩难报经》。《佛说父母恩难报经》云:"父母于子,有大增益,乳哺长养,随时将育,四大得成。右肩负父,左肩负母,经历千年,正使便利背上,然无有怨心于父母,此子犹不足报父母恩。"《佛说善生子经》主张"当以时节,请设饮食,随其意供养于我",强调子女应当在日常生活中关注父母的生活需求,并且根据实际情况为他们提供必要的支持和照顾。同时,也强调子女应当尊重父母的意愿,不要违背他们的心愿。

宋朝时期,佛教文化宣扬的是"孝顺至道,孝名为戒"的养老思想。《佛说盂兰盆经疏》开头就说:"始于混沌,塞乎天地,通人神,贯贵贱,儒释皆宗之,其唯孝道矣。"认为孝道是既超越时空,又遍于时空,是不受人神、阶级、派别限制的宇宙的普遍真理和伦理规范。北宋契嵩禅师引《孝经》文说:"夫孝,天之经也,地之义也,民之行也。"认为孝行是天经地义,是人们应有的德行。同时契嵩禅师又宣扬戒孝合一:"夫道也者,神用之本也;师也者,教诰之本也;父母者,形体之本也。"父母赐予了每个人躯体和生命,人们应该孝顺父母,以报答父母的生育之恩,敬养父母是天经地义的。《布施度无极章》中主张"治国以仁","布施一切圣贤,不如孝事其亲",认为应把"孝事其亲"置于"布施圣贤"之上,强调孝亲比布施更为重要。

三、以修行求长寿

佛家还非常重视修行对于延长寿命的重要性。佛教认为,生命的长短与个人的善恶行为有关。行善可以积累福德,从而延长寿命;作恶则会消耗福报,导致早逝。因此,佛教强调人们要注重修行。

（一）行善

佛教中有很多经典都提到了生命的长短与个人的善恶行为有关。例如《佛说业报差别经》云："复有十业,能令众生得长命报:一者,自不杀生;二者,劝他不杀;三者,赞叹不杀;四者,见他不杀,心生欢喜;五者,见彼杀者,方便救免;六者,见死怖者,安慰其心;七者,见恐怖者,施与无畏;八者,见诸患苦之人,起慈愍心;九者,见诸急难之人,起大悲心;十者,以诸饮食,惠施众生。以是十业,得长命报。"说明人们都希望自己能够长寿健康,但因为各种欲望和情感的干扰,会对身体造成损害。因此,佛教认为修行是获得健康和长寿的重要途径之一。人们的寿命受到业力的影响,行善可以积累福德,从而延长寿命。

此外,《阿弥陀经》中也提到了念佛往生的道理,"舍利弗,不可以少善根,福德因缘得生彼国"。只有具备深厚善根和福德的人才能往生到极乐世界。因此,应该勤修善根和福德,为往生做好准备。通过念佛修行,人们可以获得清净的内心和智慧,从而消除烦恼和业障,增加自己的寿命。

（二）修心

在修行的道路上,要保持内心的清净,不被外界的干扰所扰动。要时刻观照自己的内心,保持正念,不断忆念佛法。这是修行佛法的基本要求之一,旨在帮助人们净化心灵,达到内心的平静和安宁。

禅宗六祖惠能大师著名的四句偈云:"菩提本无树,明镜亦非台。本来无一物,何处惹尘埃。"意在说明一切有为法皆如梦幻泡影,教人不要妄想执着,才能明心见性,自证菩提。佛家认为,通过修身养性和内心修行可以帮助人们摆脱生死轮回之苦,达到解脱和自在的境界,从而延长寿命。因此,提倡人们通过冥想、打坐等方式来放松身心,保持身体健康。

通过修行可以超越生老病死的苦厄,达到解脱和自在的境界。这种观念影响了佛家养老思想的形成和发展。佛家认为,人们在老年时所受到的照顾和福利也应该与自己年轻时的行为有关。因此,他们提倡通过自身的修行和善举来获得福报和长寿。

佛家养老思想虽具有宗教色彩,但仍具有一定的现实意义。佛家提倡慈悲为怀,鼓励人们关心他人、尊重他人,这有助于建立互信、互助的社会关系,可以为老人提供一种更为满足和充实的生活状态。孝道至上,强调了家庭和亲情的重要性,可以帮助现代人重新审视家庭和亲情的价值,尊重父母、关爱家人,维护家庭的和谐与稳定。通过修行和善举,人们可以提高自身的修养和智慧,从而获得内心的平静和健康。

第五节　其他养老思想

一、墨家的养老思想

墨家产生于春秋战国时期,创始人为墨子。墨家是一个规矩纪律的团体,"钜子"为其首领,其成员到各国为官必须推行墨家主张,所得俸禄亦须向团体奉献。墨家学派有前后期之分:前期思想主要涉及社会政治、伦理及认识论问题,关注现世战乱;后期墨家在逻辑学方面有重要贡献,开始向科学研究领域靠拢。墨家的主要思想主张是:人与人之间平等相爱(兼爱),反对侵略战争(非攻),推崇节约、反对铺张浪费(节用),重视继承前人的文化财富(明鬼),掌握自然规律(天志)等。

（一）孝是利亲

墨家认为"爱人"的重要内容和目的应以利人为主。"利"指他人、天下之利,也包含个人之利。墨家评判善与恶的标准是分清利人和害人。因此,评价子女对父母是否孝的基础或者标准,就看他的行为是否有利于父母。墨家思想中"利亲也"的实质内容是孝,子女对父母之孝,就是使双亲得到实实在在的利。只有利于亲,才谈得上孝于亲,竭力反对"子自爱,不爱父,故亏父而自利"(《墨子·兼爱上》)的行为。

《墨子·节葬》云:"亲贫,则从事乎富之。"幸福生活的前提是物质基础,双亲贫困就要努力做些他们生活富足的事情。因为墨者多出身于"农与工肆",能解决衣食住行的基本物质需求实属不易,所以在如何孝敬父母的问题上,墨家思想多从物质层面出发,他们首先想到的是满足其最普通的物质需求。墨家所代表的下层劳动者,其孝亲之情极为淳朴。《墨子·经说上》云:"孝,以亲为芬,而能能利亲,不必得。""孝"就是以爱亲为己任,又能兼利双亲,但不必得到双亲的赞赏。

(二)孝与兼爱一致

墨家"兼爱"的基本思想是"兼相爱,交相利",是平等的互爱互利。墨家使用互惠原则论证爱:只有先去爱别人,才能得到别人爱的回报;只有互相关爱,才能互惠互利。

墨家认为孝与兼爱相一致。一是从家庭成员关系来说,"父子不相爱,则不慈孝;兄弟不相爱,则不和调"(《墨子·兼爱中》),相反,父子之间相亲相爱则父慈子孝,兄弟之间相亲相爱则兄友弟恭。二是从全社会成员关系来说,"吾先从事乎爱利人之亲,然后人报我以爱利吾亲也"(《墨子·兼爱下》),每个人先去爱别人的双亲,别人出于平等互爱互利,也会像爱自己的双亲一样爱戴我的父母,形成了个体与社会群体之间的良性循环。在社会上普遍推行兼爱之风,人人都兼爱于人,无论是谁的双亲,都会受到应得的孝敬。如果天下人都兼备了兼爱于人的高尚品德,那些老而无妻、子的人都会有奉养以终其寿。所以,从社会层面和个体层面出发,孝与兼爱具有一致性。

二、管子的养老思想

《管子》,托名春秋管仲著,是一部稷下黄老道家学派的文集汇编。内容丰富,包含道、儒、名、法、兵、阴阳等家的思想,以及天文、舆地、经济和农业等方面的知识,其中《戒》等篇对养老、养生等均有论述,是研究我国先秦养老方式方法的珍贵资料。

(一)倡导孝道

1. "礼义"之中的孝道　"四维"是《管子》治国的四个基本纲领。《管子·牧民》云:"何谓四维?一曰礼,二曰义,三曰廉,四曰耻。"在关系国家兴盛存亡的"四维"纲领中,礼与义都有明确的养老奉亲的孝道思想。《五辅》篇中全面分析了礼、义,提出"义有七体,礼有八经"。"七体者何? 曰:孝悌慈惠,以养亲戚;恭敬忠信,以事君上;中正比宜,以行礼节;整齐撙诎,以辟刑僇;纤啬省用,以备饥馑;敦懞纯固,以备祸乱;和协辑睦,以备寇戎。"可见要达到管仲所倡导"义"的高尚道德境界要从七个方面进行自我修养,而"孝悌"被列在第一。在"礼有八经"中管仲对孝道做了细致的阐述:"圣王饬此八礼以导其民。八者各得其义,则为人君者中正而无私,为人臣者忠信而不党,为人父者慈惠以教,为人子者孝悌以肃,为人兄者宽裕以诲,为人弟者比顺以敬,为人夫者敦懞以固,为人妻者劝勉以贞。"《管子》的八礼是针对人们在社会和家庭生活中扮演的八种社会角色提出了不同的礼仪道德要求,对"为人子者"要求遵循孝悌的道德规范。《管子》把养老奉亲的孝道放到治国纲领中,并积极推行,可见其对孝道的重视。

2. 培养敬老养亲的美德　《管子》十分重视养老奉亲教育,把养老奉亲作为立世修身的根基。其《戒》篇云:"孝弟者,仁之祖也。"认为孝悌是仁爱的根本。对于如何培养这一天下人须兼具的美德,管仲主张要谆谆告诫、说教灌输,更要通过环境熏陶、规章制度、树立典范等方法,感化熏陶民众,精心教育。

首先,领导者大力支持并首先示范,以榜样的形式鼓励民众行孝。作为领导者,其行为是民众的示例,具有表率作用,"君不高慈孝,则民简其亲而轻过"(《管子·山权数》)。在养老问题上治理者要率先垂范,身体力行来阐释孝道,从而昭示民众,效仿学习,从而形成孝悌的良好社会风尚。

其次,重视孝道教育,通过大环境熏陶培养民众养老奉亲的美德。管仲在治国纲领中,特别重视民众的道德教育,以形成良好的社会秩序。这种道德教育中深深地渗透着养老奉亲的孝道教育。《管子·大匡》言:"士,处靖,敬老与贵,交不失礼,行此三者为上举……耕者,农农用力,应于父兄,事贤多,行此三者为上举……令高子进工贾,应于父兄,事长养老,承事敬,行此三者为上举。"即在士、农、工、商中积极开展孝道教育,其有力措施、广泛影响、重视程度高是见所未见的。

3. 通过制度引导民众的敬老养亲行为 《管子》通过国家制度来宣传孝道,规范民众的养老奉亲行为,以多种形式奖励仁孝之行。在实行过程中管仲采取了三种方法:一是精神表彰与物质奖励相结合,共同引领民众实践敬老养亲的孝道;二是免役,"孝子兄弟众寡不与师旅之事"(《管子·山权数》),凡是孝子,不管兄弟多少,全部免除服兵役;三是选拔重用,管仲所创立的选贤任能制度"三选"制始终坚持以"孝于父母"为重要标准之一。

(二)推行"爱亲善养,思敬奉教"

《管子》认为敬老养亲是高尚的品德,是家庭和社会中所有人要循行的道德标准,也是人们的基本操守。《管子·形势解》:"爱亲善养,思敬奉教,子妇之常也。以事其亲,终而复始……子妇不失其常,则长幼理而亲疏和。"古代社会以农业为本,在生产力较低的情况下,家庭是养老承担和实施的责任主体,如果失去家庭的赡养和安置,老年人的生活将失去保障。所以管仲积极开展孝道教育,着力实行"爱亲善养,思敬奉教"的家庭养老模式。

1. 物质上赡养照顾父母 《管子》要求子女应尽心尽力供养和照料父母,使双亲食甘寝宁,满足父母的物质生活需求。《管子·形势解》云:"尽力共养,子妇之则也。……子妇不易其则,故亲养备具。"人到老年身体气血衰弱,从事劳动生产的能力减退,须靠子女才可得生存资料;随着身体机能的衰退,双亲的生活自理能力在不断退化,日常生活中需要子女扶持照顾的次数也不断增加。因此,"子妇"的奉养对于父母是必不可少的,"子妇者,亲之所以安也,能孝弟顺亲,则当于亲"(《管子·形势解》)。为保证老年人基本生存需要的满足,使赡养父母成为基本义务,《管子》注重制定法律来规范人们的养老行为,通过法律监督各级官吏严格执法,严惩不养老的恶行,从法律制度上保证老年人养老权利的实现。

2. 精神上尊重、体贴父母 《管子》认为赡养父母,使父母食甘寝宁是最基础的要求,更重要的还是要善于体贴父母,要情真意切地去奉养双亲,在精神上关心父母,使父母心情愉悦。《管子·形势解》云:"孝者,子妇之高行也。故山高而不崩则祈羊至,主惠而不解则民奉养,父母慈而不解则子妇顺,臣下忠而不解则爵禄至,子妇孝而不解则美名附。""解惰简慢,以之事主则不忠,以之事父母则不孝,以之起事则不成。"

三、孙思邈的养老思想

孙思邈,京兆华原(今陕西省铜川市耀州区)人,唐代伟大的医药学家。他集隋唐以前医学之成果,著成巨著《备急千金要方》和《千金翼方》各30卷。在养老方面,基于《黄帝内经》理论,提出了许多行之有效的具体方法,对后世养老理论的发展影响深远。

(一)七情平和,精神内守

现今社会由于工作压力大、生活节奏加快等因素,人们易于情志不畅、身心失调,出现生理机能病变。孙思邈在《备急千金要方》《千金翼方》两书中各列《养性》一章，并将其列于其他方法之首，足见养性的重要性。孙思邈强调在社会生活中要做到"十二少"，避免"十二多"，日常生活中心无杂念，无欲无求，不看重钱财名利，内心平静，保持七情的平和，有利于五脏六腑、气血津液等正常运转，使百病无所由生，有助于老年人颐养天年。

(二) 百行周备，道德日全

古代圣贤先哲历来十分重视道德修养在人的成长以及健康方面的作用，孙思邈也不例外，高度重视长寿与道德的关系。《备急千金要方·养性序》云："夫养性者，欲所习以成性，性自为善，不习无不利也。性既自善，内外百病自然不生，祸乱灾害亦无由作，此养性之大经也。善养性者，则治未病之病，是其义也。故养性者，不但饵药餐霞，其在兼于百行。百行周备，虽绝药饵，足以遐年；德行不充，纵服玉液金丹，未能延寿。"具备道德品行之人不服用佳肴补药也能得享天年，而德行无操守之人纵使常食玉液金丹也未必寿全。有德才能挣脱名利、声色的捆绑；有德才会好善乐施，行善积德，与世和谐，与自然相应，内心才会宁静自然，从而进入"清静无为"境界，这也是"仁者寿"之义。人的寿命受机体内五脏六腑、气血津液等影响，品德高尚的人，机体内五脏六腑、气血津液平和，可以延缓衰老，有利于健康长寿。

(三) 导引按摩，合理运动

导引可以促使脏腑经络之气和畅、身体轻柔灵便，有助于健康长寿。孙思邈鸡鸣时起，就卧中导引，然后洗漱、进食等，生活规律，给后人以启发和借鉴。《备急千金要方·养性》"调气法""按摩法"中对于各种导引法的动作细节、操练的时间段和宜忌等均有详细论述。

(四) 顺应自然，适常起居

孙思邈非常看重自然气候对人体的影响，根据天人相应的观点提出应"顺时养气"。《备急千金要方·伤寒》云："有贤人，善于摄生，能知搏节，与时推移，亦得保全。"善于摄生的人，能因时制宜，随着节令的变化调养身心，进而健康长寿。根据老年人的生理特点，孙思邈较具体地阐述了生活起居应予注意的若干问题。如在《千金翼方·养性·养老大例》中提到，人到了老年，体力和精力等都衰减，活动量也应随之减少，不得强力举重、疾行、极视、极听等。

(五) 推崇食养，提倡服饵

孙思邈在《备急千金要方》中记载了154条食疗验方，食品种类多达236种。将老年人食养归纳为以下几个方面：一是当令之食为首选。将四季、五行、五脏、五味相对应，针对四季的变化与五味、五脏的对应予以饮食调理，从而达到养生的目的。二是饮食有节，清淡为主。提倡饮食简单，勿营养过丰、过盛。三是五味调配，不可偏嗜。注意五味协调，不可偏食，否则就会变生百病。《备急千金要方·养性》云："酸多则伤脾，苦多则伤肺，辛多则伤肝，咸多则伤心，甘多则伤肾。"五味配属五脏，任何一味偏嗜都可能造成相应脏器的损伤。

(六) 慎护其情，子孙有责

《千金翼方·养老大例》云："人年五十以上，阳气日衰，损与日至，心力渐退，忘前失后，兴居怠惰，计授皆不称心。视听不稳，多退少进，日月不等，万事零落，心无聊赖，健忘嗔怒，情性变异，食饮无味，寝处不安。子孙不能识其情，惟云大人老来恶性，不可咨谏。是以为孝之道，常须慎护其事，每起速称其所须，不得令其意负不快。"人进入老年后，其性格、兴趣、饮食、言行等会发生一定程度的变化，老年人的五脏六腑功能也日渐衰退，而致气血不足、阴阳失调，使其生理功能、心理素质各方面都产生了明显的改变。晚辈要充分理解老人，不能对老人产生不耐烦甚至埋怨的情绪，应尽最大努力创造有利于老年人身心健康的条件，而使其颐养天年。

四、《寿亲养老新书》的养老思想

《寿亲养老新书》为宋代陈直撰著,元代邹铉续增。即元代邹铉在宋代陈直《养老奉亲书》原文的基础上稍加修订而成。书中以老年养生为专题,详细记载了老年人的饮食宜忌、食疗、药物调理、四时调摄、颐养性情等内容,还论述了老年日常起居、闲情逸致、将息与养性以及古今善行、行孝劝善和传闻轶事等方面,是老年人养生保健的重要专著。

(一) 食疗为先

《寿亲养老新书》继承孙思邈的食疗养老思想,对老人各种疾患主张先治以食疗:"凡老人有患,宜先以食治,食治未愈,然后命药,此养老人之大法也。"又云:"人若能知其食性,调而用之,则倍胜于药也。"之所以重视食疗,是因为"主身者神,养气者精,益精者气,资气者食。食者,生民之天,活人之本也"。饮食进则水谷精气充盛,水谷精气充盛则气血旺盛,气血旺盛则筋力强健,饮食是滋养人体和维持生命活动的根本,是精气神的主要物质来源。

1. 食优于药,辨证治食 《食治养老序第十三》云:"善治药者,不如善治食。"全书养生方法主导思想提倡食疗优于药治,防病重于治病。食物与药物实质无异,食物可取代部分药物治疗疾病。辨识食物性味即可辨证治食,"治食"是根据食物的色、味、寒、凉之性,更加合理而准确地运用于治疗保健。其原则与"寒者热之,热者寒之,实则泻之,虚则补之"的用药原则无异,本于阴阳五行,强调脏腑辨证,注意四时变化,关键在于"能知其食性,调而用之"。

2. 四时调摄,天人相应 《饮食调治第一》言:"凡人疾病,未有不因八邪而感。所谓八邪者,风、寒、暑、湿、饥、饱、劳、逸也。"人之所以生病,是因为人体自身与外部环境失调。四季饮食应遵守:春季肝气盛,宜"减酸益甘,以养脾气",酒不可过饮,应避免食用冷肥黏滞之物;夏季心气旺,宜"减苦增辛,以养肺气",少食生冷肥腻之物;秋季肺气足,宜"减辛增酸,以养肝气",少食新谷,避免动人宿疾;冬季肾气足,宜"减咸而增苦,以养心气",少食炙煿燥热之物。结合老年人的特点,提出了"依四时摄养之方,顺五行休王之气",强调宜顺应自然界变化规律用食,做到与自然协调统一。

3. 饮食适宜,避之有时 老年人的饮食应定时定量、少量多餐,保证饥饱适宜,饥不择食或饥不欲食均可能导致发病。

(二) 药物扶持

全书虽推崇食疗重于药物,但"上寿之人,血气已衰,精神减耗,危若风烛,百病易攻"(《医药扶持第三》),必要时老年病仍需要结合药物来调理,对于时行疾病和急重病,更要重视药物治疗。老年人药物扶持的特点为用药平和,以调理脾胃为主。

1. 用药平和 老年病药物治疗的原则"只可用温平、顺气、进食、补虚、中和之药治之"。主张使用气味温顺、药性平和之品以调中焦补虚损,倡导"寓药于食",主张"调停饮食……随食性变馔治之"。注重药物选用,不用他人馈赠来历不明的药物、不用性味寒凉以及峻下攻伐之药。在用药时态度谨慎,中病即止。凡偏颇药性(大寒大热、过辛过燥)之剂皆非老人适合,应选用药性平和、补而不滞、滋而不腻之品调养。最终达到脾气健运,气血流畅,阴阳平衡,延年益寿。

2. 调理脾肾 肾为先天之本,脾胃为后天之本。《饮食调治第一》云:"脾胃者,五脏之宗也。四脏之气,皆禀于脾,故四时皆以胃气为本。"强调要安排有利于平补肾气的药食,有助于恢复老年人脾肾之气。

(三) 起居护理

《寿亲养老新书》也是一部老年中医护理学著作。书中指出外部环境、人为因素与疾病

笔记栏

的发生密不可分。人到了老年时期,心力、思想和行为会如同小孩一样,若生活不注重起居护理,病邪将"趁虚而入"。因此老年人凡衣食住行,皆须遵照相关要求,以安全舒适为宜。要注重生活细节,春天气候时寒时暖,老人不可顿减棉衣,待天气暖和,可约上亲朋好友游园登高,以舒畅生发之气;夏天天气炎热,不宜睡太久,最好能居虚堂净室、开阔凉快之地以避暑邪;秋冬两季,应尽量"早眠晚起,以避霜威"。

(四) 精神调摄

《寿亲养老新书》总结出"养生七诀":"一者少言语养内气,二者戒色欲养精气,三者薄滋味养血气,四者咽精液养脏气,五者莫嗔怒养肝气,六者美饮食养胃气,七者少思虑养心气。"其中多条强调精神调摄,主张恬淡虚无,益寿延年。

复习思考题

1. 如何理解儒家养老思想的"仁爱"内涵?
2. 如何理解道家养老思想中的"天人合一"观念与老年生活的关系?
3. 简要谈谈墨家和管子的养老思想有什么特点。

第三章

中国传统养老制度文化

PPT 课件

学习目标

知识目标

了解中国传统养老礼仪制度、法律制度的基本概况,明确每一种制度文化的深刻内涵。

能力目标

了解养老制度文化包含的主要内容,能够列举历代养老制度的主要内容,以发展和辩证的眼光继承中国传统养老制度文化的精髓。

素质目标

对传统养老制度的优势与弊端予以理性看待,明晰养老制度文化的现实意义,涵养人文情怀。

课程思政目标

提升对中国传统文化的认知,并在家庭生活和社会生活中自觉传承尊老敬老的文化传统。

学习要点

1. 中国传统养老制度文化形成与发展概况。

2. 中国传统养老礼仪制度和法律制度的主要内容。

第一节 中国传统养老制度概述

敬老养老是中华民族的传统美德。在中国传统社会,养老是历代治理者非常关注的问题。为彰显国家对老年人的尊养,维护社会稳定,历朝治理者建立和完善养老制度,推行各项养老政策和措施,同时在全社会积极倡导孝行,提高老年人的家庭地位和政治地位,为老年人提供物质供养,同时满足他们的精神需求。

一、中国传统养老制度的形成与演变

我国具有规模的养老制度始于周朝,随着汉、唐、宋等各个朝代不断完善与发展,逐渐形成了内涵丰富的养老制度体系。这些养老制度体系对于维护社会稳定,形成优良的民风民俗、社会风尚发挥了重要作用。

先秦时期在养老方面对各类老人采取不同的措施。《礼记·王制》云:"有虞氏养国老于上庠,养庶老于下庠;夏后氏养国老于东序,养庶老于西序;殷人养国老于右学,养庶老

于左学；周人养国老于东郊，养庶老于虞庠，虞庠在国之西郊。"此处"国老"是指退休的卿大夫，"庶老"是指退休的士及庶人。"上庠""下庠""东序""西序""右学""左学""东郊""虞庠"，都是古代学校，虞、夏、殷、周四代名称不同。"三老五更"制度是先秦时期养老制度的重要内容之一，《礼记·文王世子》记载："天子视学，大昕鼓徵，所以警众也。众至，然后天子至，乃命有司行事，兴秩节，祭先师先圣焉。有司卒事，反命，始之养也。适东序，释奠于先老。遂设三老、五更、群老之席位焉。适馔省醴，养老之珍具，遂发咏焉。……正君臣之位，贵贱之等焉，而上下之义行矣。"郑玄注："三老五更各一人也，皆年老更事致仕者也，天子以父兄养之，示天下之孝悌也。"又《乐记》："食三老五更于大学。"郑玄注："三老五更，互言之耳，……皆老人更知三德五事者也。"它主要是针对致仕而又留养于学校的老年官员，他们可以将自己多年积累的知识和经验传授给学生。

一般的老年官员则采取致仕制度。致仕，相当于今天的告老退休制度。据《礼记·曲礼》记载："大夫七十而致事。若不得谢，则必赐之几杖，行役以妇人，适四方，乘安车。自称曰老夫，于其国则称名。越国而问焉，必告之以其制。谋于长者，必操几杖以从之。长者问，不辞让而对，非礼也。"此处"致事"即退休之意，"几杖"特指君王赐给高龄老人的"王杖"。以上文献说明我国具有尊老养老的历史传统，上至君王，下到百姓，都要对长者表示尊重：他国使者来访，国君要咨询老臣，把国家的典章制度告诉对方；与长者商议事情，一定要拿着凭几与拄杖前往；长者问话，不谦让就直接回答，是不合礼仪的。先秦时期，在制度上不仅对"三老五更"、致仕官员这些社会地位比较高的老人尊崇礼待，对一般老人也有相关的抚恤养老制度。《礼记·王制》记载："少而无父者谓之孤，老而无子者谓之独，老而无妻者谓之矜，老而无夫者谓之寡。此四者，天民之穷而无告者也，皆有常饩。"除了"孤"，"独""矜""寡"三者皆是老人，并且是"穷而无告者"，国家要予以救济，以养其老。

《礼记·王制》还详细规定了各个年龄段老年人应该享受的生活待遇："五十异粻，六十宿肉，七十贰膳，八十常珍，九十饮食不离寝，膳饮从于游可也。"即指年过五十岁的老人，可以享用较精细的粮食；年过六十岁的老人，要保证每天都有肉吃；年过七十岁的老人，正餐之外要保证随时可以有吃的；年过八十岁的老人，可以时常吃到珍贵美食；年过九十岁的老人，饮食也不离开寝室，如果出游则膳食随时准备好，以保障供给。除了通过制度保证老人的赡养，同时也赋予老人及家属一些特殊的权利。《礼记·曲礼》言："八十九十曰耄，七年曰悼，悼与耄，虽有罪，不加刑焉。百年曰期颐。"即八九十岁的老人，虽然有罪，也不施以刑罚。满百岁称为"期颐"，由人赡养，颐养天年。《礼记·王制》又云："凡三王养老，皆引年。八十者，一子不从政；九十者，其家不从政。"据以上内容，可以看出夏、商、周三代推行的养老制度，根据户籍来核定年龄，以确定免除赋税徭役的对象。如家有八十岁以上的老人，允许一个儿子不服徭役；家有九十岁以上的老人，全家都可不服徭役。

汉朝时，养老制度有了进一步完善。从中央到地方实行遵守王杖尊老制度，并成为一种独有的文化现象。王杖，亦称鸠杖，是指由王朝赐予的拐杖，可以彰显老人的特殊身份、崇高地位与政治待遇。西周已有"齿杖制度"。《礼记·王制》："五十杖于家，六十杖于乡，七十杖于国，八十杖于朝。九十者，天子欲有问焉，则就其室，以珍从。"汉代给老年人授杖的年龄一般是七十岁及其以上，据《后汉书·礼仪志》载："仲秋之月，县道皆案户比民。年始七十者，授之以王杖，哺之糜粥。"另外，汉宣帝时期颁布的汉代专门的尊老法典《王杖诏令册》规定："高皇帝以来，至本始二年，朕甚怜耆老，高年授王杖，上有鸠，使百姓望见之，比于节。"老百姓如果看见老人手杖上雕有鸠首，就犹如看到朝廷使者手持天子节信一般，必须毕恭毕敬，不能怠慢。手持王杖的老人可以自由出入官府节第，而且可以走皇帝专属"驰道"的旁道。诏令还作出规定："年七十以上，授王杖，比六百石。"可见，王杖持有者享有六百石官员这个等级的俸禄。此外,持有鸠杖者还拥有诸多方面的特权。《王杖诏令册》规定:王杖持有者种田不需交租赋,从事各种商业经营免于征税,特别是一些没有子女的孤寡老人可以在市场卖"酒醪"。朝廷还要求各级官府必须大力帮助与扶持愿意赡养孤寡老人的家庭。通过推行王杖制度,明确王杖持有者的特殊待遇,并以法律的形式强制执行,切实保护了老年人的实际权益。

除了王杖制度,汉朝政府还实行物质"廪给"和减免徭役赋税制度。"廪给",即政府定期赐给老年人一定数量的米肉,以保障老年人晚年的物质生活。《汉书·文帝纪》记载了文帝下诏规定养老的具体标准和措施:"有司请令县道,年八十以上,赐米人月一石,肉二十斤,酒五斗。其九十已上,又赐帛人二疋,絮三斤。赐物及当禀鬻米者,长吏阅视,丞若尉致。"在减免赋税徭役方面,《汉仪注》曰:"民年十五以上至五十六出赋钱,人百二十为一算。"可见,赋税减免的标准是五十六岁,五十六岁以上无须缴纳算赋。汉武帝时期,又诏令八十岁者免除两口人赋税,九十岁者其家免除兵役。可见,汉代通过实施免除赋税徭役的规定,既减轻了老年人自身养老的负担,也减轻了家庭养老的压力。

魏晋南北朝时期,养老制度又有了新突破,出现了"存留养亲"制度。这项制度具体是指犯人直系亲属年老应侍,而家无成丁,死罪非十恶,允许向朝廷上请,流刑可免发遣,徒刑可缓期,将人犯留下以照料老人,老人去世后再按实际执行。这项制度始于北魏。《北魏律·名例》规定:"诸犯死罪,若祖父母、父母七十已上,无成人子孙,旁无期亲者,具状上请。流者鞭笞,留养其亲,终则从流。不在原赦之例。"到了隋唐,"存留养亲"制度进一步定型完善,唐朝《唐律疏议》对存留养亲制度进行了详细规定:"诸犯死罪,非十恶,而祖父母、父母老疾应侍,家无期亲成丁者,上请。犯流罪者,权留养亲。不在赦例。"该制度是中国古代封建社会一项重要的法律制度,一直延续到晚清。

到了唐朝,养老制度备受皇帝重视。唐代继承了前代给老人"赐杖""免税"等诸多做法。据《唐大诏令集》,唐太宗在"即位赦"中特别提出:"八十以上,各赐米二石,绵帛五段;百岁以上,各赐米四石,绵帛十段;仍加版授,以旌尚齿。"其中,"尚齿"是尊老之意。唐朝还曾有过一项"补给侍丁"制度,《唐六典·尚书户部》载:"凡庶人年八十及笃疾,给侍丁一人;九十,给二人;百岁,三人。"意思是说,老百姓凡是年龄超过 80 岁及重病的人,分配一个人来照看,超过 90 岁的人分配两个人照看,超过 100 岁的分配三人来照看。

宋代在继承前代尊老养老传统的基础上进一步完善养老方式,形成了颇具特色的养老制度。其中福田院、居养院、安济坊等救助机构的设立,突破了传统临时赏赐的局限,实现了对鳏寡独老的集中收养。宋哲宗元符元年,政府颁布了著名的《居养鳏寡孤独者诏》:"鳏寡孤独贫乏不能自存者,州知通、县令佐验实,官为养之;疾病者仍给医药。监司所至检察阅视,应居养者,以户绝屋居,无户绝者以官屋居之。及以户绝财产给其费,不限月分,依乞丐法给米豆。若不足者,以常平息钱充。已居养而能自存者,罢。"据《居养鳏寡孤独者诏》可知,地方政府在救助鳏寡独老不能局限于粮米医药的供给,还要解决他们的居住问题,将户绝屋或官屋作为他们的住所,从法律制度上推动地方政府救助鳏寡独老方式的改进。宋徽宗时期,对社会救助的重视程度很高,一方面不断重申和完善原有的救助制度与政策,另一方面又创设和推广各类专门性救助机构。崇宁元年,宋徽宗下诏"置安济坊,以处民之有疾病而无告"。安济坊初设于各路州军城,后扩大至一般县城。崇宁二年,户部奏言:"诸路安济坊应干所须,并依鳏寡乞丐条例,一切支用常平钱斛。"按此,安济坊的设置已趋于普遍化和制度化。

到了明清时期,养老制度越来越完善。其中,清朝最突出的是设立"千叟宴"制度,彰显国家对养老的重视。这项制度始于康熙为了庆祝寿辰,邀请 65 岁以上在职和退休的文武官员以及全国各地推举的贤德长者两三千人进京赴宴,与皇帝一同欢饮。宴后还向与会的老人发放纪念品,并将老人的名字载入史册。此外,康熙时期,朝廷面向全国颁布"上谕十六条",要求人们"淳孝悌,以重人伦;笃宗族,以昭雍睦"。后来雍正皇帝继位,将"上谕十六条"逐条批注,成为《圣谕广训》,并以此作为清朝养老的施政纲领,要求各级地方官员必须对《圣谕广训》进行宣讲,以达到让更多人重视敬老养老的目的。

二、中国传统养老制度的特点

在中国传统社会,养老问题不单纯是家庭生活的私人事务,更是儒家所倡导的孝文化的集中体现,彰显"以孝治国""以孝治天下"的政治理念,关乎社会伦理秩序与政治秩序。因此,中国传统养老制度最显著的特点就是形成了以孝为内涵的完整系统的文化理念,历代治理者都非常重视孝道的弘扬和推行。同时,养老制度又与中国传统社会小农经济模式相呼应,形成以家庭敬老养老为主的落实方式,注重养老礼仪,强化养老观念。

(一) 彰显"孝"文化

先秦时期,天子、诸侯对"三老五更"非常尊崇。每年天子亲自宰割牺牲,亲自执酱,以宴请"三老五更"。《礼记·乐记》云:"食三老五更于大学,天子袒而割牲,执酱而馈,执爵而酳,冕而揔干,所以教诸侯之弟也。"宴请三老五更的目的是教人以孝悌之道。汉朝大力宣传"以孝治天下",高祖刘邦以后,皇帝的谥号前都加上"孝"字,以示推行孝道的决心。此外,汉代还推行"举孝廉"的选仕标准,汉代治理者认为,孝是"百行之冠,众善之始",因此考察人才主要的标准之一就是考察其孝行。此外"孝悌力田"也是察举选官的科目之一,凡是在家中努力劳作、孝敬父母、尊重兄长的人都有可能被地方基层政权组织推举到朝廷去做官,这些选拔官员的政策和措施推动全社会形成了敬老尊贤的风尚。而中国传统养老制度中的存留养亲制度是儒家传统孝道在法律制度领域的重要体现,在面临被判处徒、流、死刑的罪犯家中存在老人无人奉养情况下,经上请,可允其先养其亲,后行其刑,以做到情法兼顾,在一定程度上避免了这种罪犯家破人亡悲剧的发生,使犯人得以尽孝,尊长得以安度晚年。

同时为了提高人们的道德素质和品质,历代治理者对孝道的教育十分重视,在全国全面开展孝道教化活动,广泛传播教化孝养理念。《汉书·董仲舒传》载:"凡以教化不立而万民不正也。夫万民之从利也,如水之走下,不以教化堤防之,不能止也。是故教化立而奸邪皆止者,其堤防完也;教化废而奸邪并出,刑罚不能胜者,其堤防坏也。古之王者明于此,是故南面而治天下,莫不以教化为大务。"这段话明确了道德教化的重要作用。在汉代教育中,孝道教化受到官方教育的高度重视,阐述孝道与孝治的《孝经》即被列为经典,上自京师中央太学,下至地方学校,都要求普及《孝经》的学习,该书也成为民众的必读书目。到了唐朝,唐太宗在位时大力推行孝道,提出:"百行之本,要道惟孝;一言终身,恕而已矣。春生夏长,宽仁之令行焉;齐礼道德,耻格之义斯在。"高宗李治曾令赵弘智于百福殿讲《孝经》,并感慨曰:"朕颇耽坟籍,至于《孝经》,偏所习睹。然孝之为德,弘益实深,故云'德教加于百姓,刑于四海',是知孝道之为大也。"唐玄宗李隆基还亲自为《孝经》作注、作序,阐发遵从孝道的意义和作用,并下令全国践行,要求百姓家中各藏《孝经》一本,时时教习,体念圣意,勿违孝道。此外,从儿童启蒙至科举考试,设孝子科目、举孝子入朝,《孝经》等儒家经典为其基本内容,直至明清不变,影响深远。《孝经》也成为人们养老敬老的行为指南,起到了指导人们尊老养老的重要作用。

综上可以看出,孝道文化历经数千年,已经深深根植于中华民族普通百姓的内心深处,影响着人们的社会生活和行为习惯。

(二) 以家庭敬老养老为主的落实方式

在我国古代社会,经济上占主导地位的是传统小农经济。这种经济模式是以家庭为单位、生产资料个体所有制为基础,完全或主要依靠自己的劳动,满足自身消费需求。因此小农经济所有社会成员的衣食供养主要在自己的家庭之内解决。小农经济模式奠定了我国传统家庭养老的基础,家庭养老也为小农经济提供必需的劳动力。与这种小农经济模式相呼应,我国传统农业社会自古就有"养儿防老"的说法。所以中国古代养老制度的主要特点是以家庭养老为主,老人要依靠子女的赡养来满足物质和精神上的需求,形成传统家庭养老模式。

以家庭敬老养老为主的养老制度文化要求家庭成员之间关系要融洽,孝敬父母,尊重老人。《孝经》言:"孝子之事亲也,居则致其敬,养则致其乐,病则致其忧,丧则致其哀,祭则致其严。五者备矣,然后能事亲。"这就把事亲的内容,从生、老、病、死各个方面提纲挈领,即孝子对父母日常家居的侍奉,要竭尽恭敬;饮食生活的奉养,要保持愉快的心情去侍奉;父母生病,要带着忧虑的心情去照顾;父母去世了,要竭尽哀伤之情去料理丧事;对祖先的祭祀,要恭敬严肃地去对待。这五方面做得完备周全,才可称对父母尽到了作为子女的责任。

这种以家庭为主的养老方式,首先靠亲子关系来实现,然后再辅以国家体恤孤寡的具体政策和措施,从而构成了牢固的富有人文精神的养老制度。

(三) 注重养老礼仪,强化养老观念

《周礼·地官·乡大夫》言:"三年则大比,考其德行道艺,而兴贤者能者,乡老及乡大夫帅其吏,与其众寡,以礼礼宾之。"《礼记》中的"乡饮酒义"篇强调君子可以通过集合民众参加乡饮酒这种具有广泛群众基础和喜闻乐见的形式对大家进行孝悌伦理观念的教育。汉代地方政府拨专项经费举行乡饮酒礼,并于每年孟春望日和孟冬朔日两次举行,宗旨在于"正齿位、序人伦",以倡导"敬老尊贤、兄友弟恭、内睦宗族"等。乡饮酒礼是一种地方性的敬老活动,被誉为养老大典。清雍正帝称:"乡饮酒礼,所以敬老尊贤,厥制甚古。"

此外,儒家思想还十分强调封建帝王尊老亲民的模范作用,要求其自身践行尊老敬老。中央政府举办的"养老礼"由天子亲自主持,所谓"圣主承天,作君师于下土;良臣当国,行政教于家邦"。敬老养老的仪式典礼模式得到了上至帝王、朝廷官员,下至地方官吏的层层落实,有力地推动了尊老养老政策的有效实施。

可以说,实行养老礼仪是传统养老制度的重要内容之一。《大学衍义补》言:"盖帝王之世,以孝弟为治,老者近于父,长者教于兄,故设为视学养老之礼,以教天下之人孝弟也。上之人以孝弟师先天下之人,使之归皆于亲亲长长之化,无一人而不亲其亲而孝,不长其长而弟。礼教日明,凡俗日厚,天下岂有不治平也哉。"正是在封建帝王和各级官员的榜样引导和要求下,普通百姓遵守敬老尊老礼仪制度,从而形成老有所依、老有所养的社会风气。

第二节　中国传统养老管理制度

为培植孝养之风,保证养老管理制度的贯彻落实,历朝治理者制定了较为完善的奖惩政策。对于家庭养老中的孝养行为,官方进行大力宣扬与倡导,并给予精神与物质奖励;对于不落实或执行养老制度和政策不力的不孝行为,官方通过严格的惩处法令进行惩戒,以规范、引导人们的养亲行为,充分发挥家庭养老的职能。

一、中国传统养老奖励制度

传统养老制度通过奖赏的方式,保障老人享有包括物质和精神生活需要的各项权益。

对养老敬老表现突出者,或扬名乡里,或入仕为官。如两汉时期,选拔官吏主要以察举为选拔途径,以道德品质表现突出者为主要选拔对象。汉代察举官吏的科目诸多,但无论是哪一个科目均将个人孝的道德品质放在第一位,孝被认为是"百行之冠,众善之始"。当时一大批孝敬尊长、德行出众的人被举荐,获得了朝廷的重用。唐代,地方官员将民间孝悌事迹上报中央,由朝廷出面旌表门闾、彰示众人,以扬其善行,并给予封赐奖赏。《旌表孝义之家敕》载:"孝义之家,事须旌表。苟有虚滥,不可褒称。其孝必须生前纯至,色养过人;殁后孝思,哀毁逾礼。神明通感,贤愚共伤;其义必须累代同居……得其旌表者,孝门复终孝子之身,义门复终旌表时同籍之人。"同时为了奖励家属对老人的敬养,会减免孝悌之家的税赋徭役,并赐予米帛等物资,以减轻孝悌之家的经济负担。如《唐六典》规定:"若孝子、顺孙、义夫、节妇志行闻于乡闾者,州县申省奏闻,表其门闾,同籍悉免课役;有精诚致应者,则加优赏焉。"另外,和汉代一样,对于孝悌事迹可嘉的人,朝廷授予其官职以示奖励。《唐六典》规定:"凡孝义旌表门闾者,出身从九品上叙。"《旧唐书》记载:"京兆、河南、太原牧及都督、刺史掌清肃邦畿,考核官吏……若孝子顺孙,义夫节妇,精诚感通,志行闻于乡闾者,亦具以申奏,表其门闾。其孝悌力田,颇有词学者,率与计偕。"

二、中国传统养老惩戒制度

中国传统养老奖励制度对尊老、养老风气的形成及家庭养老功能的发挥有着重要作用。而养老惩戒制度同样对不良风俗的改变、社会秩序的稳定以及家庭养老模式的运行有着积极的影响,其主要体现在对不孝行为的惩戒和对地方官员的惩戒两个方面。

(一)对不孝行为的惩戒

传统养老制度除规定老者在家族中的权力与地位,明确子孙供养与孝敬的义务外,同时也对可能出现的违反养老义务的行为设定了相应的制裁,对不孝行为进行严肃惩戒。《孝经·五刑章》言:"五刑之属三千,而罪莫大于不孝。"古代养老制度对"不孝"行为有明文规定,不孝之人除了要遭受道德舆论的谴责,还要接受更为严重的法律惩戒。

汉代《王杖简》明确规定了对受王杖者的敬养条例以及对违令者的处罚原则。一方面,对七十岁以上的受王杖者犯罪可以减免刑罚;另一方面,汉代严惩侵犯王杖持有者权益的不法行为。对殴辱持有王杖者的人,会以"大逆不道"的罪名处死。另外,汉代律法规定不孝之人可处"弃市"之刑。《礼记·王制》载:"刑人于市,与众弃之。"该刑罚是指在大众集聚的闹市,对犯人执行死刑,以示为大众所弃。汉代实施严格的养老法律制度,对于各种不孝犯罪行为给予严厉惩处,以达到"以孝治天下"的目的。

在整个唐朝法律中,最为恶劣的犯罪当属"十恶之罪"。与"十恶"之罪相配的都是比较严厉的刑罚,而且一般的减、免、赦、赎都将"十恶"排除在外。"十恶"之中涉及卑幼对尊长犯罪的主要是"恶逆"与"不孝"两条。所谓恶逆,即"殴及谋杀祖父母、父母,杀伯叔父母、姑、兄姊、外祖父母、夫、夫之祖父母父母。……殴谓殴击,谋谓谋计。"如子孙犯恶逆罪,尤其是伤害生养父母的罪行,国法将严厉处置之。《唐律疏议》曰:"父母之恩,昊天罔极。嗣续妣祖,承奉不轻。枭镜其心,爱敬同尽,五服至亲,自相屠戮,穷恶尽逆,绝弃人理。"对于这种禽兽不如的恶逆行为,唐律惩处严厉,规定:"'恶逆'者,常赦不免,决不待时。"此外,唐律"十恶"之第七"不孝"罪是指:"告言、诅詈祖父母父母,及祖父母父母在,别籍、异财,若供养有阙;居父母丧,身自嫁娶,若作乐,释服从吉;闻祖父母父母丧,匿不举哀,诈称祖父母父母死。"《唐律疏议》规定处罚云:"诸子孙违犯教令及供养有阙者,徒二年。谓可从而违,堪供而阙者。须祖父母、父母告,乃坐。"至于供养的标准,解释得也很明白,"'及供养有阙者',礼云'七十,二膳;八十,常珍'之类,家道堪供,而故有阙者,各徒二年"。

（二）对地方官员的惩戒

为了使养老的物质奉养能够落到实处,官方采取了不少切实可行的措施。汉代养老敬老政策与制度主要由郡县两级衙门具体落实,对于政策执行不力或不执行者,要给予相应的惩罚。如《汉书·文帝纪》记载:"赐物及当禀鬻米者,长吏阅视,丞若尉致。不满九十,啬夫令史致。二千石遣都吏循行,不称者督之。"此外,皇帝还会安排专门的官员到各地巡查养老政策和发放实物的落实情况。《后汉书·孝安帝纪》记载:"'仲秋养衰老,授几杖,行糜粥'。方今案比之时,郡县多不奉行,虽有糜粥,糠秕相半,长吏怠事,莫有躬亲,甚违诏书养老之意。其务崇仁恕,赈护寡独,称朕意焉。"由此可见朝廷对养老制度贯彻不力的情况进行了通报批评。历史上在养老救助领域,不断出现新的吏治问题,比如有些官员趁机中饱私囊等,针对这些问题朝廷不断完善惩戒制度。《明律》载:"凡鳏寡孤独及笃废之人,贫穷无亲族依倚,不能自存,所在官司,应收养而不收养者,杖六十。若应给衣粮,而官吏克减者,以监守自盗论。"到了清代,则直接对养老救助机构的经营情况制定了严格的管理标准,并纳入到地方官员考核之中。同时,还专门派人对养济院进行经营,如发现地方官员在经营过程中出现问题,将按照相关的惩处条例进行惩戒。若官员离职或调任,也要做好养济院经营管理的交接工作。

三、中国传统养老管理制度的特色与弊端

中国传统养老管理制度的特色体现在孝道这一基本的养老道德准则和社会行为规范上,通过官方强力推行,社会广泛传播,成为人们养老敬老的日常行为,起到了和睦家庭、维护社会和谐稳定的作用。

第一,家庭层面,传统养老制度推行"孝"的奉养思想。养老文化中的孝道思想保证了老人的养老需求。孟子说过:"孝子之至,莫大乎尊亲。"因此,"孝"就是要赡养、侍奉老人,尊敬、爱护老人。不仅要满足老人的物质需要,更要满足老人的精神需要。唐代养老制度还规定子女对老人要给予精神上的安慰,做到精神养老,也即"色养"。"色养"要求子女要和颜悦色地奉养父母或承顺父母。唐初名相房玄龄的父亲常年卧病,他尽心赡养,不曾懈怠。生母去世后,他又敬养继母,孝意备至,令人钦佩,成为社会称颂的道德楷模。《贞观政要》记载其"事继母,能以色养,恭谨过人。其母病,请医人至门,必迎拜垂泣"。

第二,国家层面,传统养老制度推行"以孝治天下"的理念。从汉代开始,明确提出"以孝治天下",德化民众,以此来构建稳定的社会秩序,实现政治理想。西汉经学家董仲舒在《春秋繁露·基义》提出"君为阳,臣为阴;父为阳,子为阴",直接将父子与君臣之间的关系用阴阳等级观念表达出来,形成以天为孝、忠孝合一的孝治理论。将事亲与忠君结合起来,把对父母的孝悌上升到对君主的忠诚,"孝于亲者,必忠于君",实现"移孝作忠",从而稳定社会的目的。汉代以后,"以孝治天下"得以继续推广,成为历代治国安邦的指导思想。

古代这种家国同构思想,将家庭孝养老人的养老准则和行为规范变为国家养老敬老意志和社会普遍行为规范,切实推动了古代社会养老事业的顺利发展,保证了老人的地位和权益,但也具有明显的弊端。

一是导致"愚孝"现象出现。《孝经·开宗明义章》中说:"夫孝,始于事亲,中于事君,终于立身。"忠孝相通,移孝忠君。与其说是为了让老百姓明白"为子之道",从而更好地孝敬父母,毋宁说是为了使百姓顺从、忠诚。古代对孝道的过度阐释和推行,在中国古代曾造成民间"愚孝"现象。历朝历代都有人因循守旧、机械教条地理解尊老敬老的含义,做出一些愚孝愚忠的荒唐行为。甚至有人投机取巧,假扮孝子,欺世盗名。在宋代大量奖励孝行的案例中可知,"事状显著"是政府奖励孝行的重要标准。而所谓"事状显著"的行为基本上都

属于牺牲子女利益为代价的孝行。当时"割股疗亲"行为非常普遍,这种现象的出现,既有传统医学的限制和医疗费用不足等因素的影响,也有政府对这种行为奖励政策的推波助澜。

二是养老管理制度"人治"色彩较为突出。首先,帝王的意愿对养老制度的建立与完善起着至关重要的作用。其次,在赏赐高龄老人及奖励孝行等养老政策的实施过程中,各级地方官员的态度对政策落实的具体效果有着决定性影响。因为无论是赏赐高年政策,还是奖励孝行政策,都需要通过地方官员申请并上报。如果地方官员不作为,不主动上报高龄老人名册或孝行事迹,这些原本可以得到嘉奖的人就得不到国家的优待和奖励。再者,在落实救助鳏寡独老政策的工作中,各级地方官员的执行力也是决定救助效果的决定因素。

三是养老管理制度存在社会地位差距和地区失衡的情况。首先,传统养老管理制度倾向于城市中的高龄老人,他们得到赏赐机会明显高于乡村的高龄老人。此外,因为社会地位的差距,享受养老制度的福利差别很大。《礼记》曰:"凡三王养老,皆引年。"注曰:"已而引户校年,当行复除也。老人众多,非贤者不可皆养。"这样就从制度上限定了养老的对象。其次,古代救助机构的分布,也存在明显的城乡差异。政府一般在城市中建立起比较完善的社会养老保障机构,从吃住、就医,到丧葬等都有涵盖。比如宋代的福田院、居养院、安济坊等养老机构都有较大程度的发展,但是它们最多延伸至县一级的行政单位,乡村的养老救助机构就罕见,因此乡村的鳏寡独老就很难得到救助。

第三节　中国传统养老礼仪制度

中华民族自古便是礼仪之邦,在先秦时期已有"礼仪"一词。《周礼·春官·肆师》载:"凡国之大事,治其礼仪,以佐宗伯。""礼仪"一词内涵丰富,包含"礼"和"仪"两个方面的内容。"礼"的本义是祭神。《说文解字》:"礼,履也,所以事神致福也。"后又引申为规范社会秩序的行为准则和道德标准。《礼记·曲礼上》:"夫礼者,所以定亲疏,决嫌疑,别同异,明是非也。"《左传·隐公十一年》:"礼,经国家,定社稷,序民人,利后嗣者也。"《汉书·公孙弘列传》:"进退有度,尊卑有分,谓之礼。""礼"的内容广泛,包括礼义、礼乐、礼制、礼教、礼俗等含义。"仪"通常是指具体的行为规范,《汉语大词典》释义为容止、仪表、仪式、礼节,制度、法规等。《荀子·正论》:"故诸夏之国,同服同仪;蛮夷戎狄之国,同服不同制。"王念孙《读书杂志·荀子》:"仪,谓制度也。""礼"与"仪"之间的关系,正如《礼记·礼器》中所说:"先王之立礼也,有本有文。忠信,礼之本也;义理,礼之文也。无本不立,无文不行。"其中的"礼之本"和"礼之文"就是指"礼"和"仪",礼是核心,仪是形式。因此,"礼"是制度、规则和一种社会意识观念;"仪"则是"礼"的具体表现形式,它依据"礼"的内容,形成一套系统而完整的程序。

一、中国传统养老礼制

中国传统养老礼制包括朝廷养老礼和地方乡饮酒礼两个方面的内容。在中国古代,无论朝廷还是地方,对于孝道的提倡和推行,其意义除了对人心性上的培养,同时在行动上也要求人们对家中的老人给予"孝养"。历代由孝而推衍的"养老",可以起到稳定社会、传承文明、移风易俗、敦厚品性的作用。由于历代对于"养老"一事的重视,才衍化出了和养老有关的各种礼仪制度。

(一)朝廷养老礼

朝廷养老礼是国家主持举办的养老活动。孔子曰:"上敬老则下益孝,上顺齿则下益悌。"(《大戴礼记·主言》)意思是说居于上位的人尊敬老人,百姓会更加孝顺父母;居于上位的人以年龄序列排列尊卑先后,百姓也会更加仁慈宽厚。因此,君主首先要身体力行奉行养老礼,才可以教化百姓,使尊老养老在整个社会蔚然成风。

1. 养老礼的起源　从周代开始就有养老礼和乡饮酒礼。作为解释古代礼制的《礼记》,在尊老养老方面的论述很多。《曲礼上》言:"夫为人子者,出必告,反必面,所游必有常,所习必有业,恒言不称老。年长以倍,则父事之;十年以长,则兄事之;五年以长,则肩随之;群居五人,则长者必异席。"《文王世子》篇载有天子在太学中行养老礼的记述。《祭义》篇说:"昔者有虞氏贵德而尚齿,夏后氏贵爵而尚齿,殷人贵富而尚齿,周人贵亲而尚齿。虞、夏、殷、周,天下之盛王也,未有遗年者。年之贵乎天下久矣,次乎事亲也。是故朝廷同爵则尚齿。七十杖于朝,君问则席。八十不俟朝,君问则就之,而弟达乎朝廷矣。行,肩而不并,不错则随。见老者则车徒辟,斑白者不以其任行乎道路,而弟达乎道路矣。居乡以齿,而老穷不遗,强不犯弱,众不暴寡,而弟达乎州巷矣。"用古代明君圣贤敬老的实例告诫世人务必要尊奉老人,并且把尊老养老当作国家礼法来推行。

《管子·入国》言:"所谓老老者,凡国都皆有掌老。年七十已上,一子无征,三月有馈肉;八十已上,二子无征,月有馈肉;九十已上,尽家无征,日有酒肉。死,上共棺椁。劝子弟,精膳食,问所欲,求所嗜。此之谓老老。"本段管仲论述了"老老"的含义,一方面,国家设立"掌老"这一官职,规定了七十岁以上老年人的生活待遇;另一方面,对老人的子女在奉养老人时也有具体的要求。《大戴礼记·主言》记载曾子向孔子请教什么是"七教",孔子回答"上敬老则下益孝"。记述古代逸事的《说苑》中多处记载诸如商王武丁、晋平公、齐景公、鲁哀公、孔子及其弟子宓子贱等人敬老的佳话。《册府元龟·帝王·养老》详细记载了周文王为西伯侯时施行的一些敬老措施,造就了"文王之民无冻馁之老者"的历史场景。这些论述都表明养老在我国先民社会建构中的重要性和养老礼在国家礼制中的地位。

2. 国家制定养老礼　历代在提倡尊老养老的同时,还制定了相关的礼法制度。古时地方上设三老,为掌教化之官。秦置乡三老,汉置县三老,东汉以后又有郡三老、国三老。"三老五更"在古代是一种荣誉尊号。《礼记·乐记》注:"三老五更,互言之耳……皆老人更知三德五事者也。"孔颖达疏:"三德谓正直、刚、柔。五事谓貌、言、视、听、思也。"即依孔子所说"君子有九思"而来。

据东汉刘珍《东观汉记·纪二·显宗孝明皇帝》记载:永平二年(59)十月孝明帝率群臣躬行养老礼,尊养三老五更于辟雍之中,并下诏曰:"十月元日,始尊事三老,兄事五更,安车软轮,朕亲袒割牲,祝鲠在前,祝饐在后。三老常山李躬,年耆学明,以二千石禄养终身。五更沛国桓荣,以《尚书》教朕十有余年,其赐爵关内侯,食邑五千户。"明确表示国家在十月初一开始以尊敬的礼法去侍奉三老,以对待兄长的礼法去敬奉五更。国家还用安车软轮迎奉他们,皇帝自己也袒衣亲自切割肉食敬奉他们,同时设置祝鲠在他们身前服侍,祝饐在他们身后服侍。常山人李躬年老德重、学识明慧,可为三老,以二千石禄奉养终身。沛国人桓荣,学博德高,可为五更,教授皇帝《尚书》有十余年的时间,赐给他关内侯的爵位,食邑为五千户。其中"祝鲠"和"祝饐",是古代帝王敬老养老的体现,他们在请年老致仕者饮酒吃饭时,设置专人照顾老人,防止他们在饮食时发生呛、噎。《后汉书·礼仪志》专列《养三老五更之议》。《汉书》引董仲舒向皇帝上奏主张,云"民财内足以养老尽孝"。《释名》确定了人们对不同年龄老年人的称呼,"五十曰艾,六十曰耆,七十曰耄,八十曰耋,九十曰鲐背,百年曰期颐",并阐释了这些称谓蕴意,对日后人们尊老敬老有一定影响。用阴阳五行解释治国之道的《太平经》把孝亲敬老与天道联系起来,孝亲敬老才能做到符合"天心",否则便是违背"天心"。

《三国志·魏书》记载曹魏高贵乡公甘露三年秋八月丙寅养老诏书云："夫养老兴教，三代所以树风化、垂不朽也。必有三老五更以崇至敬，乞言纳诲，著在惇史。然后六合承流，下观而化。宜妙简德行，以充其选。"明确指出尊敬三老五更的意义在于对社会进行教化。从《三国志》到《晋书》，都记载了一些帝王下诏尊重三老五更，从中央到地方都要对老人尊重、优礼。专记典章制度的唐代《通典》不但在《职官》中单列《三老五更》一题，对"父事三老，兄事五更"进行了详细记载，在《嘉礼》中更特设《养老》一题，具体讲述养老的问题："虞氏深衣而养老，养国老于上庠，养庶老于下庠，而用燕礼。……夏氏燕衣而养老，养国老于东序，养庶老于西序，而用飨礼。殷人缟衣而养老，养国老于右学，养庶老于左学，而用食礼。周制玄衣而养老，养国老于东胶，养庶老于虞庠。"并具体记述天子"养衰老，授几杖，行糜粥饮食""五十养于乡，六十养于国，七十养于学"。北方少数民族建立政权，仍继续奉行养老之制。《通典·养老》记载："后魏孝文帝太和十六年，诏以前司徒尉元为三老，前大鸿胪卿游明根为五更。于明堂设国老位，庶老位于阶下。皇帝再拜三老，亲袒割牲，执酱而馈，执爵而酳；于五更行肃拜之礼。赐国老、庶老衣服有差。"一切依照古礼尊老敬老。同时还记载了北齐时"仲春令辰，陈养老礼"，皆循旧章。

收录唐朝历代皇帝诏令的《唐大诏令》中，记载了朝廷遵循古制施行的一些养老礼制。唐初接受隋亡的教训，重视民间疾苦。为了使社会稳定，维护伦理纲常，皇帝下诏："高年八十已上赐粟二石，九十以上三石，百岁加绢二匹。"责令各级官吏对民振恤，对贪婪害民之官吏予以惩戒。《养老》部分记载《老人赐几杖鸠杖敕》中说："九十以上宜赐几杖，八十以上宜赐鸠杖。所司准式，天下诸州侍老。宜令州县遂稳，便设酒食。一准京城赐几杖，其妇人则送几杖于其家。"唐玄宗时期成书的《大唐开元礼》，将初唐及其以前的礼法制度进行了统一整理。其中《嘉礼·皇帝养老于太学》对皇帝亲自参加的养老礼作了十分详细的记载，如养老活动前的陈设、銮驾出宫的规定、尊敬奉养老人的具体细节，为历代所沿用。

《宋史·礼志》中记载了宋代朝廷施行养老礼："养老于太学。皇帝服通天冠、绛纱袍，乘金辂，至太学酌献文宣王。三祭酒，再拜，归御幄。比车驾初出，量时刻，遣使迎三老、五更于其第。三老、五更俱服朝服，乘安车，导从至太学就次。"直到皇帝车驾还宫，"三老、五更升安车，导从还"。清朝顺治帝令张英等人编修《御定孝经衍义》，多次赞颂周文王、汉文帝以及虞、夏、商、周君主推行的养老礼。康熙帝主持编修《日讲四书解义》，主张通过教化提高道德水平，自然就会尊老敬老，人人都敬老天下就可太平。孝子之至是能尊其亲，尊其亲之至是能以天下为养。一个人孝亲敬老，应"内有实心，外有实事"，才算是"履忠蹈信矣"。还明确指出"五刑之属，罪亦莫大于不孝不悌"，臣庶执行孝悌，则民德厚、王道成。乾隆时的《御制皇朝通典》详细记载了对"三老五更"的尊崇方式，乾隆亲自创作《御制三老记》，张廷玉等人奉敕修撰《皇朝文献通考》，记载了康熙五十二年"万寿节"邀请老人举行"千叟宴"的盛况，朝廷养老之礼得到进一步发展。

3. 文人倡导养老礼　唐代一些名家作品中，多有与朝廷一致的养老礼记载。如白居易《白氏长庆集》中有《养老·在使之寿富贵》篇，其云："使幼者事长，少者敬老，虽不与之爵，而老者得以贵矣。"宋代谨遵先圣教诲，提倡各种养老制度。《二程集》载："盖古者择三公之有年德者，天子以父事之，谓之三老；孤卿之有年德者，天子以兄事之，谓之五更。""古者庠序为养老之地，所养皆眉寿之人。"这些均是对古时养老之风的具体赞颂。张载《西铭》云："民，吾同胞；物，吾与也。""尊高年，所以长其长；慈孤幼，所以幼其幼。"把敬老养老之心扩大为对世人的关怀之心。朱熹在《仪礼经传通解》中说："尊长近乎事兄，弟也；养老近乎养亲，孝也。"杨简在《先圣大训》中认为："长、幼、老、病、孤、寡六者，或任其劳，或轻其任，或助其事，或安其所，或补其所不足。"真德秀《西山读书记》中主张恢复乡饮酒礼，以体现敬老之意。魏了翁《经外杂抄》认为"养老辟雍，示人礼化"，是"帝者之大业，祖宗所祗奉也"。

明代胡广《礼记大全》记载："养老之礼，其目有四：养三老、五更，一也；子孙死于国事，则养其父祖，二也；养致仕之老，三也；养庶人之老，四也。一岁之间，凡七行之：饮养阳气则用春夏，食养阴气则用秋冬，四时各一也；凡大合乐，必遂养老，谓春入学舍菜合舞，秋颁学合声，则通前为六。又季春大合乐，天子视学亦养老，凡七也。"具体说到行养老礼的有四种人：三老及五更；子孙为国捐躯者；致仕的官员；地方上德高望重的老人。还明确指出一年之中行养老礼有七个时间段：春夏时阳气通畅，秋冬时阴气上升，一年四季可以各行养老礼一次；凡是在学校中奏起大合乐的时候，必定要行养老礼，春季入学时祭拜先圣、先师，秋季颁诸生成绩的时候要合奏以示礼成；春季最后一个月，天子巡视太学，奏大合乐时行养老礼。湛若水的《格物通》一书，其《事亲上》《事长慈幼》等章对孝亲敬老均有详细论述，指出"养其心""养其志""养其体"，对老人要诚勿欺，养之以礼等，均要兼顾。

（二）地方乡饮酒礼

乡饮酒礼是地方上依据朝廷政令，为尊老而每年举行的礼仪活动。《周礼传》曰："乡饮者以养老为义也。天子养老于大学，诸侯养老于国学，乡大夫养其乡之老者于乡学也。"说明行乡饮酒礼以养老为主要内容。乡饮酒礼是可以通达于庶民的一种礼法，这种礼法是为了教化百姓尊奉长者、敬奉老人而设立的，有助于百姓养成孝悌的品行。百姓在家中孝敬父母、友悌兄弟，行走于世就能敬老尊贤，国家就会安定和谐。历代对于乡饮酒礼作用的论述主要有以下四个方面。

1. 推崇长幼有序的礼法　《礼记·祭义》曰："乡饮酒之礼，所以明长幼之序也。""乡饮酒之礼废，则长幼之序失，而争斗之狱繁矣！"说明乡饮酒礼的推行，是用来向天下表明国家尊老敬老的道理。如果废弃乡饮酒礼，长幼之序就会缺失，相互争斗的官司也就会多起来。《孔子家语·五刑解》："乡饮酒之礼者，所以明长幼之序，而崇敬让也。长幼必序，民怀敬让，故虽有斗变之狱，而无陷刑之民。"进一步说明，当长幼上下井然有序，百姓们就会怀有礼敬谦让之心，因此虽然设有斗变的罪名，却不会有遭此刑罚的百姓。汉代郑玄《周礼注疏》云："以阳礼教让则民不争者，谓乡饮酒礼。"表明阳礼即乡饮酒礼，是可以教化世人礼让不争的礼法。《大戴礼记》《白虎通义》等书也都从正反两方面论证了行乡饮酒礼可以让人们知道长幼有序的道理。《大戴礼记·盛德》记载："凡斗辨生于相侵陵也，相侵陵生于长幼无序，而教以敬让也，故有斗辨之狱，则饰乡饮酒之礼也。"阐述了世间争斗多由欺压逼迫引起的，而对人的欺凌是由于长辈、晚辈之间没有次序造成的，这样就要教人恭敬礼让的规范。对于争斗诉讼多的地方，要推行乡饮酒礼，用这种礼法去教化和引导那里的人们。汉代班固整理的《白虎通义·乡射》记载："十月行乡饮酒之礼何？所以复尊卑长幼之义。春夏事急，竣井次稿，至有子使父，弟使兄，故以事闲暇，复长幼之序也。"春天和夏天农事繁重，人们疏浚水井、忙于稼穑，往往会出现子女支使父母、弟弟支使兄长的现象。因此在农闲时期，行乡饮酒礼让人们知晓长幼之序。《魏书·高祖孝文帝本纪》记载北魏孝文帝在太和十一年冬十月下诏说："乡饮礼废，则长幼之叙乱。孟冬十月，民闲岁隙，宜于此时导以德义。可下诸州，党里之内，推贤而长者，教其里人，父慈、子孝、兄友、弟顺、夫和、妻柔。不率长教者，具以名闻。"孝文帝说如果乡饮酒这一礼法废止了，那么世间长幼之间的次序就会混乱。每年孟冬十月，正是百姓农闲时节，时间相对宽裕，国家在此时应该倡导德义，颁令各州，在乡党、村镇之中推举贤德且年长的人，教导村民家庭和睦、长幼有序的道理。假如有不遵从长者教导的人，各级官员要将他们的名字呈报上来。

2. 形成澄源正本的风气　为了澄清源头，端正根本，革除弊病，形成良好的社会风俗，唐朝杜佑《通典·礼三十三·乡饮酒》篇记载大唐贞观六年诏曰："自非澄源正本，何以革兹弊俗？可先录《乡饮酒礼》一卷，颁示天下，每年令州县长官，亲率长幼，依礼行之。庶乎时识廉耻，人知敬让。"皇帝下令将乡饮酒礼抄录后颁示于天下，要求州县长官，亲自率领百姓，依照礼法行乡饮酒礼，让百姓明晓时代风气、知廉耻、明礼节、懂敬让。开元十八年，宣州刺史裴耀卿上疏说："州牧县宰，所主者宣扬礼乐，典册经籍，所教者返古还淳，上奉君亲，下安乡族。"意思是州县长官应通过乡饮酒礼教化辖地内百姓，使社会风气达到对上敬奉君主双亲，对下能安乡党宗族的淳朴之风。宋代《公是集·乡饮升歌小雅赋》载："养老以教爱，上贤而习乡。孝悌之本，邦家之光，微重礼不能以变俗，微备乐不能以宾王。"说的是行乡饮酒礼是为了教化世人敬爱老人，敬奉贤能之士是为了在乡里养成读书的习性。孝悌的根本在于能光显家庭、邦国，不重视乡饮酒礼是不能改变不好的习俗的。

3. 树立养老尊贤的传统　郑玄注《礼记》云："乡饮酒义者，以其记乡大夫饮宾于庠序之礼，尊贤养老之义。"行乡饮酒礼的意义在于树立尊贤养老的传统。宋代李觏《旴江集·与胡先生书》云："推事父之恩，而为养老之礼；广事兄之义，而为乡饮酒之礼。"提倡将奉养父亲的礼法推广至尊奉世间的老人，于是出现了养老之礼；将敬奉兄长之义以敬老奉贤，于是就出现了乡饮酒礼。明代钱谷编修的《吴都文粹续集·请乡饮酒书》中载："人莫不饮也，而饮于乡者，必高年有德者焉，养老也，尊贤也。"说明被乡饮酒礼延请的人，必定是有德行的人，这一礼法的施行就是为了彰显国家的养老和尊贤之意。清代刘墉等奉敕编撰《钦定续通志·嘉礼二·三老五更》言："唐李栖筠为常州刺史行乡饮酒礼，登歌降饮，人人知劝。"说的是唐代李栖筠任常州刺史时行乡饮酒礼，登歌降饮，尊奉老人，敬奉贤才，在常州一带形成了人人互相劝勉的良好风俗。

4. 体现仁德施政的举措　历代重视乡饮酒礼的推行，主要目的是教化百姓尊奉长者、奉养老人，养成他们孝悌的品行，从而实现国家的安定太平。宋代叶时撰写的《礼经会元》中《齿德》篇云："行乡饮之礼而尚齿，以见先王之节民以礼；行乡饮之礼而祭腊，又见先王之渐民以仁。"其意是指行乡饮酒礼敬奉年纪大的老人，可以看出先王是以礼法节制万民的。行乡饮酒礼在腊祭之时，又能显现出先王是以仁德施政于民。元代郝经撰写的《陵川集·率义会序》云："古者井天下之田，制乡饮之礼，俾从居棋布，守望相助，患难相救，疾病相扶持，起揖让于闾阎，生友义于里巷，使之睦、姻、任、恤，岂弟和侃，铄其倔强悖诞凶悍不驯之气，销天下之争端，而莫肯为乱。"论述了通过乡饮酒礼的教化，培养人们良好的品行，维系世间正常秩序，体现了国家以德为上的治国理念。

二、中国传统养老仪制

中国传统养老仪制就是通过具体的仪式和行动让百姓知廉耻、明礼节，最终达到敬老尊贤的目的，包括朝廷养老仪制和地方乡饮酒礼仪制。历代养老仪制的产生、发展与传承，均是要求人们在"爱"的基础上做到恭敬，在行为举止上做到遵从礼法，在个人修养上践行孝道，在立身处世上能以"信""义"来规范自己的言行。《周礼·地官司徒·师氏》记载师氏的职责是"以三德教国子：一曰至德，以为道本；二曰敏德，以为行本；三曰孝德，以知逆恶。教三行：一曰孝行，以亲父母；二曰友行，以尊贤良；三曰顺行，以事师长。"

（一）朝廷养老仪制

朝廷对于施行养老礼所涉及的各项仪制及其主要内容，主要表现在以下几个方面。

1. 养老仪制规定　《礼记·王制》中对于朝廷行养老礼的仪制有具体的规定，"凡养老，有虞氏以燕礼，夏后氏以飨礼，殷人以食礼，周人修而兼用之"。有虞氏用燕礼养老，夏后氏用飨礼养老，殷人用食礼养老，周人遵循古制而三礼兼用。此外，依照养老仪制，国家对于年满五十岁以上的老人接受奉养的地方、饮食的安排、生活上的待遇、丧葬用品的准备、挂杖的特权、免于服劳役兵役的情况，以及天子访问他们时所带的礼物、遵守的仪制规矩等都有明确规定。如"五十养于乡，六十养于国，七十养于学，达于诸侯。八十拜君命，一坐再至，瞽亦如之。九十者使人受。五十异糇，六十宿肉，七十贰膳，八十常珍，九十饮食不离寝，膳饮从于游可也。六十岁制，七十时制，八十月制，九十日修。唯绞、纻、衾、冒，死而后制。五十始衰，六十非肉不饱，七十非帛不暖，八十非人不暖，九十虽得人不暖矣！五十杖于家，六十杖于乡，七十杖于国，八十杖于朝。九十者，天子欲有问焉，则就其室，以珍从。七十不俟朝，八十月告存，九十日有秩。"对于出仕的人，五十岁后得到封爵，六十岁后不亲自向别人请教，七十岁后就告老致仕，遇到丧事只要穿上孝服就行，其他礼数全免，"五十而爵，六十不亲学，七十致政，唯衰麻为丧"。

2. 天子示范养老礼　《礼记·文王世子》记录了天子行养老礼的过程："天子视学，大昕鼓徵，所以警众也。众至，然后天子至，乃命有司行事，兴秩节，祭先师、先圣焉。有司卒事，反命，始之养也：适东序，释奠于先老，遂设三老、五更、群老之席位焉。适馔省醴，养老之珍具，遂发咏焉。退修之，以孝养也。"天子来到东序，向先世的三老五更行释奠之礼，然后布置三老、五更、群老的席位。天子亲自检查馔、省、醴等行养老礼时所用的器具，过问孝敬老人的各种美味是否齐备。当这一切就绪之后，奏乐吟诵迎接被奉养的贵宾。贵宾进门后先立于西阶下，天子退酌醴酒敬献，行孝养老人之礼。唐·杜佑《通典·卷二十·职官二·三老五更》："三老五更，昔三代所尊也。天子父事三老，兄事五更，亲袒割牲，执酱而馈，执爵而酳。三公设几，九卿正履，祝鲠在前，祝噎在后。"天子以侍奉父亲的礼法侍奉三老，以敬奉兄长的礼法敬奉五更，天子要袒开衣襟亲自切割牲肉、执肉酱馈赠，执酒爵敬奉酒水。三公的席位上要设置几杖，九卿要为其端正鞋履，要设置祝鲠、祝噎在三老的身前、身后，服侍他饮食。

本篇还记录了礼仪结束后的仪式环节："反，登歌《清庙》。既歌而语，以成之也。言父子、君臣、长幼之道，合德音之致，礼之大者也。下管《象》，舞《大武》。大合众以事，达有神，兴有德也。正君臣之位，贵贱之等焉，而上下之义行矣。有司告以乐阕，王乃命公、侯、伯、子、男及群吏，曰：'反，养老幼于东序。'终之以仁也。是故圣人之记事也，虑之以大，爱之以敬，行之以礼，修之以孝养，纪之以义，终之以仁。"意思是礼仪结束，贵宾返回席位，再由乐正率乐工登堂歌唱《清庙》。歌毕，贵宾们阐明天子养老的重要意义。探讨父子、君臣、长幼之道，这是养老礼中最重要的环节。接着堂下的管乐队奏起《象》曲，舞队跳起《大武》舞，以表达周之灭商是天命神授，文王、武王因为有德所以当兴起。演奏完毕后，天子就命令与会的公、侯、伯、子、男各贵族及百官说："你们回去后都要在东序举行养老之礼。"天子以这句仁及天下的话结束这场养老之礼。唐·杜佑《通典·卷二十·职官二·三老五更》："使者安车软轮，送迎至家，天子独拜于屏。其明日，三老诣阙谢，以其礼遇泰尊故也。"天子也要安排安车蒲轮，迎送三老于家中，天子要在门屏前拜迎、拜送三老。礼法结束后的第二天，三老要赴朝堂拜谢。

3. 养老礼举行的地点　《礼记·王制》中详细记录了朝廷举行养老礼的地点，"有虞氏养国老于上庠，养庶老于下庠；夏后氏养国老于东序，养庶老于西序；殷人养国老于右学，养庶老于左学；周人养国老于东胶，养庶老于虞庠，虞庠在国之西郊"。也就是说，有虞氏当政的时候在上庠设宴款待国老，在下庠设宴款待庶老；夏后氏当政的时候在东序设宴款待国老，在西序设宴款待庶老；殷人当政的时候在右学设宴款待国老，在左学设宴款待庶老；周人当政的时候在东胶设宴款待国老，在虞庠设宴款待庶老，虞庠在王城的西郊。《汉书·儒林列传》记载了汉景帝建辟雍、明堂、灵台，恭行养老礼，"中元元年，初建三雍。明帝即位，亲行其礼。天子始冠通天，衣日月，备法物之驾，盛清道之仪，尊养三老五更"。《魏书·贾思伯列传》记载蔡邕云："明堂者，天子太庙，飨功、养老、教学、选士，皆于其中，九室十二堂。"表明国家养老礼在明堂举行。

4. 养老礼赏赐的衣食　《礼记·王制》中记载："有虞氏皇而祭,深衣而养老。夏后氏收而祭,燕衣而养老。殷人冔而祭,缟衣而养老。周人冕而祭,玄衣而养老。"意即在行养老礼时,有虞氏穿深衣,夏后氏穿燕衣,殷人穿缟衣,周人穿玄衣。《周礼·天官冢宰》中有"邦飨耆老、孤子,则掌其割亨之事""凡飨士庶子,飨耆老、孤子,皆共其酒,无酌数"的记载。指出国家用飨礼款待老人,外饔掌管所用牲的宰割和烹煮之事;国家凡是奉养德高望重的老人时所用的酒都由酒正提供,并且不计算饮酒的数量。《吕氏春秋·仲秋季》载:"是月也,养衰老,授几杖,行糜粥饮食。"仲秋之月,国家要授予老人们几杖,施与老人们易于消化的粥类饮食。汉代贾谊《新书·保傅》记载:"三代之礼,天子春朝朝日,秋暮夕月,所以明有敬也。春秋入学,坐国老执酱而亲馈之,所以明有孝也。"按照夏商周三代的礼法,天子要在春季和秋季入学时,让年老的已致仕的卿大夫在学堂之中端坐,天子亲自执肉酱奉饮食、捧爵进酒,以表明国家尊崇孝道。《魏书·高祖孝文帝本纪》记载北魏孝文帝太和元年冬十月癸酉,"宴京邑耆老年七十已上于太华殿,赐以衣服",以表示对老人的尊奉。

5. 养老礼演奏的乐曲　古代养老礼演奏的乐曲以周代的曲目为基础,稍有一些变化。南朝沈约撰写的《宋书·乐志》记载,天子在太庙行养老礼时演奏的乐曲是:皇帝入庙北门奏《永至》,太祝裸地奏《登歌》,送神奏《昭夏》,皇帝诣便殿奏《休成》。萧子显撰《南齐书·乐志》记载:牲出入奏《引牲》乐,荐豆呈毛血,奏《嘉荐》之乐,迎神、送神奏《昭夏》之乐,皇帝初献奏《文德宣列》之乐,群臣出入奏《肃咸》乐。《隋书·音乐志》记载后周朝廷行养老礼,皇帝初献奏《高明乐》,皇帝还便殿奏《皇夏》。《旧唐书·音乐志》记载唐代各皇帝酌献奏《承光》《钧天》《景云》《光大》,迎神、送神奏《顺和》《永和》,迎俎、彻俎奏《雍和》等。

对于乐器的制作、音律的制定等内容,《新唐书·礼乐志》记载:"凡乐八音,自汉以来,惟金以钟定律吕,故其制度最详,其余七者,史官不记。……初,祖孝孙已定乐,乃曰大乐,与天地同和者也。制《十二和》,以法天之成数,号《大唐雅乐》。……十曰《休和》,皇帝以饭以肃拜三老。"说明乐器的制作分金、石、丝、竹、匏、土、革、木八种,自汉代以来以金属制的钟来定音律。唐初音乐家祖孝孙定制乐律,称之为"大乐",认为这是与天地相合的。于是制《十二和》,所取法的是天地间的成数,号《大唐雅乐》。其中,第十为《休和》,奏这一乐曲时,皇帝行养老礼,亲自执酱、执爵尊奉三老,肃拜三老。

（二）地方乡饮酒礼仪制

历代对于乡饮酒礼举行前的准备,过程中的仪规、人员座次、进献酒食、演奏乐曲,以及结束之后的退场顺序等都有严格的要求。

1. 乡饮酒礼仪制规定　《礼记·乡饮酒义》详细记载了地方举行乡饮酒礼的过程。

首先是乡饮酒礼开始的仪规。"乡饮酒之义:主人拜迎宾于庠门之外,入三揖而后至阶,三让而后升,所以致尊让也。盥洗、扬觯,所以致絜也。拜至、拜洗、拜受、拜送、拜既,所以致敬也。尊让絜敬也者,君子之所以相接也。君子尊让则不争,絜敬则不慢。不慢、不争,则远于斗辨矣。不斗辨,则无暴乱之祸矣。斯君子之所以免于人祸也,故圣人制之以道。"主人要走出乡学的门外迎宾,并向宾行再拜礼。主人与宾入门后,彼此先后行了三次作揖之礼才来到堂阶前。在升阶之前,主人与宾又互相谦让三次,然后主人和宾才升堂。这些仪规都是为了表示对宾的尊重与谦让,只有这样,才能避免争斗、怠慢、打官司、暴乱等灾祸的发生。

其次,是所享酒食及其用具的仪制。"乡人、士、君子,尊于房中之间,宾主共之也。尊有玄酒,贵其质也。羞出自东房,主人共之也。洗当东荣,主人之所以自絜,而以事宾也。"乡大夫、州长、党正以及卿大夫在举行乡饮酒礼时,将酒壶放在东房门与室门之间的地方,表示宾主将共同享用此酒。两只壶中一只壶盛的是玄酒,因为玄酒代表质朴。菜肴从东房端出,东房是主人之位,表示菜肴是主人提供的,又在东边屋檐下设洗,表示本来是主人自己盥洗的用具,也拿来敬事宾客了。

第三,乡饮酒礼上人员座次与方位的安排也各有象征。"宾主,象天地也。介僎,象阴阳也。三宾,象三光也。让之三也,象月之三日而成魄也。四面之坐,象四时也。天地严凝之气,始于西南,而盛于西北,此天地之尊严气也,此天地之义气也。天地温厚之气,始于东北,而盛于东南,此天地之盛德气也,此天地之仁气也。主人者尊宾,故坐宾于西北,而坐介于西南以辅宾。宾者,接人以义者也,故坐于西北。主人者,接人以德厚者也,故坐于东南。而坐僎于东北,以辅主人也。"在古人看来,西北方向代表天地之间的尊严之气和义气,东南方向代表天地间的盛德之气和仁气。主人为了表示尊敬来宾,所以将宾安置在西北的席位上,将介安置在西南的席位上以辅助宾。对于宾来说,在待人接物上的突出特点是义,所以被安排在西北的席位上,以与义气相应。对于主人来说,在待人接物上的突出特点是仁德之厚,所以在东南的席位上就座,以与仁气相应。让僎坐在东北的席位上以辅助主人。仁义互相交接,宾主各得其所。

第四,主人向宾进献酒食的具体的顺序。"祭荐,祭酒,敬礼也。哜肺,尝礼也。啐酒,成礼也。于席末,言是席之正,非专为饮食也,为行礼也,此所以贵礼而贱财也。卒爵,致实于西阶上,言是席之上,非专为饮食也,此先礼而后财之义也。先礼而后财,则民作敬让而不争矣。"要先献脯醢,又献酒,宾取脯醢和酒以祭先人,表示敬重主人之礼。宾微微尝酒,表示接受了主人的敬意。宾又尝了一口酒,表示成就了主人的献酒之礼。宾在尝酒时,坐在席的末端,宾的饮酒是在西阶上,表示此席的真正意义并不在于饮食,而在于行礼。

第五,乡饮酒礼的仪规体现了对于老年人的尊敬与奉养。"乡饮酒之礼:六十者坐,五十者立侍,以听政役,所以明尊长也;六十者三豆,七十者四豆,八十者五豆,九十者六豆,所以明养老也。民知尊长养老,而后乃能入孝弟。民入孝弟,出尊长养老,而后成教。成教而后国可安也。"乡饮酒礼规定,六十岁以上的人坐着,五十岁的人站立,听候长者使唤,表示对年长者的尊敬。行养老礼时,六十岁的老人案上陈设三豆食品,七十岁的老人案上陈设四豆食品,八十岁的老人案上陈设五豆食品,九十岁的老人案上陈设六豆食品,表明尊老养老之意。百姓懂得尊敬老人,奉养老人,才能在家里孝顺父母、敬事兄长,才能在社会上形成教化,国家因此才能平安稳定。

第六,乡饮酒礼的退场次序。在行乡饮酒礼的礼仪结束之后,一定要等到老年人先出去,年轻人才能出去,"乡人饮酒,杖者出,斯出矣"(《论语·乡党》)。

2. 乡饮酒礼的举行时间　唐初魏征主持编撰的《隋书·礼仪志》记载:"隋制,国子寺,每岁以四仲月上丁,释奠于先圣先师,年别一行乡饮酒礼。州郡学则以春秋仲月释奠,州郡县亦每年于学一行乡饮酒礼。"说明隋制每年春、夏、秋、冬四季的第二个月上丁日,都要在国子学释奠先圣先师,每年举行一次乡饮酒礼。州郡中的学校则要在春、秋两季的第二个月释奠先圣先师,州郡县每年也要在学校之中举行一次乡饮酒礼。《唐会要·乡饮酒》记载:"开元六年七月十三日,初颁乡饮酒礼于天下,令牧宰每年至十二月行之。"皇帝令各地的州县长官在每年的十二月举行乡饮酒礼。宋代要求乡大夫每三年举行一次乡饮酒礼,党正每年举行一次乡饮酒礼,"乡大夫三年一行乡饮酒礼,党正一年而行乡饮酒礼。乡大夫行此礼以宾兴,党正行此礼以正齿位"(《周礼定义》卷十九)。五代时期,还要求贡举的贤才,在举入京的前一日要举行乡饮酒礼,仪式的全部过程要从速奏回朝廷,"诸举人常年荐送,先令行乡饮酒之礼。宜令太常草定仪注,班下诸州,预前肄习,解送举人之时,便行此礼,其仪速具奏闻"(《五代会要·乡饮》)。清代《陕西通志》记载:"孟春望、孟冬朔,众宾、介、僎必以齿德优者正宾,以爵尊者。执事以生员八九人,歌诗以童子六七人。行礼必早,令必严肃,彻席后方退。"意即孟春这个月的十五、孟冬这个月的初一,要延请众宾、介、僎参加乡饮酒礼,所延请之人一定是年高德重的人,其中年德最高的人为正宾,对宾、介、僎要以酒食尊奉。执事人员由八九位生员充任,礼法进行时歌吟诗的人由六七名童子充任。礼法一定要在早上施行,其令必定要严肃,礼毕撤席后才能退出。

3. 乡饮酒礼演奏的乐曲　在乡饮酒礼进行时所唱的歌曲,要反复进行三次,最终以《小雅》中的诗歌合乐。三次音乐结束时周代奏《周南》《召南》,两汉时奏《鹿鸣》《驺虞》。《唐会要·雅乐下》记载:"乡饮,乐章十七。《鹿鸣》三奏,《南陔》一奏,《嘉鱼》四奏,《崇邱》一奏,《关雎》五奏,《鹊巢》三奏。"说明乡饮酒礼奏乐十七次,不同的乐章吹奏的遍数各不相同。北宋《毛诗李黄集解》一书中有"三百之《诗》皆被于管弦。而《关雎》之诗歌于乡饮酒之礼,歌于燕礼"的记载,《诗》三百都配以音乐,而《关雎》一诗要在行乡饮酒礼、燕礼时歌奏。《宋史·乐志》记载朱熹的论述:"传曰:'大学始教,宵《雅》肄三。'谓习《小雅·鹿鸣》《四牡》《皇皇者华》之三诗也。此皆君臣宴劳之诗,始学者习之,所以取其上下相和厚也。古乡饮酒及燕礼皆歌此三诗。"朱熹认为,根据《左传》记载,在太学中教习吟唱的是《小雅》中的《鹿鸣》《四牡》《皇皇者华》三首诗,乡饮酒及燕礼即歌此三诗。

第四节　中国传统养老法律制度

法律制度对于国家的稳定和发展至关重要。中国传统养老法律制度的建立,不仅对于养老行为的规范和推行起到了重大作用,而且对于社会的长治久安产生广泛影响,同时对于文明的传承也起着不可忽视的作用。

一、中国传统养老法律制度主要内容

中国传统养老法律制度包括历代朝廷所颁布的诏、旨、律、令,上至夏商周的铜器铭文表述,下到历朝历代君王颁布的懿旨诏令、制定的法规律例,都含有大量与养老相关的内容,以保证老人得到最大程度的照顾和奉养,进而维护社会的纲常伦理秩序。

(一)颁布法律法规

中国历代朝廷为了维护和巩固统治地位,都尊崇祖训,倡导"孝道",他们一方面大力提倡和弘扬孝亲敬老的社会风气,另一方面也把养老制度纳入律法。在历代朝廷颁布的养老法律制度中,既有对老年人触犯法律的优待制度,也有对不孝不养行为的惩处法令,体现了统治阶级对养老的重视态度。

1. 倡导孝养和优待老年人　《尚书·舜典》记载,舜告诉契:"百姓不亲,五品不逊,汝作司徒,敬敷五教在宽。"要求管理民事的司徒谨慎、恭敬地施行父义、母慈、子孝、兄友、弟恭的教化。《尚书·无逸》中,周公告诫官员和百姓都应知道父母及老人们的艰辛,要尊敬和奉养他们。春秋时期的杂家著作《管子》,是一部论述古代政治、经济之作,包含了道家、名家、法家等思想,其中《内言》《入国》《杂篇》等多次记载"事老养老"的内容。自汉代以来,奉行外儒内法的政策,汉景帝曾下诏:"高年老长,人所尊敬也;鳏寡不属逮者,人所哀怜也。其著令:年八十以上,八岁以下,及孕者未乳,师、朱儒当鞫系者,颂系之。"(《汉书·刑法志》)对八十以上的老人、八岁以下的儿童,及怀孕还没有哺乳的妇女,眼盲的乐师、侏儒等犯了罪需被惩罚的,应对他们宽容,不要把刑具加到他们身上。同书还记载景帝下诏,八十以上的人,如果不是犯了诬告和杀人罪,都不得采用连坐的办法惩罚他们。《元史·刑法志》中有

"赎刑"："诸年老七十以上，年幼十五以下，不任杖责者，赎。"律法规定，凡是年纪在七十以上，十五岁以下，不能承受刑杖的人，可以用赎金赎罪。《大清会典·刑部》记载："凡老、幼、疾病犯罪，不拷掠，据证定罪。军流以下，并免的决，准收赎。至死罪者，……八十以上，十岁以下，及笃疾，具议奏闻；九十以上，七岁以下，虽犯死罪，不加刑。……未老疾犯罪、老疾发觉者，依老疾论。"意即凡是老年人、幼童、身患疾病的人犯罪，不要用拷问的方法获取证据。充军流放以下的，可免除刑罚，准许用赎金代替。至于死罪的，八十岁以上、十岁以下及身患重症的犯人，要写明情况上奏请示；九十岁以上、七岁以下的犯人，即使身犯死罪，也不可加刑处罚。年纪未老、身未患疾病犯罪，发现时年纪已老、已患疾病的，以年纪老、患疾病的刑罚方式论处。

2. 惩治不孝和禁止愚孝　为了维护基本的伦常秩序，历代不断制定出对不敬不孝不养父母行为的惩治法令。宋太宗太平兴国六年诏令："诸州长吏察部内民有轻薄无赖、怠于孝义、货鬻田业、追随蒱搏者，深加劝诫之；或闻义不服，为恶务滋者，条其姓名以闻，当置于法。"对于不孝之人应经常劝诫，劝诫不成的要绳之以法。金章宗曾下诏："敕尚书省：祖父母、父母无人侍养，而子孙远游至经岁者，甚伤风化，虽旧有徒二年之罪，似涉太轻。其考前律，再议以闻。"（《金史·章宗本纪》）以法律惩治不侍养老人在外长期远游的子孙。

在历代律法条文中，对如何尊老、养老有着严格的规定。南北朝时期北齐编定的《齐律》中"十恶不赦"这一法律制度，将"不敬""不孝"的刑罚推向了一个新的高度。后来，作为历代国家法典依据之一的《唐律疏议》进一步在条文中明确规定了各种对"不敬""不孝""不养"的刑罚措施，使得孝养在法律制度上形成了完整的体系，被后世广为沿用。《元史·刑法志》中列有"十恶"，和敬老养老相关的内容有："恶逆，谓殴及谋杀祖父母、父母，杀伯叔父母、姑、兄姊、外祖父母、夫，夫之祖父母、父母者。""不孝，谓告言诅詈祖父母、父母，及祖父母、父母在，别籍异财，若供养有阙；居父母丧，身自嫁娶，若作乐释服从吉；闻祖父母、父母丧，匿不举哀；诈称祖父母、父母死。"清代对于不尊老不养老的各种处罚情况，更加具体和细致，这方面的内容在《钦定大清会典则例》与《大清律例》中均有详细而全面的记载。

古有割股孝亲、卧冰行孝的故事流传，在元朝却反对这些行为。《元史·刑法志》中有"诸为子行孝，辄以割肝、刲股、埋儿之属为孝者，并禁止之。"对这些愚孝行为予以批评和禁止。

（二）制定养老保障制度和措施

历代治理者一方面以养老法律制度为基础，规范人们的孝养行为，另一方面还制定了各种与养老相关的保障措施，使敬老养老的传统得以不断延续和发展，成为中国传统文化不可或缺的一部分。

1. 终养制度　所谓终养制度，是指子孙为官，直系的父母、祖父母、曾祖父母、继子的本生父母（即生父、生母），年老，家中无人奉养，子孙可以奏请朝廷回家奉养老人，至老人丧亡、子孙守制期满后再回朝补用的制度。依照《钦定大清会典则例》记载，顺治十三年题准："凡内外官员有祖父母、父母年老，无伯叔兄弟者，准其终养。"又载康熙三年题准："父母年七十以上，其子均出仕在外，户内别无次丁者，或有兄弟笃病不能侍奉者；或母老，虽有兄弟而同父异母者，皆准回籍终养。其父母年至八十以上，虽家有次丁，愿养者亦听。京官具呈到部具题，外官督抚代题，仍取同乡官印结，督抚互相代题，应补之日起文赴部补用。"对于年老官员，无论在职、不在职，均给予一定的待遇。《隋书·炀帝本纪》载隋大业五年诏令："年七十以上，疾患沉滞，不堪居职，即给赐帛，送还本郡。其官至七品以上者，量给廪以终厥身。"《旧唐书·太宗本纪》载贞观二年诏令："内外文武群官年高致仕，抗表去职者，参朝之日,宜在本品见任之上。"意思是对于朝内外文武官员年高离职的,上表请休的,在参见朝会中,其位置应列在现任官员之上,以表示对这些人的敬重。

2. 赋税征役褒奖制度　对于家有老人者,古代往往在赋税征役上予以减免。北魏孝文帝于延兴三年下诏"年八十已上,一子不从役"(《魏书·高祖孝文帝本纪》)。唐代对此也有相关规定:"以民间户高丁多者,率与父母别籍异居,以避征戍。乃诏:十丁以上免二丁,五丁以上免一丁,侍丁孝者免徭役。"(《新唐书·食货志》)元世祖也曾就此予以下诏:"二十八年钦奉诏书内一款,老人年八十以上与免一子杂泛,使之侍养。"(《元典章·典章三·圣政卷之二·赐老者》)

在我国历代的旌表制度中,一个"孝养父母""奉养老人"为乡里所推崇的人,国家将会对其给予相应的旌表,不仅表彰他们的品行,而且在赋税制度上也有相应的优待。《魏书·高祖孝文帝本纪》记载,北魏孝文帝在太和四年秋七月辛亥诏会京师耆老,"赐锦彩、衣服、几杖、稻米、蜜、面,复家人不徭役"。《唐大诏令集·帝王·改元赦下》中记载唐德宗改元建中赦书:"义夫节妇、孝子顺孙,旌表门闾,终身勿事。"这一制度为后世所沿用。在封建小农经济社会中,赋税是一个家庭相当繁重的负担,国家对"孝养父母""奉养老人"提出免除赋税的奖励,其吸引力巨大。另外,对孝敬奉养老人的子女予以褒奖更是可以推动尊老敬老风尚的形成。

3. 版授官职制度　赐予老年人尊号,也是历代养老的一个重要方面。这种尊号的赐予自魏晋以来便有相对固定的名称——版授官职。"版授官职"是国家以政令的形式颁布的一种恩养制度。这种制度已经不仅限于免除赋税、免于征役、减免刑罚等优恤方式,而是在政治上给老年人以一定的地位,并且这种政治上的尊奉不只是针对世家大族、官宦人家,对于平常百姓也是如此。虽然"版授官职"并没有实际的职权,但是至少从政治上确立了老人在国家中的地位。

北魏孝文帝多次下诏"百年以上,假县令;九十以上,赐爵二级;七十以上,赐爵一级"(《魏书·高祖孝文帝本纪》)。唐代的制度,"赐京城父老物人十段。七十以上版授本县令,妇人县君;六十以上县丞。天下侍老,百岁以上上郡太守,妇人郡君;九十以上上郡司马,妇人县君;八十以上县令,妇人乡君"(《新唐书·玄宗本纪》)。北魏时期的"爵"指的是民爵,唐代的"君"指的是封号,这两种称号虽然并不显贵,"民爵"仅有三级,"君"在很多时候仅为尊称,但每晋民爵一级、加一次尊号,相对应的便是家中拥有的土地面积会扩大。唐代以后这种养老政令依然延续,只是方式有所不同。《明会典·礼部·养老》记载明太祖洪武十九年(1386)高年赐爵令:"所在有司,审耆老不系隶卒倡优,年八十九十,邻里称善者,备其年甲行实,具状奏闻。贫无产业者,八十以上,月给米五斗、肉五斤、酒三斗;九十以上,岁加给帛一匹、絮五斤。虽有田产,仅足自赡者,所给酒肉絮帛亦如之。其应天、凤阳二府,富民年八十以上赐爵里士,九十以上赐爵社士,皆与县官平礼。"从中可以看出仅是称呼上和前朝有一些变化,实际内容是相通的。明代黄佐《翰林记》卷五记载:"永乐中,修撰罗汝敬之父以明就养京师……命大官赐膳,人皆荣之。黄淮之父性累封至右春坊大学士。"从中可以看出,对于老年人,当时所树立的典范已尊奉至"右春坊大学士"一职,即使这一职位没有实际权力,但这一封号已是朝中"三品"左右的官阶。同书还记载了徐州百姓权谨,因孝行,从洪武中期"以荐知乐安县,进光禄寺署丞",到"召拜文华殿大学士"。洪熙元年三月,以其人其事来激励天下为人子女者,"改通政司右参议致仕"。这些政令措施,无不彰显历代治理者对老年人养老问题的重视,对整个社会"养老"风气的形成有着很好的促进作用。

(三)规范出家制度

道教是我国的传统宗教。佛教自汉代传入我国后,经魏晋与中国传统文化相融合,隋唐之后逐步中国化。历代朝廷律法对这两个教派中的"出世""出家"之人都有明确的规定，即出家并不代表不再奉养老人。《旧唐书·高宗本纪》记载，唐高宗龙朔二年六月乙丑，释道等尽礼致拜其父母令："初令道士、女冠、僧、尼等，并尽礼致拜其父母。"下令让道士、道姑、僧侣、尼姑，按照礼法的规定去尊奉自己的父母。南宋《庆元条法事类·道释门·总法》中记载，宋宁宗敕令"诸僧道不得受缌麻以上尊长拜"，在长幼有序的礼节上，朝廷规定各地的僧人、道士不得接受自己缌麻关系以上的尊长礼拜。这些规定都强调人可以出家，但不能不认自己的父母，也不能不奉养自己的父母。唐宋之后更是出现了道家、释家弟子将自己的父母接至观、寺内奉养的社会现象。

道和僧的"出世""出家"并不是随意的，其中有着严格的要求。五代时期后周皇帝周世宗曾下诏曰："应男女有父母、祖父母在，别无儿息侍养，不听出家。曾有罪犯，遭官司刑责之人，及弃背父母、逃亡奴婢、奸人细作、恶逆徒党、山林亡命、未获贼徒、负罪潜窜人等，并不得出家剃头。如有寺院辄容受者，其本人及师主、三纲知事僧尼、邻房同住僧，并仰收捉禁勘，申奏取裁。"（《旧五代史·周书六·世宗本纪第二》）诏令明确规定，家中如有老人，别无他人侍养的不能出家。这是从法律意义上对道、释教众的一种限制，同时也是为了更好地奉养老年人而制定的法规，之后的历朝历代基本沿用了这一律法。

以上种种国家层面制定的法律制度和具体举措，无不昭示着国家对奉养老年人的重视，以及在社会中大力提倡养老的决心。在具体的执行过程中，尽管有时会有偏颇，但通过历代朝廷对养老诏令法律的不断完善，使得尊老养老这一优秀传统得以延续，对我国民族精神的铸造、社会的稳定起到了积极的作用。

二、中国历代养老诏令法规

中国古代的法律形式很多，如刑、法、律、令、典、式、格、诏、诰、科、比、例等。一个朝代经常几种法律形式同时使用，共同组成该朝代的法律体系。不同法律形式的使用范围不一样，效力高低也有很大区别。其中，诏令是中国古代专制集权社会的一种独特的法律形式，作为皇帝发布的命令，代表着至高无上的权力，具有最高的法律效力，既可以认可、公布法律，也可以改变、废除法律。诏令各朝名称不一，有制、诏、策、诰、旨、令、谕等。因历代治理者对养老高度重视，历代诏令中也有不少关于养老的内容。

（一）先秦两汉时期

中华文明要求人们敬颂祖德、尊奉长辈。《周易·说卦》云："乾，天也，故称乎父。坤，地也，故称呼母。"将父母比拟成天和地，将子女比拟成天和地所孕育而成的生命。《逸周书》载："九德：一孝，孝子畏哉，乃不乱谋；二悌，悌乃知序，序乃伦，伦不腾，上乃不崩；三慈惠，知长幼，乐养老；四忠恕，是谓四仪，风言大极，意定不移。"之后的其他几种德行，如"中正、恭逊、宽弘、温直、兼武"，都是从"孝、悌、慈惠"扩展而来，尤其是九德之中的"慈惠"，更是明确地提出了"乐养老"。《管子·入国》曰："入国四旬，五行九惠之教：一曰老老，二曰慈幼，三曰恤孤，四曰养疾，五曰合独，六曰问病，七曰通穷，八曰振困，九曰接绝。所谓老老者，凡国都皆有掌老。年七十已上，一子无征，三月有馈肉；八十已上，二子无征，月有馈肉；九十已上，尽家无征，日有酒肉；死，上共棺椁，劝子弟精膳食，问所欲，求所嗜，此之谓老老。"将先秦时期养老的要求和老人的待遇说得清清楚楚。《晏子春秋·内篇杂上》中记载了晏子和齐景公的一段对话："景公游于寿宫，睹长年负薪者，而有饥色。公悲之，喟然叹曰：令吏养之！晏子曰：臣闻之，乐贤而哀不肖，守国之本也。今君爱老，而恩无所不逮，治国之本也。公笑，有喜色。晏子曰：圣王见贤以乐贤，见不肖以哀不肖。今请求老弱之不养，鳏寡之无室者，论而共秩焉。公曰：诺。于是老弱有养，鳏寡有室。"反映了先秦时期有关养老和治国之间的关系,即"养老——治国之本"。正因为如此,为了使国家强盛、平稳发展,历代便不遗余力地推行养老之政。

1. 颁布诏令　汉武帝时,采用董仲舒的主张,把儒家思想当作主要意识形态,对儒家"孝"的伦理观念特别重视,提倡以孝治天下。《汉书·文帝本纪》记载汉文帝十二年春三月诏:"年八十已上,赐米人月一石,肉二十斤,酒五斗。其九十已上,又赐帛人二匹,絮三斤。"《汉书·武帝本纪》记载汉武帝元狩元年夏四月诏,对"孝"的践行又进一步扩大了范围:"皇帝使谒者赐县三老、孝者,帛,人五匹;乡三老、弟者、力田,帛,人三匹;年九十以上及鳏寡孤独,帛,人二匹,絮三斤;八十以上,米,人三石。"《后汉光武皇帝纪》卷第六记载东汉刘秀称帝后,于正月丙申发布第一个诏令:"其布告天下,令知忠臣、孝子、慈兄、悌弟薄葬送终之义。"汉代两朝,一直提倡敬老养老,诏令屡颁,对其先祖定下"以孝治天下"的遗训奉行不息。

2. 律令条文　"秦网密文峻,汉兴,扫除烦苛,风移俗易,几于刑厝。大人革命,不得不荡其秽匿,通其圮滞。"(《晋书·刑法志》)秦王朝律法严酷,汉王朝建立之后,去除了繁杂的律法以疏通律令。汉代刑法体现了对老年人的宽容与优待,据《汉书·刑法志》记载:"年八十以上、八岁以下及孕者未乳,师、朱儒当鞠系者,颂系之。""诸年八十,非诬告、杀伤人,它皆勿坐。""年未满七岁,贼斗杀人及犯殊死者,上请廷尉以闻,得减死。合于三赦幼弱老眊之人。此皆法令稍近古而便民者也。"规定对触犯法律的八十岁以上的老年人不用刑具惩罚他们,不拘禁他们,不捆绑他们,犯了死罪的要上报廷尉府,可以减免死罪。汉孝文帝时期还废除了连坐及其相关的刑律,"其除收帑诸相坐律令",意思是虽然法制是治理国家的正道,违反律法的人要受到相应的律法处置,但是他们无罪的父母等人为此而受到连坐牵连是不合理的,务必要予以改变。另外,朝廷大赦天下,除犯死罪的罪犯以外,都能减免其罪责一等,但是对于那些不孝及犯不道之罪的人,绝不能得到减免,"天下系囚自殊死已下减本罪各一等,不孝不道不在此书"。

(二)三国两晋南北朝时期

这一时期,虽然社会动荡,战争频发,王朝更迭,但还是沿袭了传统的养老诏令法规,并时有完善和发展。

1. 颁布诏令　《三国志·魏书》载魏明帝即位诏云:"尊严祖考,所以崇孝表行也;追本敬始,所以笃教流化也。"魏明帝下诏尊奉其祖(武皇帝)、父(文皇帝)是为了"崇孝重本"。《三国志·吴书》中记载吴大帝嘉禾六年春正月诏,提倡孝亲,认为三年之丧为古制,不能更易,"三年之丧"中不从孝子之门取用人才。西晋几个帝王继续提倡孝亲敬老,与汉代一脉相承。石勒入主中原,建立后赵,"赐孝悌力田、死义之孤,帛各有差;孤老鳏寡,谷,人三石",还为此"大酺七日",即摆七天大宴(《晋书·载记第五·石勒下》)。前秦苻坚也仿效此法,据《晋书·载记第十三·苻坚上》记载:"为父后者赐爵一级,孝悌力田爵二级,孤寡高年谷帛有差,女子百户牛酒,大酺三日。"依然沿袭采用尊奉养老的措施来教化百姓。《宋书·文帝本纪》记载南朝宋文帝刘裕的几个诏令中,除敬养孤老外,又多次提到"孤老、六疾不能自存者,人赐谷五斛"来加以抚恤。《南齐书·武帝本纪》记载南齐武帝永明六年诏云:"吴兴、义兴水潦。被水之乡,赐癃疾笃癃口二斛,老疾一斛,小口五斗。"《梁书·武帝本纪》记载梁武帝天监十一年春正月壬辰悼耄减刑诏云:"近代相因,厥网弥峻,鬓年华发,同坐入愆。虽惩恶劝善,宜穷其制,而老幼流离,良亦可愍。自今谪谪之家及罪应质作,若年有老小,可停将送。"指出虽然惩恶扬善是国家法律制度,触犯刑法的人理应受到法律的制裁,但是从现在起,凡是有流、配、谪、放之家,以及获罪应当被役使的人中,如果有老年人或小儿,可以停止对他们的发配。《陈书·后主本纪》中记载南朝陈后主至德二年秋七月戊辰太子加元服赐孝悌力田诏:"孝弟力田为父后者各赐一级,鳏寡癃老不能自存者,人谷五斛。"鲜卑族人主中原后,魏孝文帝学习中原各国,多次发布孝亲养老诏令。《魏书·高祖孝文帝本纪》记载北魏孝文帝太和五年二月辛卯诏"大赦天下","赐孝、悌、力田、孤贫不能自存者,谷帛有差,免宫人年老者还其所亲",使那些年老的宫人可以回家照顾年迈的双亲。

2. 律令条文　《隋书·刑法志》记载了陈国酌情采用前代律令,制定《律》三十卷、《令律》四十卷,其中规定"若缙绅之族,犯亏名教,不孝及内乱者,发诏弃之,终身不齿",对士大夫家族触犯礼教,犯不孝及乱伦罪的,国家发出诏书予以免官废职,终身不再任用。《通典·刑法五》记载南朝刘宋孝武帝时期的律文:"子杀伤殴父母,枭首;骂詈,弃市。妇谋杀夫之父母,亦弃市。遇赦,免刑,补治。"儿子杀伤、殴打父母,要处以枭首;辱骂父母、妇人谋杀丈夫的父母,都处以弃市。遇至大赦令,免于刑罚,给予其他的刑罚。北齐时期的《齐律》列出重罪十条,即"十恶":一曰反逆,二曰大逆,三曰叛,四曰降,五曰恶逆,六曰不道,七曰不敬,八曰不孝,九曰不义,十曰内乱。其中对不敬、不孝的严厉惩治就是对养老的法律保障。北周文帝时期制定了律令,共二十四条律制,称为《大律》,从重处罚"恶逆、不道、大不敬、不孝、不义、内乱"的罪行。

(三) 隋唐时期

隋唐两朝经济发展,文化昌明。儒家思想是意识形态的主流,尊老养老的诏令颁布和法律法规的制定更为详细具体。

1. 颁布诏令　《隋书·高祖本纪》记载了隋文帝仁寿元年春正月辛丑诏:"君子立身,虽云百行,唯诚与孝,最为其首。"皇帝除了改"开皇"年号为仁寿,还教导君子立身存世,唯有诚信和孝悌才是最重要的。仁寿三年夏五月癸卯诏:"哀哀父母,生我劬劳,欲报之德,昊天罔极。但风树不静,严敬莫追,霜露既降,感思空切。六月十三日,是朕生日,宜令海内为武元皇帝、元明皇后断屠。"六月十三日是隋文帝自己的生日,这一天令海内各地都要为自己的父亲、母亲断屠,以表达对已故父母的尊崇和哀悼。

唐初李世民多次颁布诏令,倡导和推行尊老养老。《新唐书·太宗本纪》记载贞观三年"太上皇徙居于大安宫"后,他才到太极殿正式称帝视事,为此"赐孝义之家粟五斛,八十以上二斛,九十以上三斛,百岁加绢二匹,妇人正月以来产子者粟一斛"。贞观四年,太上皇病了,皇帝"废朝"。"疾愈"后,"赐都督、刺史、文武官及民年八十以上、孝子表门闾者有差"。诏令中不但对尽孝者进行表彰赏赐,又明令对不孝者加以惩处:"有不孝悌,悖礼乱常,不率法令者,纠而绳之。"(《旧唐书·职官志》)甚至连皇帝祭祀祖先时也要表彰孝子,册立太子时也要优礼孝子。有唐一代十九名君主中,每人均谥一"孝"字。

2. 律令条文　隋高祖接受了北周的禅让,在开皇元年制定了新的律法,"又置十恶之条,多采后齐之制,而颇有损益。一曰谋反,二曰谋大逆,三曰谋叛,四曰恶逆,五曰不道,六曰大不敬,七曰不孝,八曰不睦,九曰不义,十曰内乱"。继承发展北齐律中的"十条重罪",正式于法律上确立"十恶"之目,并且规定犯有十恶之罪的人即使遇到天下大赦,也要除去姓名,不在大赦之列,"犯十恶及故杀人狱成者,虽会赦,犹除名"。

唐高宗永徽时期编纂的《唐律疏议》是目前我国传世的第一部完整的法典,其中与养老相关的律法内容较前代律令更为完备,如"诸詈祖父母、父母者,绞;殴者,斩;过失杀者,流三千里;伤者,徒三年",对不孝行为的判罚均有明确且详细的规定。《唐律疏议·十恶》对"十恶"进行了详细的解释和评议,先列出十恶中每一条目包含的内容,再以"疏议"进行解释评议,比如"四曰恶逆,谓殴及谋杀祖父母、父母,杀伯叔父母、姑、兄姊、外祖父母、夫、夫之祖父母、父母。疏议曰:父母之恩,昊天罔极。嗣续妣祖,承奉不轻。枭鸱其心,爱慕同尽,五服至亲,自相屠戮,穷恶尽逆,绝弃人理,故曰恶逆。"同书卷二有对因不孝被处以流刑的规定,"不孝流者,谓闻父母丧,匿不举哀,流;告祖父母、父母者,绞,从者流;咒诅祖父母、父母者,流;厌魅求爱媚者,流。"卷三有"唐律:祖父母、父母老疾无侍,委亲之官",规定若家中有患病的老人,或者八十以上的老人,依据国家法令必须侍奉老人。如果子孙出仕为官且确实有才干,可令其在家乡任职,将祖父母、父母奉养在官衙中。对于犯罪之人的减刑,《唐律疏议》中也有详细规定,如"诸犯死罪非十恶,而祖父母、父母老疾应侍,家无期亲成丁者,上请",不是十恶范畴的死罪,而家中祖父母、父母年纪老迈、患有疾病,应该由子孙侍养,而家中没有期亲以内关系的亲属以及成年男性者,对于他们的刑罚要上奏朝廷,听取敕令再行处罚;"犯流罪者,权留养亲",被处以流刑的犯人,暂且留在家中奉养老人;"八十以上、十岁以下及笃疾,犯反、逆、杀人应死者,上请""九十以上,七岁以下,虽有死罪,不加刑",对于高龄老人死罪的刑罚极其审慎,甚至予以减免。此外,唐律还规定"诸犯罪时虽未老、疾,而事发时老、疾者,依老、疾论"。

(四) 两宋辽金时期

两宋时期,文化持续繁荣发展。朝廷对于奉亲养老尤为重视,在颁布的各种诏令律例中有诸多体现。

1. 颁布诏令　《宋史·真宗本纪》记载宋真宗大中祥符三年闰二月诏:"年九十者授摄官,赐粟帛终身,八十者爵一级。"皇帝下令,年纪在九十以上的老人,国家将授予其官职称号,终身赐予他们粟帛,八十岁以上的老人将赐晋爵一级。《咸淳临安志·御制·真宗皇帝敕文臣规范七条》载"六曰劝课,谓劝谕下民勤于孝悌之行、农桑之务",臣子们要劝谕所辖境内百姓孝敬父母、友爱兄弟,努力耕种田地、种植桑麻。《宋朝事实·宋真宗咸平五年十一月十一日南郊赦文》云:"礼莫大于事天,孝莫重于严父。"世上没有哪一种礼法是大于奉事上天,孝敬这种德行最重要的是侍奉自己的父母。为了更好奉行养老政令,《燕翼诒谋录》记载宋仁宗天圣九年十二月癸丑诏:"选人父母年八十以上,权听注近官。"被选取入仕的官员父母年纪在八十以上的,可以听任他们在其父母所在地就近取官任职。《宋史·隐逸列传》载宋真宗赐百岁老人衣帛米麦等诏:"凡老人年百岁已上者,州县以名闻,皆诏赐衣帛、米麦,长吏存抚之。"凡是百岁以上的老年人,州县官员都要将他们的名字奏闻朝廷,国家赐给他们衣帛、米麦,派遣当地官长去慰问。《宋史·食货志》载宋神宗熙宁二年京师雪寒恤老诏:"老幼贫疾无依丐者,听于四福田院额外给钱收养。"在京师大雪天气寒冷之时,对于贫苦无依的老年人赈济钱粮、予以收养。太祖、太宗、真宗、仁宗、神宗、哲宗、徽宗皇帝都曾经对各地孝养父母的典型人物,专门下诏令予以褒扬和奖励,对不尊不养父母及长辈的行为予以惩处。

辽金时期,继续奉行尊奉养老传统,朝廷赐给老年人财物和食物,为其提供养老保障。《钦定续通典·礼·嘉·养老》载辽圣宗统和十六年赐九十妇女诏:"妇人年逾九十者赐物。"辽圣宗太平四年二月赐各宫老人诏:"赐诸宫分耆老食。"金世宗大定五年春二月赐高年孝悌令:"赐高年孝悌力田人粟帛各有差。""会宁府百姓年七十以上者补一官。赐百岁老妪帛。"金章宗在此基础上还增加了"鳏寡孤独,优加振恤"。

2. 律令条文　宋代的律法在《庆元条法事类》中多有记载。"诸祖父母、父母老疾应侍家,无期亲成丁,应移乡者移邻州",凡是祖父母、父母年老或身患疾病,家中应有人侍养,若家中有被赦出狱的犯人,为防止相互仇杀,被赦者不得返居故乡,要移居安置。在律令惩处方面,"诸遭丧应解官,而临时窜名军中,规免执丧者,徒三年;所属知情容庇,或为申请起复者,徒二年",对于那些家中遭受丧事按律应该解官丁忧的人,临时改名籍于军中,以求免于执丧丁忧的官员,要处以徒三年的刑罚;所属官吏知情包容,或者为其申请起复的,要处以徒二年的刑罚。"诸父母亡过五年,无故不葬者,杖一百",父母丧亡超过五年,子女无故不安葬的，要处以杖责一百的刑罚。"有父母在，而别籍异财者，论死"，父母尚在，而子孙分家、分财另外居住，不奉养老人的人，以死罪论处。对于老年人罪行的减免，《宋史·真宗本纪》记载"囚老幼疾病，流以下听赎，杖以下释之"，意即囚犯之中的老年人和幼年人、患病的人，流放以下的罪行可以用钱财赎罪，杖责以下的刑罚可以免除。

此外，对于长年在外远游不能侍奉家中老人的行为，金代法律也制定了相应的惩治措施。在《钦定续文献通考·刑考·徒流》和《金史·章宗本纪》中都有"祖父母、父母无人侍养，而子孙远游至经岁者，甚伤风化，虽旧有徒二年之罪，似涉太轻，其考前律，再议以闻"的记载。皇帝敕令尚书省，对于祖父母、父母无人侍奉供养，而子孙却长年在外远游情况，认定为是有伤于风俗、教化的现象，虽然以往的法令、制度对这种行为判有徒二年的规定，但是处罚还是太轻，可以考察前朝的律法，再议如何处理这种事情。

（五）元明清时期

元明清是中国传统文化持续发展时期。蒙古族和女真族人主中原后，多民族文化碰撞、交流、融合，儒家思想作为传统社会的正统思想依然备受推崇。为了维护社会稳定，"以孝治国""以孝定国"受到国家治理者的高度重视，颁布和制定了与养老相关的诸多诏令法规。

1. 颁布诏令　元世祖至元十年二月颁布《孝亲养老诏令》："孤老幼疾贫穷不能自存者，仰本路官司验实，官为养济而不收养，或不如法者，委监察纠察。"同年，在《元典章·圣政卷之一·旌孝节·元成宗大德十一年五月钦奉登宝信诏一款》中明确规定："义夫节妇、孝子顺孙，具表以闻，别加恩赐。"在此前后也几次下诏，对八十以上、九十以上的老人各赐绢帛，以示优礼，"大德九年六月钦奉立皇太子诏内一款：年八十以上赐帛一匹，九十以上二匹""至大四年三月十八日钦奉登宝位诏内一款：发政施仁国有令典，凡年各九十以上者赐绢二匹，八十以上者一匹"（《元典章·圣政卷之二·赐老者》）。

历代被朝廷选中的宫女在宫中终老，不仅不能回家奉养父母，自己老了也无依无靠。朱元璋对此作了变更，据《明史·职官志》记载，洪武二十二年，皇帝授给宫中的内官、宫女敕旨："服劳多者，或五载六载，得归父母，听婚嫁。年高者许归，愿留者听。现授职者，家给与禄。"意思是在宫中操劳日久且功绩多者，如执役五年或六年的宫女，可以回到自己的父母身边，听凭其婚嫁。年纪老的允许其还家，愿意留在宫中的遵从本人意愿。现在已被授予内官官职的，其禄米可以发放到家中。朱元璋对宫女的释放政令，实际上是让久服役的宫人回家孝养父母，有禄米的领取后回家供养父母。《明史·惠帝本纪》记载惠帝初登基时即诏告天下："赐民高年米肉絮帛，鳏寡孤独废疾者官为收养。重农桑、兴学校，考察官吏，振罹灾贫民，旌节孝，瘗暴骨，蠲荒田租。"体现了朝廷对老年人及其他弱势群体日常生活的法律保障。有时皇帝为养老下发的诏令，下面没有执行或未严格执行，皇帝会令下属检查落实。如《明通鉴》卷三十四记载明宪宗成化十六年八月辛酉申存恤孤老之令，户部言"大兴宛平，岁癃孤老七千四百九十余人，凡赡粮二万六千九百余石，近有司疏于稽察，董其事者日肆侵牟，无告之民不濡实惠"，由于相关司衙疏于核查，使得监督其事的官吏日渐侵夺，百姓们告状无门，无法得到实惠。于是"敕府尹月再巡视，俾惠泽下流，毋负朝廷恫瘝至意"，敕令府尹每月巡视两次，务必让百姓领受到国家的恩泽。并敕谕"天下有司殚心存恤，所在巡按御史，廉其怠者，请逮治之"，敕谕天下相关司衙尽心抚恤孤老的百姓，所在地区的巡按御史查访怠懈于此事的官吏，将他们逮捕治罪。

女真族入关之前，即开始接受儒家文化，认识到提倡奉亲养老对巩固统治的作用。努尔哈赤天命十年，就向诸贝勒发出上谕："《语》云：其为人也孝弟，而好作乱者，未之有也。吾世世子孙，当孝于亲，悌于长，其在礼法之地，勿失孝弟恭敬之仪。……少敬其长，以诚意将之，长爱其少，亦以诚意出之，毋虚假也。"（《太祖高皇帝圣训·清太祖天命十年四月庚子大宴群贝勒谕》）对侍臣的上谕称："急公奉上，孝悌力田，则获福而家道昌矣。"（《清太祖天命八年二月乙丑上谕侍臣》）。《太宗文皇帝圣训》记载皇太极天聪九年七月壬戌谕："先帝之志，能报养育之恩，既克全孝道，亦可谓为国尽忠矣！如不思效忠尽孝，惟各为其家财货牲畜是积，罔恤人民，怠玩政事，异日蒙。"严厉指出朝廷官员如果不忠诚于国家，不尽心孝养父母，就会受到惩罚。清军入关后，对孝亲更加重视。《世祖章皇帝圣训·清世祖顺治十三年丙申正月癸未上谕内三院》云："自古平治天下，莫大乎孝。孝为五常百行之原，故曾子备述孔子之言以为《孝经》，昭示后世。上自天子，下逮庶人，至孝之道，罔不备焉。"为此新编《孝经衍义》，"务俾读者观感效法"，以称"朕孝治天下之意"。康熙更是在全国大力倡导孝亲养老，并且对那些身处贫寒却能恪尽孝道于父母的人大加褒奖。《圣祖仁皇帝圣训·清圣祖康熙三十七年十二月戊午上谕大学士》中云："兴起教化，鼓舞品行，必以孝道为先。节妇应加旌表，孝子尤宜褒扬。八旗岂无孝子，其居官殷实者，行孝乃分内事耳。贫人克尽孝道，诚为非易，如有身处贫寒能尽孝于父母者，察明奏闻。"在《钦定大清会典则例》中表彰类的"谕旨"或"题准"很多，诸如"清世祖顺治五年旌表孝行谕旨""清世祖顺治九年旌表孝行谕旨""清世祖顺治十年旌表孝行谕旨""清世祖顺治十二年旌表孝行谕旨""清世祖顺治十五年旌表孝行谕旨""清圣祖康熙三十七年旌表孝行谕旨""清圣祖康熙五十九年旌表孝行谕旨""清世宗雍正五年旌表孝行谕旨""清高宗乾隆二年旌表孝行谕旨""清高宗乾隆十年旌表孝行谕旨"等，可以看出对孝亲养老的重视。

2. **律令条文** 元代制定的养老律令大多记载于《通制条格》《元典章》《元史·刑法》中，大致分为五个方面的内容。一是"父母在子孙别籍异居，违者治罪"（《通制条格·户令》）。对父母健在，子孙却另开户籍、分财另居的，要治子孙的罪。二是对十恶之罪，弑父杀母及殴打长辈的行为予以严厉惩治。《元史·本纪十二》载："杀祖父母、父母……并正典刑外，余犯死罪者，令充日本、占城、缅国军。"《元史·刑法三》载："诸子孙弑其祖父母、父母者，凌迟处死。""诸子弑其父母，虽瘐死狱中，仍支解其尸以徇。""诸殴伤祖父母、父母者，处死。""诸谋杀已改嫁祖母者，仍以恶逆论。""诸挟仇殴死其伯叔母者，处死。诸因争，兄弟同谋殴死诸父者，皆处死。诸挟仇，故杀其从父，偶获生免者，罪与已死同。"三是对家有丧事，不奔丧者、纵宴乐者、忘哀成婚者，要受到罢官、杖责的惩罚。《元史·刑法志》载："诸职官亲死不奔丧，杖六十七，降先职二等，杂职叙。未终丧赴官，笞四十七，降一等，终制日叙。若有罪诈称亲丧，杖八十七，除名不叙。亲久没称始死，笞五十七，解见任，杂职叙。凡不丁父母忧者，罪与不奔丧同。""诸职官父母亡，匿丧纵宴乐，遇国哀，私家设音乐，并罢不叙。""诸遭父母丧，忘哀拜灵成婚者，杖八十七，离之，有官者罢之，仍没其聘财，妇人不坐。"四是欲弃俗出家为僧、为道之人，须提出申请，得到相关司衙的允许方可剃度。"诸愿弃俗出家为僧道，若本户丁多，差役不阙，及有兄弟足以侍养父母者，于本籍有司陈请，保勘申路，给据簪剃，违者断罪归俗。"五是禁止毁伤身体的愚孝行为。《元典章·典章三十三·行孝》篇中颁布了一系列禁令，如禁"割肝剜眼""行孝割股""卧冰行孝"等，此类所谓的孝行与圣人"不敢毁伤父母遗体"的垂诫有违，终是毁伤肢体之举。元世祖至元三年（1266）中书省下文"其为割股、割肝之类并行禁断，如准所呈，拟合遍行随路禁断"，元世祖至元八年（1271）二月尚书省因"东平府汶上县田改庄为母病冬月去衣卧冰行孝"事拟准"为孝奉侍，自有常礼，赤身卧冰于亲无益，合行禁断。省府相度依准所"。《元史·刑法志》更是从律法上明确规定："诸为子行孝，辄以割肝、刲股、埋儿之属为孝者，并禁止之。"

明律基本承袭了元律的规定。《明会典·刑部·明律》记载的死刑有"十恶之罪立斩不赦""谋杀祖父母、父母者斩""殴打尊长致其死亡者斩，故杀者凌迟处死"，其他处以杖责、流放、有期徒刑的律令以及禁止愚孝行为等也基本与元代相同。不同的是,明律中还补充完善了对父祖被殴、子孙还击的判定:"凡祖父母、父母为人所殴,子孙即时救护而还殴,非折伤,勿论;至折伤以上,减凡斗殴三等;至死者,依常律。若祖父母、父母为人所杀,而子孙擅杀行凶人者,杖六十;其即时杀死者,勿论。"对于子孙保护父母、祖父母的行为提供法律上的适当保障。

《大清律例》是中国历史上最后一部封建法典,集历代之大成,律例所载严密周详,其中涉及养老的律令非常全面。如"十恶不赦条""杀死本宗缌麻以上尊长不准援赦条""谋杀祖父母父母条""子孙殴祖父母、父母条""骂尊长、骂祖父母父母条""犯罪存留养亲条""收养孤老条""招婿须凭媒妁明立婚书,止有一子者不许出赘条""居父母丧嫁娶条""父母囚禁嫁娶条""僧道拜父母条""匿父母丧,丧匿不举哀者条""匿父母丧,官吏父母死应丁忧不丁忧条""匿父母丧,文武生员科贡遇父母丧条""弃亲之任,父母八十以上无其他侍丁条""祖父母、父母为人所殴,子孙即时救护而还殴条"等等,可以看出无论在朝官员,还是在家百姓,抑或出家僧道,对于敬老养老清律中都有相应的律法规定和触犯刑律后的处罚标准。

中国历代养老法律制度对于促进社会的稳定发展具有积极意义。其中虽然存在着一定的弊端,但依然为家庭、社会、国家带来诸多益处。在构建社会主义和谐社会的今天,我们应坚持运用科学的观点和方法,审视我国历代养老法律制度,除去其不合理的糟粕,将其中优秀的文化传统与现代社会制度相结合,赋予其在新时代的新内涵。

复习思考题

1. 简述中国传统养老管理制度的特色与弊端。
2. 古代认为乡饮酒礼的作用主要有哪几个方面?
3. 请谈谈什么是终养制度。

❖❖❖ 第四章 ❖❖❖

中国传统养老基本方式

✎ 学习目标

知识目标

掌握家庭养老、政府养老的基本概念,了解家庭养老、政府养老的形式及其历史演变。

能力目标

能够综合分析中国传统养老方式的成因和特征,以及中国传统养老基本方式的区别和联系。

素质目标

从政治、经济、文化等多个视角深刻把握中国传统养老基本方式,加深对中国传统养老基本方式的理解。

课程思政目标

通过对中国传统养老基本方式的认识和把握,坚定文化自信,树立服务理念,在传承创新中推动养老服务体系的建设。

学习要点

1. 中国传统养老的基本方式。
2. 家庭养老、政府养老的形式、成因与特征。

中国古代,虽然曾出现寺庙提供慈善养老服务、民间设立的养老机构等社会养老方式,但从养老服务供给主体来看,主要是家庭养老和政府养老两种基本方式。

第一节 中国传统家庭养老

家庭养老是以子女、配偶和血缘宗亲等家庭成员作为主体,为老年人提供经济供养、生活照料和精神赡养的一种养老方式。自古以来,家庭养老这种最古老、最基本、最重要、最富生命力的养老方式一直在我国占据绝对的主导地位。

一、中国传统家庭养老的形式及其历史演变

人类社会早期,由于生产力极其低下,狩猎和采摘获得食物的数量非常有限,人类长期受困于饥饿的威胁,只有身体强壮者才能存活,年老体弱者得不到充分的尊重,在面临食物短缺或外界威胁时他们是首先被抛弃的对象。伴随着生产力逐步发展,才开始有了尊老、爱老的行为。随后,人类定居以驯养和种植为基础,稳定的农业生产方式凸显了老年人的重要

性。老年人在农业生产中积累的丰富经验,成为智慧和财富的象征,进而获得了年轻人的尊敬。此后,家庭养老开始萌芽,成为群居氏族之下的一个小的单元,但还不是一个独立的经济、生产单位,抚育、赡养等功能都是由氏族来完成。直到有了生产剩余,氏族生活方式才被家庭生活方式取代,家庭成为社会的基本单位,家庭的功能也开始健全。

(一) 秦汉时期的家庭养老

秦朝商鞅变法,为富国强兵,推行个体家庭制,强制父子分家,形成了摆脱宗族束缚而直接隶属于国家的个体小家庭,促使养老对象由宗祖进一步转移为家中父母。东汉末年,世家大族式家庭模式逐渐崭露头角,这种家庭由各大家族中的杰出人物将众多同宗子弟聚集在一起而形成。在累世共居、共财共货、共饮共食的世家大族式家庭模式中,子女对年老父母的赡养成为情、理、法合一的事情。子女是家庭养老的主要人员和首要人员,父母对子女有生育、抚养、教导之恩,子女孝敬、赡养父母是自上而下必须遵循的势所必然和人之常情。与此同时,国家对家庭养老也提供了必要的支持。

1. 优待孝子的奖励制度 《汉书·惠帝本纪》载:"春正月,举民孝弟力田者复其身。"汉文帝刘恒时期,建立了对孝子赐帛奖励的制度。《汉书·文帝本纪》:"其遣谒者劳赐三老,孝者帛人五匹,悌者、力田二匹,廉吏二百石以上率百石者三匹。"汉宣帝沿袭并发展孝悌的奖励制度,《汉书·宣帝本纪》载四年春三月下诏"加赐三老、孝弟、力田帛,人二匹,鳏寡孤独各一匹"。

2. 对不孝者的惩戒制度 秦朝对不孝行为采取了非常严厉的惩罚措施,包括断足和流放等,睡虎地秦墓竹简《封诊式》记载:"士五(伍)咸阳才(在)某里曰丙,坐父甲谒鋈其足,迁蜀边县。令终身毋得去迁所论之。迁丙如甲告,以律包。今鋈丙足,令吏徒将传及恒书一封诣令史,可受代吏徒,以县次传诣成都,成都上恒书太守处,以律食。"父亲以不孝罪将儿子告上法庭,要求将其流放到蜀郡边远地区,并终身不得离开,官府最终支持了父亲的指控,对儿子做出了断足、流放的判决。

3. 举孝廉制度的建立 各地推举孝子入仕,《汉书·高后本纪》载高后吕氏元年诏曰"初置孝弟力田二千石者一人"。"孝弟力田二千石"俸的官相当于郡守的官秩。文帝曾下令察举孝悌、力田、三老、廉吏等淑行君子,设立专职,完备"举贤之道"。其《置三老孝悌力田常员诏》载:"孝悌,天下之大顺也;力田,为生之本也;三老,众民之师也;廉吏,民之表也。朕甚嘉此二三大夫之行。今万家之县,云无应令,岂实人情? 是吏举贤之道未备也。"武帝时期,选拔孝廉之人的制度被提高到了封建纲纪人伦的高度。《汉书·武帝本纪》载:"今诏书昭先帝圣绪,令二千石举孝廉,所以化元元,移风易俗也。不举孝,不奉诏,当以不敬论。不察廉,不胜任也,当免。"

4. 老年人家属赋税、力役的减免制度 为了支持家庭中的老年人,古代中国实施了一系列减免赋税和力役的制度。《汉书·贾邹枚路列传》载:"礼高年,九十者一子不事,八十者二算不事。"注曰:"一子不事,蠲其赋役。二算不事,免二口之算赋也。"《汉书·武帝本纪》载:"民年八十复二算,九十复甲卒。"即家有八十岁的老年人免除家中两人的算赋,有九十岁以上的老人免除家中的兵役。免除老人家中子女的力役,可以让子女专心侍奉赡养老人,确保老有所依。

(二) 魏晋南北朝时期的家庭养老

魏晋南北朝,政局动荡,朝代更替频繁。当时的统治者历仕两朝或数朝,故而不敢言忠,而倡导"孝治天下",宣传慈孝思想。"孝"作为家族间的基本道德,从文化上和制度上共同保障了家庭养老的落实与发展。

1. 文化上的"孝"行体现 家庭养老行为主要表现在以下几个方面。一是生活供养。

战乱不断导致魏晋南北朝的物质资源较为匮乏,但在家庭养老上,子女纵使家境贫寒亦会通过躬耕变卖、昼夜劳作或苦身勤力等方式尽孝,使老人的基本生计得以维持。《晋书·孝友列传·庾衮》载:"初,衮诸父并贵盛,惟父独守贫约。衮躬亲稼穑,以给供养,而执事勤恪……父亡,作筲卖以养母。母见其勤,曰:我无所食。对曰:母食不甘,衮将何居!母感而安之。"《南史·孝义列传·诸暨屠氏女》载:"诸暨东洿里屠氏女,父失明,母痼疾,亲戚相弃,乡里不容。女移父母远住苎罗,昼采樵、夜纺绩以供养。"《北史·孝行列传·荆可》载:"能苦身勤力,供养其母,随时甘旨,终无匮乏。"二是忧疾侍养。子女在父母年老体衰之时给予身心上的照抚和陪伴,朝夕侍奉于老人病榻之侧。《晋书·王祥列传》载:"父母有疾,衣不解带,汤药必亲尝。母常欲生鱼,时天寒冰冻,祥解衣将剖冰求之,冰忽自解,双鲤跃出,持之而归。"《南史·孝义列传·庾沙弥》载:"嫡母刘氏寝疾,沙弥晨昏侍侧,衣不解带。或应针灸,辄以身先试。"三是精神抚慰。传统家庭养老不仅需要物质供养,更需给予父母长辈精神上的愉悦和慰藉,承色顺志,恭敬柔色。《晋书·孝友列传·何琦》载:"事母孜孜,朝夕色养。"《晋书·孝友列传·王延》载:"延事亲色养,夏则扇枕席,冬则以身温被,隆冬盛寒,体无全衣,而亲极滋味。"四是亲营丧事。老人的殡葬送亲仪式亦属于家庭养老的范畴,父母死后,子女亲营葬事,以礼祭丧,是"孝礼"的重要内容之一。《南史·孝义·刘瑜列传》载:"七岁丧父,事母至孝。年五十二,又丧母,三年不进盐酪,号泣昼夜不绝声,勤身力以营葬事。服除,二十余年,布衣蔬食,言辄流涕,常居墓侧,未尝暂违。"《北史·孝行列传·荆可》载:"母丧,水浆不入口三日,悲号擗踊,绝而复苏者数四。葬母之后,遂庐于墓侧,昼夜悲哭,负土成坟,蓬发不栉,菜食饮水而已。"

2. 制度上的"孝"治保障 在儒家思想影响下,"孝"与选官制度紧密结合,家庭养老职责的履行成为当时社会评价和清议的核心内容。在制度上,除了对"孝悌"的奖励制度和"不孝"的惩戒制度的继承与发展,魏晋南北朝时期在家庭养老制度的发展上另有一大创举——"存留养亲"制度,对于直系长辈无人照顾的犯人,予以酌情处理以确保他们能履行养老职责。北魏孝文帝拓跋宏下诏创制"存留养亲"。《魏书·刑罚志》载:"诸犯死罪,若祖父母、父母年七十以上,无成人子孙,旁无期亲者,具状上请。流者鞭笞,留养其亲,终则从流,不在原赦之例。"在东晋也有类似于"存留养亲"的记载。《太平御览·刑法部·弃市》条引《晋书》曰:"咸和二年,句容令孔恢罪弃市。诏曰:恢自陷刑网,罪当大辟。但以其父年老而有一子,以为恻可特原之。"即免其死罪,以留其赡养父老。在孝道的基础上,留养制度还衍生出另一种制度规范——"居家侍亲"。南朝政府鼓励居家行孝,《南史·孝义列传·何子平》记载"籍年已满,便去职归家"尽心奉养。如果祖父母、父母老疾,家无别丁侍养,通常子女也需居家侍亲,不得就任。忽视家庭养老职责的"委亲之官"不仅会受到免职的处分,还可能面临刑事追究。《南史·刘勉传》载,东晋南朝廷尉卿刘孝绰因"携少妹于华省,弃老母于下宅"遭奏疏弹劾,以致被免官。

(三)唐朝时期的家庭养老

唐代强调累世同居,子女与父母朝夕相守,不析产别居,以便更好地履行家庭养老义务。当家庭因遭遇不幸无子侍亲时,其他家庭成员也会承担起养老的责任。唐代,女性在家庭养老中亦扮演重要角色,未嫁之女子与男性一样,要孝敬、赡养家中父母和宗亲长者。《旧唐书·良吏列传·薛季昶》载:"有汴州孝女李氏,年八岁,父卒,柩殡在堂十余载,每日哭临无限。及年长,母欲嫁之,遂截发自誓,请在家终养。及丧母,号毁殆至灭性,家无丈夫,自营棺椁。州里钦其至孝,送葬者千余人。葬毕,庐于墓侧,蓬头跣足,负土成坟,手植松柏数百株。"弟、妹等平辈宗亲也可为承担赡养终老的责任者。《新唐书·列女传·李氏妻王阿足》:"夫死无子,以嫠姊高年无供养,乃不忍嫁。昼耕夜织,能办生事。余二十年,姊乃亡,葬送如礼。"若老人膝下无子,允许其通过过继、收养或是买卖子女的方式添子,以保障家庭养老责任的落实。唐令规定"无子者,听养同宗于昭穆相当者"。《吴再昌养男契》记载:"百姓吴再昌,先世不种,获果不圆,今生孤独一身,更无子息。忽至老头,无人侍训养。所以五亲商量,养外甥某专甲,易姓名为如。自后切须恭勤,孝顺父母。"

给侍制度是从制度层面对于家庭养老能力不足的老人的一种有力补充。侍丁思想源于先秦,《礼记·内则》记载:"八十者一子不从政,九十者其家不从政。"给侍制度在唐代得到了普遍施行和完善发展。唐承隋制,六十为老。给侍制度则是给年满八十岁及以上的高龄老人,以及虽不满八十岁但罹患重病的老人配备侍丁,以承担服侍照料侍老生活事宜的责任。充侍者有亲侍和外侍之分,二者的区别在于与侍老是否存在亲属关系。《唐六典·尚书户部》载:"凡庶人年八十及笃疾,给侍丁一人,九十给二人,百岁三人。(皆先尽子孙,次取近亲,次取轻色丁)。"《通典·食货志》载开元二十五年户令:"诸年八十及笃疾,给侍丁一人;九十,二人;百岁,三人。皆先尽子孙,次取近亲,皆先轻色。无近亲外取白丁者,人取家内中男者,并听。"此令正式允许中男充侍。天宝年间,给侍制度惠及年龄更低的老人。如《通典·礼》卷六十七载:"天宝八载闰六月制,其天下百姓,丈夫七十五以上,妇人七十以上,宜各给中男一人充侍,仍任自简择。至八十以上,依常式处分。"同时,为保证侍丁安心履行赡养义务,唐朝还规定侍丁可免除徭役,甚至不服兵役或改变户籍,只需专心服侍老人。给侍制度以强制性法令将残破家庭的赡养义务从子女延展至其他家庭成员,甚至外姓成员,是唐朝家庭养老体系中独具特色的创举。

唐代家庭的孝养观已从"物养"上升至"色养",要求子女在奉养父母时要和颜悦色,保证父母在精神方面的欢愉和慰藉。《唐律疏议》载"礼云:孝子之养亲也,乐其心,不违其志,以其饮食而忠养之。其有堪供而阙者,祖父母、父母告乃坐"。《贞观政要·孝友》载:"房玄龄事继母,能以色养,恭谨过人。"

(四) 宋元时期的家庭养老

宋元时期是宗族制度发展的新时期,许多累世大族和族规家规开始涌现,民间家庭养老得到重视,政府亦采取一系列措施来扶持家庭养老。

民间家族制度得到发展。宋朝政府着重扶持累世同居的大家庭,倾力保障民间的家庭养老。《宋刑统·户婚律》载:"诸祖父母、父母在,而子孙别籍、异财者,徒三年。若祖父母、父母令别籍,子孙妄继人后者,徒二年,子孙不坐。"严格要求子孙在祖父母、父母在世之时要无条件地与他们共居相侍。宋元时期民间家庭规模扩大,为赡养家中老人提供了更好的经济条件和社会保障。元代,浦江郑氏家族作为民间家庭养老的典范,被誉为"江南第一家"。《郑氏规范》作为民间族规家训的范本,尤为重视家族孝悌教育,如"子孙固当竭力以奉尊长""子孙为学,须以孝义,切切为务……此实守家第一法""诸妇必然安详恭敬,奉舅姑以孝"等。对孤寡无依的家族成员亦予以奉养,"鳏寡孤独,果无以自存者,时周给之"。这些家族善举不仅限于族内,更扩展到乡里,如桃源陈氏义田"岁藉其入,以赒恤宗族邻里之贫者"等。

侍丁制度得以完善。宋时男子二十成丁,六十为老,人户要按丁口多少向政府输纳钱米(或绢),即为身丁钱,同时负担相应的徭役。为了减轻百姓的负担,使百姓能够全身心地照顾家里的老人,规定有老人的家庭中,一位家属可以免除身丁钱。天禧元年六月诏:"父老年八十者赐茶帛,除其课役。"明道二年二月诏:"其父母年八十者,与免一丁,著为式。"嘉祐四年十月诏:"民父母年八十以上复其一丁。"对于那些在外地戍守的将士,如果家中有老人需要奉养,两宋王朝也颁布相关的侍丁诏令。宋神宗熙宁八年三月下诏:"军士祖父母、父母老疾而侍丁应募在他处者,听徙。"虽然没有直接让军士回家侍老,但在其驻防地的选择方面提供便利,使之能够有余力照顾家中老人。侍丁制度的完善为百姓照顾家中老人提供了人员上的保障。

明文规定"不孝"行为。宋元时期对于"不孝"已有明确定义。《元史·刑法志》载:"不孝:谓告言诅詈祖父母、父母,及祖父母、父母在,别籍异财,若供养有阙;居父母丧,身自嫁娶,若作乐释服从吉;闻祖父母、父母丧,匿不举哀;诈称祖父母、父母死。"殴打谋杀父母、祖父母、外祖父母等即为恶逆,犯恶逆之罪,皆严惩。《元史·刑法志》载:"诸子孙弑其祖父母、父母者,凌迟处死;因风狂者,处死。诸醉后殴其父母,父母无他子,告乞免死养老者,杖一百七,居役百日。诸子弑其继母者,与嫡母同。诸部内有犯恶逆,而邻佑、社长知而不首,有司承告而不问,皆罪之。诸子弑其父母,虽瘐死狱中,仍支解其尸以徇。诸殴伤祖父母、父母者,处死。诸谋杀已改嫁祖母者,仍以恶逆论。诸挟仇殴死义父,及杀伤幸获生免者,皆处死。诸图财杀伤义母者,处死。"《元史·英宗本纪》载:"驸马许纳之子速怯诉曰:臣父谋叛,臣母私从人。帝曰:人子事亲,有隐无犯,今有过不谏,乃复告讦。命诛之。"

加快孝道教化通俗化进程。孝道教化通俗化进程的加快,使其成为家庭养老重要的推动力量。《二十四孝》是元代孝道教育通俗化的重要成果,元人郭居敬"常撼虞舜而下二十四人孝行之概,序而诗之,用训童蒙",这二十四人涵盖了皇帝、官员和平民等各个社会阶层,年龄跨度也从儿童到中年再到老年,使得社会各阶层的人们都能在其中找到与自己相似的孝子榜样,传播和适用范围极为广泛,极大地推动了元代民间的家庭养老风气。元杂剧中盛行的"孝子剧"有二十余种,如《降桑椹蔡顺奉母》《琵琶记》《荆钗记》《小张屠焚儿救母》等,其中《行孝道郭巨埋儿》《感天地王祥卧冰》等取材于二十四孝故事。这些通俗的艺术形式,使孝文化变得通俗易懂,民众乐于接受,从而使养老观念深入人心,自觉践行孝亲养老。孝道教化通俗化进程加快,成为家庭养老重要的推动力量。

(五)明清时期的家庭养老

明清时期是中国历史上小农经济时代的顶峰,以孝为核心的家庭养老模式稳定发展。这一时期的家庭养老没有出现较大的变动,更多的是原有制度的精细化完善。

明清家庭养老所涉内容仍以衣食照料、侍疾、庆寿、丧葬四个方面为主。在衣食照料上,明清时期对于老人的医学和养生知识都已进行较为完备、系统的总结,对老人起居膳食的照顾细致周到;在忧年侍疾上,子女和晚辈寻医探药、亲尝汤药、陪伴探问;在庆寿上,为老人举办"寿宴";在丧葬上,十分注重丧葬仪式的步骤与细节,丧葬仪式后还有一段守丧期。《清通礼》载:"凡丧三年者,百剃发。仕者解任。士子摄考。在丧不饮酒,不食肉,不处内,小入公门,不与吉事。"这些均体现了清代民间家庭对孝道文化的坚守与传承。

在留存养亲制度上,清律沿袭明律,但在司法实践的基础上又形成一系列条例,律例并行,采用了更加人性化的方式,结合实际情况酌情处置。如《大清律例·名例律上》:"准存留养亲者,查明被杀之人有无父母,是否独子,如被杀之人亦系独子,但其亲尚在,无人奉侍,不论老疾与否,杀人之犯皆不准留养。若被杀之人平日游荡离乡,弃亲不顾,或因不供养赡,不听教训,为父母所摈逐,及无姓名籍贯可以关查者,仍准其声请留养。"这种更为细致的规定,使刑罚的执行更加情法兼顾,增加了公众对法律的认同感。此外,前朝的存留养亲制度从中央到地方皆为统一规定,但清朝的存留养亲制度已经开始有了地方规制的新发展,如嘉庆初年,清廷结合蒙古地方情况,于蒙古律例内亦增入留孤养亲之条。《大清仁宗睿皇帝实录》:"从前盗马为从之贼推伯斯定拟绞罪。前任参赞大臣策拔克援引刑律,以推伯斯系孤子,奏请留养。其时朕以中外臣仆,视为一体,特恩准行。今宜兴又以扎穆延棍布扎普系属孤子,亦请援引刑律,将扎穆延棍布扎普留养……于蒙古律例内亦增入留孤养亲之条。嗣后凡蒙古拟罪,即照新例办理。"

除承袭前朝的政策之外,明清时期还推行了"旌表"制度以巩固家庭养老。《大明会典·乡饮酒礼》载:"国初凡有孝行节义为乡里所推重者,据各地方申报,风宪官核实奏闻,即与旌表。"对义夫、节妇、孝子、贤人、隐逸以及累世同居等孝亲敬老行为予以表彰。"旌表"通常由地方官员向朝廷申报,获准之后被赐予牌匾,或者由地方官府为其造石坊,以彰显其名节。明太祖执政期间发布三次旌表令,对孝子加以表彰,这三道旌表令关注的对象具有很强的民间性,凡是出身有官职或者科目的,不予旌表,对于行孝于布衣之时,也允许先授官后旌表。通过推崇旌表政策,提倡孝义,有力地推动了民间家庭养老。

二、中国传统家庭养老的成因

在中国传统文化的深厚土壤中,家庭养老不仅是一种生活实践,更是一种文化现象和必然选择。它根植于家国同构的稳态结构、小农经济的自然选择、血亲关系的天性驱动、承继制度的责任伦理,以及孝道文化的行为约束之中。这些因素共同构筑了中国传统家庭养老的稳固基石,使得家庭成为养老的主要承担者,并形成了特有的养老文化和价值观。这些文化和价值观不仅为家庭成员提供了行为准则和精神寄托,也为社会的和谐稳定作出了重要贡献。

(一)家国同构的稳态结构

在家国同构的视角下,家庭养老不仅是家庭成员之间情感与责任的体现,也是维护社会秩序和政治稳定的重要机制。

在家国同构的政治文化理念下,国为大家,家即小国,"齐家"与"治国"被视为同一范畴。"忠君"与"敬老"遵循同样的文化逻辑规范,"孝"被视为维护国家治理和社会稳定的有力工具,这一政治理念使治理者极力维持家庭的伦理道德以维护国家治理制度,家庭养老超越了家域界限的"私事",成为有国家制度保障和社会公德约束的"公事"。《庄子·杂篇·渔父》言:"事亲则慈孝,事君则忠贞。"《孝经·广扬名》言:"君子之事亲孝,故忠可移于君。"《后汉书·韦彪列传》言:"孔子曰:事亲孝,故忠可移于君。是以求忠臣必于孝子之门。"均凸显了家庭责任与国家责任的互通性,即通过对父母的孝顺衍生出对国家的忠诚,两者成为不可分割的整体。君臣、父子、夫妻、兄弟、朋友的"五伦"构成了古代中国社会人际关系的基本分类,其中"君臣"与"父子"关系居于核心地位。父子关系中体现的孝道,即子女对父母及长辈的顺从与敬养义务,以及君臣关系中表现出对君主的绝对忠诚,共同构筑了个人道德修养与社会伦理的基石。其次,中国人以集体主义为本,将自己看作是从属于家庭的,同时亦从属于国家。"父为子纲"的家庭父子关系放大至国家即为"君为臣纲"的君臣关系,家国同构的体制下为人子女、为人臣子的角色担当是天然义务。《中庸》言"诚意正心,修身齐家",《礼记·大学》言"身修而后家齐,家齐而后国治,国治而后天下平",展现了儒家伦理对于个人、家庭与社会责任的整体观。从两汉到晚清时期,"孝治天下"成为国家治理策略与社会核心精神的基石。个人在家庭中实践的孝道,自然延伸为对国家的忠诚,孝道加强了家庭内部的联系,而忠诚确保了国家的统一与稳定,两者的共同作用促进了社会秩序的维护和整体的和谐,构建了一个既有道德纽带又有政治忠诚的坚固的社会结构。家国同构的社会结构决定了家庭的政治治理功能,因此国家通过一系列律法保障、观念倡导、政策优待来支持和维护家庭养老制度。

(二)小农经济的自然选择

作为中国数千年的主导经济形态,以土地私有制为基础的传统小农经济是传统家庭养老制度得以存在和延续的经济基础。

自给自足式小农经济的特性决定了家庭的封闭性和内聚性,也使得家庭成为养老的主要承担者。在这样的经济形态下,家庭不仅是基本的社会单元,更是生产、消费和养老的核心单位。如《诗经·豳风·七月》云："七月流火,九月授衣。一之日觱发,二之日栗烈。无衣无褐,何以卒岁? 三之日于耜,四之日举趾。同我妇子,馌彼南亩,田畯至喜。"该文详细描述了农民一年四季的劳作场景,从耕种、收获到储藏,都是以家庭为单位进行的。小农经济下的家庭拥有土地和其他生产资料,通过家庭成员的共同努力,实现生产自给自足,这使得家庭成员之间形成了紧密的联系和深厚的情感纽带,家庭养老成为一种自然而然的选择。

在漫长的小农经济时代,家庭成员中的长辈与晚辈之间的相互依赖与扶持成为一种生存的必要。以家庭为单位的小农经济,对生产经验的依仗转化为对老人的敬重。老人的经验和智慧在农耕活动中发挥着不可替代的作用,他们指导着年轻一代进行耕种、收割,确保农作物的丰收,进而保障家庭的基本生活。老人作为家庭中的智慧象征和经验传承者,他们的存在对家庭乃至整个村落的繁衍生息都至关重要。因此,赡养老人不仅是道德上的责任,也是实际生活中的需要。

小农经济下的土地制度和产权观念也增强了家庭养老实施动力。土地,作为家庭的主要生产资料,往往是代代相传的。老人拥有土地的权益,子女则有在老人丧失劳动能力后继续耕种的义务,并以此作为赡养老人的方式。这种经济上的密切联系使得家庭成员之间的关系更加紧密,养老问题自然而然地成为家庭内部的责任和义务。

(三) 血亲关系的天性驱动

家庭是建立在血缘基础、亲情纽带上的强关联亲属集团,家庭养老是老年人最自然的依靠和归宿,内源于亲情基础上的养老责任感是传统家庭养老制度得以续存的情感保障。

血亲价值理论是解释中国家庭养老机制延续千载的重要理论之一。血亲价值是以血亲关系为基础,以实现血亲利益为人生价值和调节代际关系准则的行为规范和心理定式。对父母的敬爱和照料是血亲关系的先天驱动,亦是亲情的自然流露,这是由血缘关系所赋予的天然责任感,它不仅是法律规定的义务,更是道德和伦理的要求。血缘关系作为家庭养老的基础,不仅体现了生物学上的联系,更承载了深厚的文化意义。从生命来源上看,由血缘形成的家庭是客观存在的,子女由父母所生所养,父母之于子女有创造生命的生恩和养恩。《诗经》云:"哀哀父母,生我劬劳……哀哀父母,生我劳瘁……无父何怙,无母何恃……欲报之德,昊天罔极。"从身份认同上看,中国人的身份依靠于家庭,个人没有独立的身份和人格,父母是给予个人身份存在的创造者,报恩是天性的伦理使然。以血亲关系为基础的亲情养老方式强调了家庭成员之间的互助和支持,降低了养老成本,提高了养老质量。由于家庭在中国社会中的特殊地位,中国社会的血缘认同感非常强。这种强烈的血缘认同感使得家庭成员更加珍视彼此之间的情感联系,愿意为家庭付出更多,这也是中国传统家庭养老能够绵延千载的重要原因之一。

(四) 承继制度的责任伦理

中国传统家庭养老与以宗法制度为基础的家庭承继制度息息相关,家产继承的权利从根本上规定了子辈赡养老人的义务。中国家庭养老的内在机制是一种基于公平原则的"代际互惠"责任伦理,家庭之中每一代人都有抚育子女和赡养父母的责任义务,代内双向流动的"抚育"与"赡养"之间保持一种稳定平衡的关系。在传统父系家族制度中,家族财富和血缘伦理的传承是维持个人永存和家族延续的外在载体。中国传统家庭中财富的积聚遵循的是家庭本位的利他主义导向,家长是家庭之中财富的掌权人,但其财富流向是向下的,而非利己的,其维稳机制来源于"上对得起祖宗先辈,下对得起子孙后代"的责任伦理。从养老责任主体的视角看,"传男不传女"的单系继嗣制度下的家庭亲子责任关系被简化为父子关系,以血缘为纽带的家族关系远强于以婚姻为纽带的核心家庭关系,家庭中父辈的权力、财产及资源供给主要流向儿子,家庭养老的责任也主要是由儿子而不是女儿来承担,继承资格和继嗣规则内在规定了家庭之中"抚育"和"赡养"互为因果的权利义务,也为维持家庭之中代际资源交换的稳定性提供隐性基础。从家庭整体视角来看,中国素有"家本位"的文化传统,当家庭财富集中在父母身上的时候,子辈为了获得父母分配的财富就必须遵循家庭整体利益行事,为了分配到更多的财富就必须努力增加家庭的整体财富,家庭中代与代之间存在着利益共同性,家庭成员之间的关系犹如"合作体",跨越时间的契约(抚育 - 赡养)可以保证得以实施。

(五)孝道文化的行为约束

自春秋起,儒家思想在传统中国一直占据主流,潜移默化、根深蒂固地影响着中华儿女的思想和言行。儒家的伦理思想以"仁"为核心,孔子认为"仁"的根本在于"爱亲",是源自血缘的亲子之爱。家庭这个以血缘为基础的最基本的生产、生活单位的形成,相伴而生的即是儒家文化的核心——"孝文化"。孝道文化在我国传统伦理文化中扮演着重要的角色,它强调家族关系的重要性,以及个体在家庭中应承担的责任和义务,其中"爱敬父母"是思想核心,而"养亲"是最基本的行为要求。这种"孝"的文化思想与以宗法血缘关系、小农经济为基础的封建社会生活和社会结构相适应,构成了强调子女赡养的职责与义务的家庭养老制度。孝道与宗法的相辅相成构成了礼法合一,宗法制是由父权统治的家长制演变而来的,在这个基础上,家庭以老为尊,年老者占据最高的统治地位,对年老者的孝亲和敬老是对于祖宗乃至神明的崇敬。"孝"同时是一种社会价值观,是中国社会共有的集体价值规范,能够从社会公知、社会舆论的角度规训国人的孝行。可以说,孝道文化是家庭养老的思想基础,亦是家庭养老制度得以维系千年的根基所在。受传统孝道文化影响,尊老、敬老、爱老、养老成为中华民族传统价值观,家庭养老是大多数中国人养老方式的集体共识和主流选择。家庭、亲情、孝道等传统道德文化元素和传统社会的经济及社会结构共同促成了家庭养老的独特地位。

三、中国传统家庭养老的特征

中国传统家庭养老在中华文化中占据重要地位,它不仅是尊老爱幼传统美德的体现,更是维护家庭和谐与社会稳定的重要基石,展现出备受推崇、善事广泛、情感深厚且稳定持久的显著特点。具体来说,中国传统家庭养老的主要特征包括:一是备受社会推崇的养老方式;二是广涉生活方式的善事行为;三是基于血缘关系的情感特征;四是受到多元条件约束的稳定特性。这些特征共同构成了中国传统家庭养老的丰富内涵和独特魅力。

(一)备受社会推崇的养老方式

家庭养老作为中国传统文化中备受国家政府和民间社会推崇的养老方式,不仅承载着深厚的文化价值和社会意义,更体现了人类对血脉亲情和伦理责任原始而深刻的认知,是中国社会最基本、最重要的养老方式。

从国家治理角度看,中国历代治理者都高度重视家庭养老,通过政策法律、道德伦理和经济支持等多种手段来保障家庭养老的实施和推广。从政策和法律层面来看,历代治理者都制定了一系列相关政策和法律来保障家庭养老的实施。从道德和伦理层面来看,历代治理者都大力倡导尊老敬老的传统美德,使得尊老敬老成为全社会的共识和价值观,为家庭养老提供了良好的社会氛围。从经济层面来看,历代治理者为家庭养老提供了一定的经济支持,通过减轻家庭养老的经济负担,提高老年人的生活质量。

从民间角度看,家庭养老同样受到广泛推崇和尊重。人们普遍认为,赡养父母是子女应尽的天职和义务,不孝的行为将受到社会舆论的谴责和鄙视。这种观念深入人心,形成了强大的社会压力和道德约束,使得家庭养老思想观念得以在中国社会根深蒂固。

（二）广涉生活方式的善事行为

中国传统家庭养老深深植根于孝道文化,并渗透到了人们的日常生活方式和民俗之中。从衣食住行到岁时节日,中国传统家庭养老的孝道实践无处不在,展现为一种广涉生活方式的善事父母行为。善事父母要求子女在立身、荣亲、养亲、敬亲、顺亲、谏亲、葬亲、祭亲等方面皆做出努力,全面履行孝道责任。其中,立身是指子女应该注重自己的身体健康和道德修养以回报父母养育之恩;荣亲是指成就事业使父母获得尊名;养亲是最基本的义务,要求子女确保父母的基本生活需求得到满足;敬亲则要求子女在日常起居中对父母保持恭敬和尊重的态度;顺亲则要求子女不违逆父母之意;谏亲则指子女应该向父母委婉提出建议,帮助父母避免或减少错误带来的损失;葬亲和祭亲则是父母离世后子女以合适的习俗礼仪为父母安排葬礼事宜以及处理遗产等。

此外,善事父母的行为规束不仅限于子女与父母交往的范畴,还涉及为人子女者衣食住行等生活方面的礼仪孝道,涵盖人们生活的方方面面。主要体现在以下三个方面:一是在衣食礼节上,古代为人子女者的衣着打扮、饮食礼仪与对父母的善事行为紧密相连。二是在居住布局和居住日常上,体现了宗族群居的特点,彰显了对长辈的尊重和敬意。三是在岁时节令上,返乡祭祖、庙会祈福等活动更是家庭养老孝道思想在传统民俗中的集中体现。

（三）以血缘关系为基础的情感特征

中国传统家庭养老中的血缘关系基础具有多种独特的情感特征。首先,血缘关系构建了家庭成员之间特殊的、无法替代的情感连接,这种纽带基于共同的生物遗传信息和长期的共同生活经历,子女赡养老人是亲情的自然流露和感召,能够给予老人更多的支持、关心和理解,他们更容易理解老年人的需求和情感变化,从而在养老过程中提供更加贴心和个性化的照顾,亲情萦绕和熟悉自然的家庭生活方式也让老人更能收获情感归属。其次,子女对父母的深厚情感造就了亲情养老的非功利性,子女对父母的养老行孝源于内心的爱心敬意和报恩心。父母为子女的成长付出了艰辛的努力,子女在感受到父母的浓浓爱意后,会生出日益深厚的爱心敬意,并最终通过富含情感的养老行孝来表达对父母的感激之情。如《诗经·小雅·蓼莪》所言,"父兮生我,母兮鞠我,拊我蓄我,长我育我,顾我复我,出入腹我。欲报之德,昊天罔极。"报恩心作为一种道德理性,激励着人们养老行孝,给予父母养育之恩以"反哺"的天然合理性。再次,血缘关系也为子女给予父母的亲情赡养带来了责任感和义务感,子女照顾年迈的父母被视为天经地义的责任,这种责任感和义务感促使家庭成员在养老过程中更加尽心尽力。同时,由于长期共居的家庭生活,家庭成员在情感获得和生活经验指导上对父母长者养成了长期依赖,家庭成员与老人之间建立了深厚的信任和依赖关系,老年人在养老过程中能够更加安心地依赖家庭成员,这种相互依赖的关系进一步系紧了家庭养老中的情感纽带。最后,血缘关系以家人团聚、阖家共居的方式为高年父母长者提供了情感交流和慰藉的重要渠道,老年人可以通过与家庭成员的交流来排解孤独和焦虑,而家庭成员也可以通过与老年人的交流来增进彼此的感情和了解。基于血缘关系基础,家庭养老不仅是一种具有深厚情感底蕴的养老方式,也为家庭成员提供了一种特殊而珍贵的情感连接和支持。

（四）多元条件约束的稳定特性

中国传统家庭养老的特征还体现在具有多元条件约束的稳定特性,这种稳定性源于血缘关系的纽带、经济基础的保障、思想文化根基的支撑、社会环境的稳定以及代际关系的持续。这些因素共同作用,使得家庭养老在中国传统社会中得以长期存在和发展。中国传统家庭养老多元条件约束的稳定特性与以下五个维度的稳定性契合并互构。

一是以血缘关系为纽带的稳定基础。家庭养老的核心是以血缘关系为纽带,这种基于

笔记栏

亲情的联系是家庭养老存在和发展的基础。在中国传统社会中,血缘关系被视为一种神圣不可侵犯的联系,它不仅仅是一种生物学上的关系,更是一种社会学和文化学上的联系。这种血缘关系的存在,使得家庭成员之间有着深厚的感情,为家庭养老提供了稳定的基础。

二是经济基础的稳定性。传统农业社会的小农经济为家庭养老提供了经济基础。在小农经济条件下,家庭是一个基本的生产单位和经济单位,生产资料和劳动产品都是以家庭为单位进行消费的。老年人作为家庭中的长辈和经验丰富者,往往在家庭经济活动中处于主导地位,享有极高的权威和支配权。这种稳定的经济基础为家庭养老提供了物质保障。

三是思想文化根基的稳定性。传统儒家的"孝"文化是家庭养老的思想文化根基。儒家伦理文化把"孝"看作天经地义、至高无上的法则,尊敬和孝敬老年人是其核心理念。这种尊老敬老的思想观念深入人心,成为中华民族的传统美德之一。这种稳定的思想文化为家庭养老提供了精神支持和道德约束。

四是社会环境的稳定性。在中国传统社会中,家庭养老是社会的基本养老方式,也是社会的基本组织形式之一。这种社会环境的稳定性为家庭养老提供了良好的外部条件。在传统社会中,家庭承担着人口生产、教育、养老与安全等多种功能,这些功能的实现需要家庭养老的稳定存在和发展。

五是代际关系的稳定性。抚育与反哺是传统的家庭代际关系,这种关系的确立和维持需要家庭养老的稳定存在。父母对子女有抚养和教育的责任,而子女则有赡养和孝敬父母的义务。这种代际关系的稳定性为家庭养老提供了持续的动力和支持。

第二节　中国传统政府养老

赡养老人是个人和家庭的道德要求和法律责任。早在几千年前,我国就已经有了十分丰富的社会保障思想与实践,政府养老就是其中一个体现。中国古代的政府养老具有双重内涵:首先,政府会为年迈或无人赡养的老人提供部分物资和生活照顾,作为家庭养老的补充和延续。其次,养老被视为一种礼制,是封建政府为贯彻尊老而施行的仪式活动,旨在维护封建伦理和社会秩序。但不可否认的是,中国传统政府养老制度对保障老年人的利益发挥了重要的作用,也推动了中华民族尊老养老传统的形成。

一、中国传统政府养老的形式及其历史演变

中国传统政府养老历经了漫长的历史演变,出现了诸如官办机构养老、养老物资发放、亲老律法施行等各种养老保障形式。在不同朝代,政府养老的形式各具特色,并不断发展丰富,逐渐形成了较为完善的传统政府养老制度。

(一)先秦时期的政府养老

中国就有着悠久的尊老敬老历史。《礼记·祭义》就有"昔者有虞氏贵德而尚齿,夏后氏贵爵而尚齿,殷人贵富而尚齿,周人贵亲而尚齿"的记载,"尚齿"即尊崇年长者,表明夏商周时期即已重视尊老敬老,并用"乡饮酒之礼"强化民间的"孝悌"之道。据《礼记·王制》记载:"五十不从力政,六十不与服戎。"对于平民阶层的老人,50岁可以不干力气活,60岁可以不服兵役。《礼记·王制》中记载:"有虞氏养国老于上庠,养庶老于下庠;夏后氏养国老于东序,养庶老于西序;殷人养国老于右学,养庶老于左学;周人养国老于东胶,养庶老于虞庠,虞庠在国之西郊。"记录了在夏商周时期,政府聘请德高望重的老人在各级学校担任教师,借助他们丰富的经验来教化百姓的情况。王杖制度源于周代的"赐杖制度",是一种尊

老养老的制度。《礼记·月令》中记载："养衰老,授几杖,行糜粥饮食。"这表明在先秦时期,就已经有了君主赐予老年人几杖的先例,几杖不仅有助于老人的日常行动,而且象征着君主的关怀和荣誉。我国是最早出现官员退休政策的国家之一,《礼记·曲礼上》记载"大夫七十而致仕",表明我国早在先秦时期便已经存在官吏致仕的现象。

春秋战国时期,国家通过向老年人提供养老物资、供养孤寡老人、免除徭役等施政举措体现了对老人的尊敬和关爱。例如,齐桓公采纳了管仲的"老老""振孤寡"的政策,赐予70岁以上的老人酒肉,负责照顾那些无子女照料、无法自理的孤寡老人。为使老年人有专人照顾,管仲推行了对高龄老人子女免除徭役的制度,《管子·入国》载"年七十已上,一子无征"。自先秦至明清,赐予高龄老人生活物资和免除高龄老人子女徭役是历代非常重视的养老制度,成为各代坚持的"仁政"之一。国家给予高龄老人一定养老物资的社会制度在一定程度上保障了老年人的生活所需,免除高龄老人子女徭役则从人力上保障了老年人的日常照顾。

(二) 秦汉时期的政府养老

在秦汉时期,特别是汉朝,养老思想和政策在中国社会发展史上扮演了重要角色。秦朝是中国历史上开创性的朝代,虽然其法治导向明显,但养老习俗仍然存在。孝道思想在秦朝极为重要,从皇帝秦始皇到普通百姓,都受到孝道思想的影响。秦朝通过法律对不孝行为严惩,强化对父亲权威的尊崇。尽管秦朝继承了先秦的养老思想,但由于过分依赖刑法统治,其养老思想并未受到广泛重视。汉朝在接受秦朝教训的同时,采取了礼法并行的策略,特别是以"以孝治天下"的治国纲领,留下了丰富的养老资料和经验,对后世影响深远。

汉代赐物养老的规定始于汉高祖刘邦,而直到汉文帝时,赐物养老政策才真正发展成熟。此后汉朝政府除了定期进行物质赐予,还经常进行临时恩赐。除赐物养老之外,早在先秦时期就已存在免除老人赋役的制度,这一政策在汉代养老制度中得到了很好的继承,表现为依照规定不同程度地减免老人及其家属的赋税和力役,既能在一定程度上缓解老年人的生活压力,还可以让子女有精力供养老人。

王杖制度早在先秦时期就已出现,在汉代得到了发展,并成为两汉养老敬老政策的重要组成部分。汉代的《王杖诏令册》可以说是我国最早的"老年人权益保护法",其中涵盖多项保障老年人福祉的法律措施,不仅有对70岁以上老人的政策,而且还覆盖了当时社会的部分弱势群体,政策倾斜涉及政治地位、法律援助、经济支持、生活关怀、社会扶持等诸多方面。

在汉代,随着政府对官员年老退休规定的不断完善,早在先秦便已出现的致仕传统逐步演变为正式的制度。汉代是封建专制主义中央集权政治制度进一步加强的时期,建立了一整套完整的官僚机构。随着人事管理制度的进一步完备,关于退休官员的年龄、安置、待遇等方面的问题得到了具体的明文规定。

(三) 南北朝时期的政府养老

南朝梁武帝萧衍执政期间,在京师设立了中国古代第一所由国家出资的养老机构——孤独园,为孤儿和独居老人提供衣食和住所,并要求各地郡县主管负责照顾无人赡养的老人和孤儿,负责提供衣食,并在老人去世后帮助安排后事。《梁书·武帝本纪》载:"凡民有单老孤稚,不能自存,主者郡县咸加收养,赡给衣食,每令周足,以终其身。又于京师置孤独园,孤幼有归,华发不匮。若终年命,厚加料理。尤穷之家,勿收租赋。"

北朝时期开创了版授高年的先河。版授高年是一种旨在善待耆老的职官除授制度,这种制度的核心是对达到一定年龄并且有德望的老人授予荣誉性官职,以此彰显社会对他们所做贡献和丰富经验的尊重。如《周书·武帝本纪》载:"先经兵戎官,年六十已上,及民七十已上,节级板授官。"政府明确规定了按照不同的年龄和资历给予老人相应的虚衔官职,这些虚衔官职虽然并不具备实际的行政权力,但代表了对老人社会地位和贡献的认可,有助于提升他们的社会声望和地位。

(四) 唐代的政府养老

在唐代,官方养老机构的规模得到了进一步扩大,机构养老制度正式形成。佛教思想自东汉末年传入中国,在唐代得到了迅速的发展,并在当时的社会产生了巨大影响。佛教的"业报轮回"和"慈悲"思想对人们救助孤老贫病之人和受苦百姓产生了直接影响。"业报轮回"思想主要宣扬善恶有报的福祸观,认为救助贫病老年人、施医施药、救助受苦百姓可以收获福报;而"慈悲"观念则提倡普度众生,解救众生之苦。这使得佛教徒积极参与对鳏寡孤独等老人的社会救助,以增益功德和福报。佛教宣扬的理念和佛教徒对老年人的救助,对唐代的社会养老政策产生了积极影响,促使政策更加重视老年人的福利和保障,推动社会养老事业的发展。

在唐太宗开元年间,京城设立了"病坊"这一福利机构,病坊的主要作用是社会救济,可以在一定程度上为无家可归和丧失劳动能力的老年人提供养老保障。武则天长安年间,由政府资助创立"悲田养病坊",其中包含悲田院、疗病院、施药院等,政府遣派专人负责监管,佛教寺院负责具体的日常管理服务事务。"悲田"属于佛教用语,意指对贫穷孤老乃至动物的慈善行为,"悲田养病坊"即为面向社会贫病孤疾者的慈善机构,其性质与平民医院、养老院类似,可以收养贫病无依的老年乞丐,在一定程度上帮助了那些生活在社会底层、无依无靠的老年人。唐玄宗时期,在沿袭原制的基础之上增加了对悲田养病坊的物资供给,系统化改进了悲田养病坊的管理制度,不仅有执行机构,而且有了监督机构和法律保障。病坊不仅推广到民间,而且范围也由两京地区发展到全国各州镇,成为定制,形成了具有普遍性的福利机构。《唐会要》卷四十九载:"从长安以来,置使专知。国家矜孤恤穷,敬老养病。"唐肃宗时期,长安和洛阳分别由官府经办建立"普救病坊",为无人赡养的老人提供照顾。在唐武宗即位后,由于财政困难、政治需要以及对佛教教义的争议,开展了"会昌灭佛"行动,"悲田养病坊"遂更名为"养病坊",不再由佛教寺院直接管理,而改由政府或其他机构接管,成为官营慈善机构。"病坊"的养老模式和制度不断发展和完善,在唐代以后仍然存在并发挥着一定的作用,成为中国古代社会福利体系中不可或缺的组成部分。

(五) 宋元时期的政府养老

宋代处于我国封建社会的中期,这一时期经济繁荣,社会文化多样。宋代延续了尊老敬老的传统文化,在政策上对老年人有特殊的照顾,发展出了更多层次的养老保障举措,包括赐予物资、机构养老、授官赐爵、官员致仕、免除徭役赋税等。宋代保留了由国家给予高龄老人养老物资的赐物养老制度,宋真宗时甚至对于九十岁以上的老人赐粟帛终身。达到一定年龄的老人不仅能够得到物质赏赐和刑罚照顾,甚至可以封官赐爵,宋太宗曾给七十岁以上老人赐爵一级,宋仁宗曾授十二名百岁老人为州助教(一种官职),后来宋神宗又授九名百岁老人为州助教。此外,宋代还延续了免除高龄老人子女徭役的制度传统,保障老年人有子孙赡养。

致仕制度发展到宋代时,已作为一项针对老年官员的养老制度被固定下来。当官员到达一定年龄后,由于年老体弱和精力衰退,无力继续处理公务,便可致仕。政府为致仕后的官员提供丰厚的赏赐和一定的俸禄,以保证他们的基本养老费用。官员致仕制度是政府对老年官员的特殊照顾,一方面为了回馈官员在职期间对国家所做出的贡献,另一方面也为了体现尊老优老的治国理念。

宋元时期机构养老制度也在不断发展演变。北宋初年东京汴梁设立了东、西福田院,但是收养人数十分有限。宋英宗时期对福田院进行了扩建,增设了南、北福田院,福田院的收容规模和政府拨付经费大幅增加。宋哲宗时期,政府颁布居养令,机构养老形式被推广到地方各州县。宋徽宗时期,居养院正式成立,成为福田院的重要补充机构。南宋时期,原有的养老机构遭到战争的重创,病坊和寺院承担了收养"老疾孤穷"的职能,后来发展为"养济院"。总的来说,南宋仍然沿用了北宋的传统,坚持采用集中收养的方式对部分老年人进行恤养。元代受宋代社会救助制度的影响,建立了养济院制度,并在收养人群、管理监督、赈济物品等方面对收养制度进行了发展和完善。

(六)明清时期的政府养老

经过两千多年的历史沉淀,及至明清,养老制度不断完善。不仅以立法形式明确了地方政府在养老工作上的职责范围,还设置了养济院、孤老院等官方救助机构,使政府养老的覆盖范围得以扩大。

明代的养济院设立情况相比前朝来说更为普及。明太祖朱元璋曾下诏天下郡县设立养济院,为了顺利推行这一制度,《明律》规定:"凡鳏寡孤独及笃废之人,贫穷无亲属依倚,不能自存,所在官司应收养而不收养者,杖六十;若应给衣粮而官吏克减者,以监守自盗论。"此外,朱元璋还恢复了汉朝制度化的"赐杖"与"赐爵"制度,在物质救济上也曾先后两次颁发诏令,实行为孤贫老人终身养老的政策。

清代沿袭明制,养济院仍然是最主要的社会福利机构,除启用原有的养济院外,还新建了不少养济场所,基本实现了府县级别的覆盖。清代养济院的收养也更加规范,打破了明代的原籍收养政策,将外地流入的孤老当地纳养,养济院的收养范围进一步扩大。同时,根据各地实际情况制定了一套完整而有针对性的养济扶贫标准,在收养数额、收养地域,及发放的口粮、银米等方面都有了更为明确的规定。清代养济院的救济项目比较全面,涵盖了生活必需品、疾病救助和死亡救助三个方面,具备了医养结合的雏形。除官府设立的养济院之外,机构养老还引入了社会力量,由民间设立或民设官助的普济堂成为养济院的重要补充形式,其救助范围更广,救助方式也更灵活多样。

二、中国传统政府养老的成因

中国古代之所以形成了政府养老的传统,一是孝治天下的治国理念,借助孝道来维护社会秩序、强化政治合法性;二是对"仁政""王道"的追求,基于人性之善,发扬"爱人"精神,坚持以民为本,致力于构建"圣人之世"的理想社会;三是经济发展为政府养老服务提供了一定的物质基础,推动了传统政府养老制度的发展,形成了具有中国特色的养老保障体系。

(一)孝治天下的治国理念

中国古代以孝治国的理念深入人心,是维护社会和谐、促进国家繁荣的重要基石。历朝历代通过法律、政策、文化教育等多种手段,不断强化孝道的践行,使其成为国家治理和社会管理的重要工具,既强化了家庭纽带和社会秩序,也促进了政治和社会的稳定发展。

秦朝在统一天下后,推行了严格的法治思想,其中包括将不孝罪编入法律体系,使得国家权力可以更深入地介入家庭和私人生活领域,在一定程度上对养老予以规范。汉朝在承秦制基础上,奉行"以孝治天下"的治国理念,不仅在法律层面上出台尊老养老的政策法令,而且在社会实践中也通过存问父老、置酒等方式给予老年人尤其是高年鳏寡孤独等特殊群体以福利保障。汉朝通过政治、文化、教育和法律等途径,使孝道成为支撑中国古代政治伦理的精神支柱,不仅被视为家庭伦理的核心,也成为社会秩序的基础,对古代中国的社会和政治产生了深远的影响。唐朝在继承隋朝养老政策的基础上加以完善,将养老政策与科举制度相结合,让孝道相关书籍成为科举考试的内容之一,同时建立分级处罚制,通过法律体系对子女不孝行为进行分级处罚,增强了孝道在社会生活中的实际影响力,促进了社会伦理道德的维护和传承。明朝通过观念倡导、教育、制礼作乐以及政策支持等多方面措施来弘扬孝道,促进了养老制度的发展,为明朝的长期稳定和发展提供了社会基础。清朝大力提倡孝道,强调以孝治理国家,将汉代的"孝廉"和"贤良方正"两个科目合并,特设孝廉方正科。据《御制文选》记载,康熙认为治天下要"首崇孝治""孝为万事之纲,五常百行皆本诸此"。孝道精神广泛扩散至社会各层面,孝道的践行不限于家庭之中,甚至融入国家治理之中,成为维系社会和谐与促进国家繁荣的重要支柱。

(二) 王道仁政的政治追求

"王道"一词始见于《尚书·洪范》,"无偏无党,王道荡荡;无党无偏,王道平平;无反无侧,王道正直",强调处事公正,不偏不私。"王道"作为"先王之道"的简称,源于对古代圣王治政的崇敬,象征着以仁政、礼教、民本治理天下的政治理想。《孟子·梁惠王上》云:"使民养生丧死无憾,王道之始也。"孟子从孔子的"仁学"中继承发展出君王的施政纲领——"仁政",与传统的"王道"思想相吻合,强调君主应以仁爱之心治理国家,关注人民的基本生活福祉,并通过公正、公平的政策来保障人民的基本生活需求。政府安顿好百姓的生产和生活,百姓衣食丰足,才会从善如流、接受教化。

王道仁政追求善性的民本思想,仁政的首要之举是解决百姓民生问题,王道之政,强调保护小农经济,以此来维持和改善老百姓生活上的基本保障。《孟子·尽心上》言:"所谓西伯善养老者,制其田里,教之树畜,导其妻子,使养其老。五十非帛不暖,七十非肉不饱。不暖不饱,谓之冻馁。文王之民无冻馁之老者,此之谓也。"此外,仁政亦要求人人为善,善老乃天下共责,儒家不仅将孝道纳入仁与礼的体系,还强调孝须合乎义理。《孟子·尽心上》:"天下有善养老,则仁人以为己归矣。"基于人性之善的信念,发扬"爱人"精神,正如《孟子·梁惠王上》中所言"老吾老,以及人之老;幼吾幼,以及人之幼;天下可运于掌"。施行仁政,君主行仁爱之政,同时教化仁人贤者归附,形成良性的循环,致力构建一个理想的"圣人之世"的大同社会。

可见,安民、养民、教民乃王道之政的第一要义,在这种"以民为本"的政治理念和王道仁政的政治追求下,政府养老保障被视为一种体现仁政和关爱的具体实践,政府通过制定和实施一系列养老政策,为老年人提供物质保障、医疗保障和优待政策,以确保他们的基本生活需求得到满足,从而实现君王仁政的政治理想。

(三) 社会财富的不断积累

随着古代农业、商业和手工业的发展,社会财富增加,政府有更多资源可用于养老,促进养老政策革新,让养老方式不断创新发展,从家庭自理逐步过渡到国家提供支持与保障。从商周秦汉到明清时期,中国经历了从渔猎采集社会向农业社会和资本主义萌生的转变,生产工具的改进和生产力的提升为养老提供了物质基础。

先秦时期社会技术具有局限性,人们的生存环境较为恶劣,但依然有赡养孤老的政策,《管子·幼官》记载"养孤老,食常疾,收孤寡"。即便在春秋战国的动荡中,诸侯国家也致力于保障鳏寡孤独的安全。汉代农业技术的进步和社会经济的繁荣为政府优待高寿者奠定了基础,物质"廪给"和减免徭役赋税制度的实行,让老年人的晚年物质生活得到了保障,而免除赋税徭役的规定的实施,既减轻了老年人自身养老的负担,又减轻了家庭养老的压力。魏晋至隋唐经济进一步繁盛,尊老养老文化得到发展,魏晋南北朝时期的"存留养亲"一直延续到晚清。隋唐时期的繁荣昌盛促使社会风气愈发开明,老年女性的地位显著提升,养老政策的覆盖面扩大至物质和精神双重关怀。进入两宋时期,农业、手工业、商业繁荣,官办养老机构的发展日益完善,各种养老措施几乎覆盖了所有社会阶层的老年人。明清时期,商品经济的繁荣和资本主义萌芽的出现,社会经济活力增强,为养老文化提供了更加坚实的物质基础,养老机构的收养制度更加完善,养老救济形式得到进一步补充。社会财富的增加为政府介入养老事业提供了物质保障,政府开始有能力承担更多的养老责任,通过制定政策、提供财政支持等措施逐步将部分养老责任从家庭过渡到国家层面,并推动中国传统养老制度的创新与发展。

三、中国传统政府养老的特征

纵观中国古代传统政府养老的发展历史,可以发现,历代在推行尊老敬老优良传统时呈现出以下特征:一是推行敬老养老政策,通过立法加以保障孝道文化的推行;二是突出政治宣教功能,通过制定养老礼制以形成孝亲敬老的社会风气;三是兼顾对老年人的物质供养和精神赡养,以体现对老年人的全面关怀与尊重。

(一) 推行敬老养老政策,提供法律保障

历代均推行有关敬老养老的政策,并注重通过立法来保证孝道文化的推行。尽管历代历朝的养老制度不尽相同,但这些养老的政策法令均将个体的孝道行为上升为社会规范和国家制度,为"老有所养"提供了制度保障。纵观中国历代养老制度,可以分为给予老人崇高社会地位的养老制度、给予老人基本生活保障的养老制度、保障老人老有所依的制度等,其包含的尊老敬老文化内涵呈现出延续性和持续性的特点。如唐代继承了汉代给老人赐杖、轻徭薄赋等诸多举措,并将对触犯刑律的老人给予优免纳入《唐律》,这一做法在之后的历代王朝中亦得到保留和发展。传统政府养老由道德和法律共同调控,其中法律为养老制度的发展提供了有力保障。而随着政府财政支持力度的不断加大,有关养老的政策制度也愈发完善,保障水平也越来越高。这些敬老养老的政策制度契合中国古代的社会基础,在传统的农业社会取得了较好的社会效果。

(二) 突出政治宣教功能,形成孝亲敬老的社会风气

中国历朝皆十分重视孝道的政治教化与宣传功能,不断强化"百善孝为先"的观念。政府通过制定养老礼制对民间百姓进行道德教化,在周朝形成的"三老五更"与"乡饮酒礼"制度增强了"孝悌"观念,使得社会尊老敬老风气逐渐盛行;唐朝时又将"乡饮酒礼"视为政治教化的重要手段,要求在全国推行;汉武帝时期推行的"举孝廉"制度促进了民间敬老爱老的风俗;清朝时盛行"千叟宴"以表达对老人的尊崇。可见,历代各朝皆重视道德教化的作用,期望通过这些养老礼制强化尊长养老的观念,以弘扬敬老尊老、扶老助老之风,引导形成孝亲敬老的社会风尚,从而达到维护社会和谐稳定和国家长治久安的政治目的。这种尊老助老的社会氛围,能为家庭孝亲和社会尊老提供重要保障,促使更多老年人切实受益。

(三) 物质供养和精神赡养兼顾

古代传统政府养老兼顾老年人物质和精神的需要,在物质供养和精神赡养方面都出台一系列法律政策。在物质供养方面,有赏赐物质、集中收养、问病施药、减免徭役等措施,这些政策关注"体养",即老人身体层面的赡养,在一定程度上保障了老年人的基本生活。在精神赡养方面,通过赐予老人荣誉性官职或爵位、颁赐具有象征特殊权利的鸠杖、垂询存问等举措以示对老人的尊重。此外,政府还提倡"色养",强调对老人心理层面的关注,提倡给予老人精神上的慰藉。传统政府养老在服务内容上兼顾物质供养与精神赡养,既能为老人的晚年生活提供一定的物质保障,又能从精神层面满足老人的心理需求,使年长者享受较高的社会地位和声誉。两者的结合体现了政府对老年人的全面关怀和尊重,并直接推动了整个社会尊老爱老文化氛围的形成。

复习思考题

1. 中国传统家庭养老的成因有哪些？
2. 中国传统家庭养老的基本特征是什么？
3. 中国传统政府养老的成因有哪些？

PPT 课件

◆◇◆ **第五章** ◆◇◆

中国传统养老科技文化

▲ 学习目标

知识目标

了解中国古代养老科技文化的发展概况,熟悉中国古代科技与养老文化的关系,掌握中国古代医药学对养老文化的影响。

能力目标

具备对中国传统养老科技文化内涵的正确认知,及其对中国养老文化构建作用的理解分析能力。

素质目标

了解中国传统科技文化与养老文化的关系及影响,培养学生对中国传统养老文化的历史认同。

课程思政目标

通过学习中国传统养老科技文化,增强传承弘扬中华优秀传统文化的责任,树立文化自信。

学习要点

1. 中国传统养老科技文化的基本概况。
2. 中国古代医药对中国传统养老文化的影响。
3. 中国古代科技与传统养老文化的关系。

中国传统养老文化作为中华优秀传统文化的重要组成部分,既受到中华优秀人文文化的濡养,也接受了中华科技文明的灌溉。中国古代先进的数学、医药学、物理、化学、农学、天文、地理、建筑、冶金、制造等自然科学及技术,推动了独具中国特色的传统养老理念及体系的构建,形成了中国传统养老科技文化。中国传统养老科技文化的发展对于继承、保护和发扬中华民族优秀文化遗产具有重要意义。

第一节 中国传统养老科技文化概述

中国传统养老文化随着中国古代科技文化共同发展,在五千年中华灿烂文明的发展历程中,中国古代科技文化为养老文化的发展奠定了坚实的基础,而中国传统养老科技文化体系的构建也经历了萌芽、雏形、形成与发展的过程。

一、中国古代养老科技体系的发展历程

中国古代养老科技体系的形成及演变是一个长期而复杂的过程,可以分为以下几个阶段。

(一)古代原始阶段(约公元前 51 世纪—约公元前 21 世纪)

在这个阶段,中国古代科技的发展主要集中在农业、石器制作、手工业制造等方面。此时期,人们由钻木取火到刀耕火种,使得生活质量发生了根本性转变,人们的健康状态得到明显改善;而由石器制作到劳动及生活工具的蜕变带来了社会的整体进步及技术的革新,游牧生活到家庭生产的生活模式转变确立了"民以食为天"的生存观;大禹治水等水利工程的使用,使得古代人们从根本上开始摆脱"靠天吃饭"的困局。人们生存能力及创造能力的提升为中国古代涉及养老的科技发展奠定了基础,家庭农业生产及相应制度体系的发展推动形成养老文化雏形,手工业、制造技术等的进步为养老提供了基本保障,因此这一阶段也成为中国古代养老科技体系的萌芽。

(二)夏商周时期(约公元前 21 世纪—公元前 8 世纪)

随着社会的进一步发展,夏商周时期中国古代科技体系雏形初步形成。在这个阶段,《周易》以其丰富的科技内容和深邃的哲学意蕴,成为中国古代社会科学人文思想的起源和自然科学发展的基石。科技的发展涉及农业、医药、冶金、建筑、水利等多个领域。例如,商代出现了青铜器制作技术,这是人类历史上重要的科技进步之一,冶金铸造技术的进步推动了生产工具的革新,带动了农业技术及农业生产水平的发展,为人们的养老提供了更加充足的物质保障。夏商周时期的建筑、地理学等方面也有所发展,房屋的方位、造型、布局、风格等既反映了当时人与自然和谐相处的愿望,也充分体现出了中国古代"老有所养"的养老建筑理念。

(三)春秋战国到秦汉三国时期(公元前 8 世纪—公元 3 世纪)

春秋战国到秦汉时期,自然科学高度发展,特别是在数学、天文学、医学和农业、制造技术等方面取得了显著成就,是中国古代科技发展的一个重要阶段。在这个时期,"百家争鸣"促进了科技繁荣,"诸子百家"的思想推陈出新,丰富了中国古代养老的内涵。秦始皇统一中国后,推行了标准度量衡和统一文字等制度,促进了科技交流和发展,中国古代的科技体系基本形成。

中医药取得了重大进展,医药学理论及技术的进步大幅改善了人们的健康状态。尤其是《黄帝内经》《神农本草经》《伤寒杂病论》等论著的诞生,标志着中医药理论体系的初步构建,其中包含了丰富的中医养生、养老的知识及方法。华佗发明了麻沸散,开展外科手术,创立了强身健体的五禽戏。中药学、针灸学、导引术、中医养生术等齐头并进,为中国古代养老体系的形成提供了医药健康支撑。

各领域科技的发展也成就斐然,且呈现出了学科交叉、相互促进的科技发展态势。《夏小正》为中国现存最早的一部汉族农事历书,内容涵盖天文、历法、地理、物候、农事、政事等诸多方面,较全面总结了先秦时期的社会生产及主干学科科技发展的状况,也是对中国古代养老体系形成研究的重要史料;《农经》系统地总结了古代农耕技术,并对农业生产进行了分类和规范,农业轮作制开始出现,为后来农业发展从而为养老提供支撑奠定了基础。建筑及水利工程也取得了长足进步,都江堰、郑国渠等大规模水利工程的修建,进一步提升了农业生产水平,夯实了中国古代养老物质基础。

《九章算术》提出了当时世界上最先进的算术理论和方法,确立了中国古代的数学体系。张衡发明了世界上最早的地震仪——地动仪,反映了当时中国古代数学、地质学、精密

制造技术等领域的世界领先地位。造纸术、铁器制作技术、农具改良、船舶制造等取得了重大进展,促进了文化和知识的传播,同时也改善了人们的生产、生活状况,提升了社会生活、家庭生活、个人生存的质量,为中国古代养老体系及文化的构建提供了科技支撑。

(四) 两晋南北朝到唐宋时期(公元 3 世纪—公元 13 世纪)

这个时期中国古代的科技发展达到了高峰,并呈现出多样化的繁荣态势,科技成果涵盖了农业、医学、冶金、纺织、建筑、制造等方方面面。例如,两晋南北朝时期,民族的融合及人口的迁移促进了农业技术的引入及发展,尤其是南方农田水利工程建设取得了重要进展,为后期打造出中国南方鱼米之乡、构建中国粮仓奠定了基础,中国古代的粮食生产及结构得到优化。北魏时期的《齐民要术》详细记载了农耕技术和经验。唐宋时期,数学领域的发展引领世界,数学的成就也推动了其他学科的快速发展。祖冲之将圆周率计算到了七位小数,这是当时世界上最精确的值,为生产、生活中的数学应用提供了依据,他基于此撰写的《大明历》是当时最科学的历法。火药、印刷术、指南针等科技手段被广泛应用,涵盖了丰富的古代物理、化学知识及高超的制造技术。此外造船、冶炼、农田水利等领域也有了显著的发展,同时期的炼丹术、瓷器制造等技术也为物理学、化学的发展奠定了一定基础。这个时期的科技进步极大地推动了中国古代社会文明的程度,而科技文明带动了社会生产的发达、国家的统一强大、家庭的生活富足,中国古代的养老体系基本成熟。

(五) 元明清时期(公元 13 世纪—公元 19 世纪)

元明清时期,中国古代科技逐渐与世界接轨,并受到外来科技的影响。科技成果主要涉及农业、制造业、医学、地理学等多个领域。例如,元代引进了中亚和阿拉伯地区的农业技术,推动了农业生产的发展;明清时期,绘图制图技术、医学技术以及海洋航行技术都有了重大突破,郑和七下西洋标志着中国古代的天文、地理、航海、制造等科学及技术居于世界领先,为中国与世界的交流创造了条件,也为中国养老科技文化的域外传播奠定了基础。

此时期的科学技术开始向理论化方向发展,如沈括的《梦溪笔谈》中就涉及了大量的自然现象观察和实验记录;明朝徐光启的《农政全书》系统总结了当时的农业科技知识;清朝的李善兰等人翻译引进了许多西方科学著作,西方科技渐渐传入,推动了科技革新,促进了中西科技交流。

(六) 近代以来(19 世纪末至今)

随着西方科技的传入,中国传统科技逐渐被现代科技取代。然而,古代中国的科技成果仍然对现代社会产生着重要影响。比如中医、中药学仍然是世界传统医学的重要组成部分;中国古代的建筑技术、园林艺术等也在世界各地得到应用和传承。

二、中国古代科技体系与养老文化之间的相互影响

历经数千年的发展,中国古代构建了独特而先进的科技体系,涵盖了数学、天文学、地理学、医学、农学、物理学、化学、建筑、水利、冶金、制造等学科及技术。这些科技体系的发展推动了中国传统养老体系的演变,二者相互影响、相互促进,孕育出了独特的中国古代养老体系及文化。

(一) 中国古代科技的进步为养老奠定了坚实的基础

1. 数学　中国古代科学家积累了大量的数论和代数知识,发明了十进制系统、算术、几何、概率等方面的理论和应用。提出了很多重要的数学原理和公式,如勾股定理、圆周率等,对数学的基本概念和方法有了深入的研究和应用。数学在古代科技中扮演着关键角色,是中国古代其他自然科学的基础。数学对养老的影响主要体现在计算和测量方面,如为了满足生活的需求,中国古代的"田方衡""市井分"可以解决土地面积的测量;算盘及"九章算

术"便于日常生活中货币交易、收成计算等；此外，天文历法的推算、建筑的方位及布局的测量、水利工程的设计和建造、生产生活工具的制造、日常生活所需的精确计算等都离不开数学的运用。数学与老年人的吃、穿、住、行等基本生活需求密切相关，直接关系到老年人的生活状况。

2. 医学　中国古代医家构建了独特的中医理论，提出了一系列治疗方法，注重人与自然的和谐相处，提出了"辨证施治""治未病"等疾病防治理念，总结出了导引、练功、药膳等中医养生养老方法。这些方法注重老年人的整体健康，调节人体的气血、阴阳、脏腑等平衡，增强正气，抵御外邪，有助于改善老年人的身体状况，从而预防和减少老年人常见的慢性病、多发病和老年病的发生，对提高老年人的健康水平起到了积极作用。

3. 天文学与历法　中国古代科学家观测和记录了宇宙中的天体现象，并根据观测数据制作了测绘星图、岁星历表和天文仪器，如日晷、圭表等。他们发现了太阳日食和月食的规律性现象，并运用天文学知识预测了日食、月食的时间和位置。这些观测和记录为后世的天文研究提供了重要的数据和参考资料。天文学的发展影响了古代社会的日常生活，包括农业和文化活动。日历制度的确立使人们能够更好地规划生活，合理安排农业生产和节假日，为老年人提供更为有序和稳定的生活环境。

4. 农学与水利　中国古代农学家通过实践和观察，发明并改良了众多农业生产工具，总结出了丰富的农作物种植和农业管理经验，修建了大量的水利工程。这些经验和技术为古代中国的农业生产提供了重要支持，影响着人们的饮食结构，从而对养老产生重要影响。农业的发展提供了更多种类的食物，同时也改善了食物的储藏和加工技术，使得农业生产更加稳定。这些变革直接关系到老年人的饮食结构和营养状况，影响着他们的身体健康。农业及水利的进步推动了社会生产发展，为中国传统养老奠定了坚实的物质基础。

5. 物理与化学　古代物理学、化学的进步使得人们能够研究物质的性质和相互作用，探索自然界及宇宙的运行规律，从而用于指导生产及生活实践。中国古代物理学及化学作为自然科学的基础学科，也推动了天文、水利、力学、建筑、水利、冶金等学科的发展。房屋及农田水利工程的修建需要物理学知识的指导，使得老人可以"老有所居"；粮食的深度生产及精细加工，依赖于物理学及化学知识的运用，使得老人"老有所养"；生产及生活工具的改良需要物理学及化学知识的总结，使得老人可以"老有所用"；中医药的发展需要依托于物理学和化学的进步，使得老人可以"病有所医"；酿酒及瓷器等工艺品的制造需要化学知识的指导，使得老人可以"老有所怡"等。因此，中国古代物理学、化学的发展，涉及社会发展及家庭生活的方方面面，推动了社会的进步，也极大地提升了老人的生活品质，为老年人养身、养性、养心创造了条件，为构建中国传统养老文化奠定了自然科学的基础。

6. 建筑学与制造　古代的建筑和工程技术对老年人的居住环境产生了深远的影响。中国古代水利工程如都江堰、京杭大运河等，确保了粮食生产和饮用水供应，为老年人提供了稳定的生活基础。铁器、铜器等金属工具的制造，提高了生产力，使得老年人可以享受到更多生活便利。道路、桥梁的建设，方便了老年人出行，也促进了地区间的文化交流。古人的居住建筑通常以家庭为核心，多代同堂，有利于老年人得到家人照顾。同时，房屋设计会考虑到老人的需求。寺庙、祠堂等公共建筑不仅是宗教和家族活动场所，也是老年人社交的重要地点。而更加稳固、安全的建筑结构提供了更适宜老年人居住的场所，有助于提高他们的生活舒适度。因此，建筑学及制造技术的发展，为中国古代传统养老提供了基本保障。

（二）中国传统养老文化促进了中国古代科技的传承发展

中国传统养老体系及文化的构建一定程度上促进了古代科技的发展。

1. 养老文化为中国古代科技传承营造了良好的环境　中国传统养老文化营造了一个

尊重长者的文化环境,老年人的经验和智慧被视为宝贵的财富,老年人的教导被接纳和运用,在某种程度上有利于知识、技术的积累和传承。

2. 促进技术在家族内的传承发展　以家庭为单位的养老需求促进了技术在家庭内部的应用传播和传承发展。基于家族兴旺的目标,在尊老文化的影响下,拥有丰富经验和技艺的长辈愿意将知识和技术传给后人,实现了技术的代际传承、积累和创新。例如,种植技艺和农业工具、手工艺品等的制造工艺往往通过家族传承发展,在一定程度上推动了农业、物理、化学、建筑、水利、冶金、制造等学科和技术的发展。

3. 推动医学与养生学的进步　养老观念促使人们对健康长寿的关注增加,从而推动了医学和养生学的发展。中医许多医学理论和诊疗技术都是在认识和治疗老年疾病过程中形成发展的。同时,养生术和食疗等方法也被广泛应用于延长寿命和保持身体健康。

总的来说,中国古代科技为中国养老文化的形成、传播与实践提供了重要的支持与保障,养老相关科技的传承发展直接或间接地促进了中国古代养老体系的构建,而养老观念及需求也相应地影响了古代科学技术的发展。这种相互促进和交汇融合的关系,为中国古代养老文化的繁荣发展奠定了坚实基础。

第二节　中国古代医药学与养老文化

中国古代医药学是中国古代哲学的延伸与发展,它以阴阳五行、脏腑经络、气血津液等理论为基础,强调疾病的预防、治疗和康复,注重人与自然、人与社会的和谐相处,体现了中华民族的生命智慧和生命美学,已成为世界科技之林的一块瑰宝,为人类的医药学发展作出了杰出贡献。中国古代医药学与养老文化有着密切的联系,两者都是中华优秀传统文化的重要组成部分,反映了中华民族的世界观、价值观、生命观、健康观和方法论。两者相互影响、相互促进,共同为人民健康和社会稳定作出了重要贡献。

中国古代医药学为养老提供了理论指导和实践方法,为老年人的健康养生提供了科学的原则和有效的手段;养老文化为医药学提供了社会需求和文化动力,促进了医药学的发展和传播。中国古代医药学关于养老的基本方法主要有以下4种:

1. 药疗　进入老年,机体衰退,正气虚弱,脏腑失调,在中医药理论的指导下,应用中药或者药膳进行疾病治疗或养生保健,称为药疗。

老年人药疗的主要目的有三。一是调整阴阳。《素问·生气通天论》云:"阴平阳秘,精神乃至。"一旦阴阳出现偏失,便会造成疾病或身体不适。二是协调脏腑。在使用药疗治疗疾病及养生保健时,应调理五脏六腑,使其功能正常。在调整中也要顾及脏腑之间的关系,根据五行生克制化理论,达到平衡统一。三是运行气血。《素问·调经论》中说:"疏其气血,令其调达,而致和平。"老年人气血多虚,在充盈气血的同时,注重疏泄调达。

对老年人药疗时调护应做到以下几点:一是注重脾肾。肾为先天之本,脾为后天之本,因此老年人用药要特别注意保护脾肾功能。进入老年,先天之精渐衰,走向枯竭,脏腑功能虚弱,因此更加需要补益脾肾。肾精亏虚,形体见衰老之相;脾气亏虚,老年人常见形衰神疲。补脾益肾对老年人具有举足轻重的作用。二是顾护胃气。《灵枢·五味》载:"胃者,五脏六腑之海也,水谷皆入于胃,五脏六腑皆禀气于胃。"老年人疾病治疗及养生保健要重视调治胃气。三是病证结合。辨证论治是中医学重要理论,老年病一般病程较长,病情复杂,病变波及的脏腑较多,所以在治疗及调理中强调勤辨证,及时调整治疗方案。四是重视调护。由于部分药物可以入膳,与食物配合形成药膳,其性味多平和,不容易损伤脏腑且无毒副作用,尤其适合老年人的养生保健。北方冬季多寒,老年人常食药膳补气助阳;南方多湿,老年人常食药膳祛湿降火。

药疗对促进老年人健康长寿及提高生活质量有诸多优势。一是提供个性化防治。中国古代传统医学强调辨证论治,在疾病的防治中,根据老年人体质、病情、需求,提供更具有针对性的方剂,以维系老年人健康。二是综合性调理。整体观念是中医药的另一主要特征,强调人与自然和谐统一,通过调理脏腑、平衡阴阳,促进老年人健康。老年人常伴多种慢性疾病,通过整体综合性调理,可以减少药物摄入量,同时减少药物副作用的叠加。三是改善生活质量。中医药疗对于老年综合征常见的痴呆、头晕、失眠、疼痛等都有较好的治疗效果,可有效改善老年人的生活质量。

2. 针灸　针灸是中国古代医药学中重要的组成部分。其作为重要的治疗手段,在养老中也发挥了重要的作用。针灸包括针法及灸法,是遵循经络腧穴理论,利用针或灸治疗疾病、养生保健的方法。《灵枢·经别》中说:"十二经脉者,人之所以生,病之所以成,人之所以治,病之所以起。"说明人的健康与否,与经络有着密切的联系。疏通经络,可以起到调和气血、脏腑的作用,对养老养生起到关键的作用。

针法是利用针具,运用提、插、捻、转、迎、随、补、泻等手法,以激发经气、调整气血。灸法则采用艾绒和姜、蒜等药物,通过燃烧艾绒,使得身体局部加温,从而起到温通气血的作用。无论是针法还是灸法,在操作中都有一定的手法,起到不同的治疗及调理作用。针法具有补或者泻的作用,而灸法多取其温补、温通的作用。

(1)针刺法在养老中的应用:针刺养生保健,利用毫针通过提、插、捻、转、迎、随、补、泻的手法刺激人体特定穴位,从而激发人体精气,以治疗疾病或养生保健。

由于老年人脏腑渐衰、阴阳渐虚,针刺法在养老中的应用主要是刺激某些具有强身健体作用的穴位。其作用具体体现在以下几方面:首先,运用针刺法疏通经络,使气血流畅,即《灵枢·九针十二原》所谓"欲以微针,通其经脉,调其血气"。经络畅通无阻,机体各部分才能密切联系,共同完成新陈代谢活动,人才能健康无病。其次,针刺可以调理虚实。老年人脏腑阴阳气血衰退的生理特点决定其病理特点是虚中夹实。针刺法可根据虚实偏差的具体情况进行补泻,虚则补之,实则泻之,补泻得宜,改善老年人的身体状况。最后,针刺可以平和阴阳。针刺可以通经络、调气血,使机体内外平和、阴平阳秘。

古人重视针灸对养老的作用。人体共有 361 个穴位,其中有一个穴位为养老穴,《针灸甲乙经·手太阳凡一十六穴》载:"养老,手太阳郄,在手踝骨上一空,腕后一寸陷者中。"孙思邈《千金翼方·杂法》指出:"凡诸孔穴,名不徒设,皆有深意。"穴如其名,本穴为老年人强身保健常用穴位。

(2)艾灸法在养老中的应用:灸法是常用的老年保健手法之一,在特定穴位上施灸可以起到调和气血、温通经络、延年益寿的效果。灸法可以强身健体,是老年体虚调养的重要手段。

目前施灸的主要材料多为艾叶制成的艾绒或艾条等,取其辛温散寒之效,《本草》载"艾叶能灸百病"。对于老年人,其优势主要体现在以下方面:首先,可以温通经脉,行气活血。《灵枢·刺节真邪》说:"脉中之血,凝而留止,弗之火调,弗能取之。"人体气血得温则行,得寒则凝。灸法具有温热的特性,可以温通经络,促进气血运行。其次,可以培补元气,预防疾病。中医基础理论强调"正气存内,邪不可干",应用艾灸可以补益正气,预防老年体虚所造成的六淫外感。最后,健脾益胃,培补后天。灸法对脾胃有着明显的强壮作用,脾为后天之本,常灸足三里等穴位,不但能使消化系统功能旺盛,增加人体对营养物质的吸收,以濡养全身,亦可收到防病治病、抗衰防老的效果。

《扁鹊心书》中说:"人于无病时,常灸关元、气海、命门、中脘,……虽未得长生,亦可保百余年寿矣。"体现了艾灸不仅可以治疗疾病,还可以作为一种老年保健方法,帮助老年人维持身体健康,延缓衰老。中国传统节日重阳节是中华民族敬老、爱老、尊崇孝道的重要节日,此时人们有采艾的习俗。民间采艾、用艾,与中国养老文化紧密相连。

3. 推拿　推拿养生保健在我国已经有悠久的历史,是在中医基础理论的指导下,对体表及深浅肌肉组织进行刺激,从而起到治疗、保健作用的方法。唐代孙思邈在《备急千金要方·养性》中说:"上十八势(即天竺国按摩法),但是老人日别能依此三遍者,一月后百病除,行及奔马,补益延年,能食,眼明轻健,不复疲乏。"

推拿在养老中的作用体现在如下方面。一是疏通经络。推拿同样要遵循经络腧穴理论,在体表相应位置施以相应手法,通过经络的介导,从而疏通经络。对体表的刺激能够促进气血运行,从而使百脉疏通。二是调和气血。《素问·调经论》中说:"血气不和,百病乃变化而生。"推拿通过强脾胃、通经络、疏肝理气以平衡阴阳、促进气血调和。三是调整脏腑功能。通过特定穴位的按压,刺激强度较针刺、灸法温和,同样能够对人体重要脏腑进行双向调节。如点按脾俞、胃俞,对食少纳差的人群具有强健脾胃、消食导滞的作用,对便溏腹泻的人群能够起到涩肠止泻的作用。这种调节作用是通过脏腑与经络之间的联系来实现的。四是滑利关节。老年人骨关节退行性病变随年龄的增长而加重,在气血亏虚、肝肾不足的基础上,又因外伤、劳损及感受风寒湿邪等因素而产生颈椎、腰椎、膝关节等处的痹病。推拿可以通过手法促进局部气血运行,消肿散寒,还可以通过活动关节松解粘连,起到滑利关节的作用。如颈椎不适的老人,运用拿、揉、按、一指禅推法等手法松解颈、背部相关肌群的紧张或痉挛;或根据病情,在前屈、后伸或旋转等角度向上牵引头部,做各个方向的颈部摇法;对于小关节紊乱者可行整脊手法,以恢复颈椎关节的正常位置。五是扶助正气。中医强调重视保养人体正气,老年人由于体质虚弱,易感受六淫侵袭,通过推拿可以刺激疏通经络,激发老年人体内正气抵御外邪。

推拿作为一种自然疗法,在中国养老中扮演着重要的角色。推拿对老年人腧穴进行物理刺激,是一种非侵入的治疗方法,避免了药物的副作用,更适合老年人。且其不仅具有治疗疾病的作用,而且可以通过对经络的调理、平衡气血,起到提高免疫力、增强体质的作用。

4. 导引　导引意思是"导气令和,引体令柔"。导引有广义与狭义之分:广义上导引涵盖所有的肢体运动,及前文提到的推拿按摩;狭义上的导引仅包含肢体的活动,如五禽戏、八段锦、太极拳等。中国古代医学所涉猎的运动多以仿生动作为主,以达到人与自然和谐统一。它是通过肢体动作、按摩拍打、呼吸吐纳、行气意想等一系列特殊方法,来调动和激发人体内气,从而达到强身健体的目的。

导引法的核心在于恢复人体正常姿态与关节的活动度。调身、调息、调心是导引法的三大要素。调身是导引法的基础,即所谓"形不正则气不顺,气不顺则意不宁,意不宁则神散乱";调息是导引法的枢机,《医方集解》中说"调息一法,贯彻三教,大之可以入道,小用可以养生";调心是导引法的核心,《素问·灵兰秘典论》中说"心者,君主之官,神明出焉"。导引法在养生中的应用非常广泛,例如调节身体机能、缓解疲劳、增强免疫力、改善睡眠、减轻压力、预防疾病等。

马王堆汉墓中的《导引图》、华佗的"五禽戏"、《养性延命录》中的六字诀、《备急千金要方》中的导引法、《苏沈良方》中调养法、金元四大家的养生论等,无不包含着导引法的内容。这些方法将肢体运动、呼吸吐纳和精神调节相结合,以调和气血、防治疾病,实现延年益寿的目的。

第三节　中国古代养生学与养老文化

中国古代养生学和养老文化有着密切的关系。养生学主张通过健康的生活方式,如合理饮食、适当运动、调养身体等,增强体质,预防疾病,延长寿命,提高生活质量,这同样也是中国传统"尊老、敬老、爱老、用老"的养老文化所重视的。另外,养生学强调心理调适对身体健康的影响,这与养老文化中"色养"的内涵高度契合。自古以来,中国的养生学为老年人健康长寿、晚年幸福生活提供了理论和方法上的指导。

一、中国古代养生学中的老年养生思想

在古代养生学的发展历程中,出现了许多关于老年养生的著作和论述,有着丰富的老年养生思想和养生方法,对古代养老产生了深远的影响。

先秦时期,诸子百家养生论述争鸣,为养生学形成奠定了基础。老子作为道家学说代表人物,首先提出了"摄生""长生"的养生学概念。《道德经》二十五章曰:"人法地,地法天,天法道,道法自然。"强调了要顺从自然养生。法家著作《管子·内业》提出"正静""平正""守一",主张节制欲望、调整饮食从而养生长寿。秦汉时期,随着《黄帝内经》养生理论初步构建,养生方法广泛流行,其提出"天年"概念,并阐述了养生基本原则。《素问·上古天真论》云:"法于阴阳,和于术数,饮食有节,起居有常,不妄劳作。"魏晋隋唐时期,孙思邈为老年养生学作出了杰出贡献,首次提出"养老大例"和"养老食疗",创造了我国初具规模的老年医学体系。其著述《备急千金要方》《千金翼方》中收录了大量的老年疾病饮食疗法。宋金元时期,陈直的《养老奉亲书》是现存最早的老年养生专著。书中论述了老年人的生理特征和发病特点,涉及食疗、药疗、摄养等多方面。明清时期,涌现出《安老怀幼书》《老老余编》《老老恒言》等老年养生专著,是古代老年养生学的集成和总结。

二、中国古代养生学中的老年养生方法

中国古代养生学经过了漫长的发展历程,历代医家、养生学家和广大劳动人民在长期的实践中,不断丰富中国古代养生学的理论及方法,逐步形成了较为系统的学科体系和调神养生、睡眠养生、饮食养生、环境养生、四时养生、运动养生、体质养生、休闲养生、足浴养生等多种适宜老年人的养生保健方法。这些养生方法适用于不同的人群、季节、环境和病证,旨在调节人体的阴阳平衡,增强人体的抗病能力,实现延年益寿。

(一) 调神养生

调神养生指在中医基础理论指导下,通过调养情志、修身、内守、导引、疏泄等方式调养心神,恢复心理平衡。中医学对神有广义和狭义之分:广义上指一切人体生命活动的主宰及其外在表现的总称;狭义上指人的情志活动。老年人调神养生追求的是"恬淡虚无,真气从之,精神内守"的精神状态。想要达到这样的人生状态,老年养生保健可利用如下方法。

1. 静以修身法　修身养性一直是中国古人的养生之道。《中庸》中说:"大德必得其位,必得其禄,必得其名,必得其寿。"《医述》中说:"人身之精气如油,神如火,火太旺则油易干,神太用则精气易竭。"喜、怒、忧、思、悲、恐、惊为人之七情,正常的情绪宣发对人体有益,七情太过,则会影响健康,甚则危及生命。在生活中,老年人应保持开朗豁达、胸襟坦荡,调畅情志以保气存精、修身养性。

2. 情绪内守法　人应当通过自我的情绪调节控制,使机体与环境和谐统一,避免失控。

具体的方法是在身心放松的前提下,将意念停留在某部位、经络或者穴位。根据意守的部位不同,可将其分为:意守丹田、意守命门、意守穴位、意守呼吸。

3. 疏泄法　在生活中,难免有一些压抑的负面情绪积聚,通过各种方法将这些不良情绪疏泄出去,才能更好地保持身心健康。疏泄的方法可分为直接疏泄法和间接疏泄法。直接疏泄法就是用哭诉、争吵、喊叫等方式宣泄心中积聚的怨气。相比而言,间接疏泄法这种通过借助他人疏导或借助外物的方法更值得提倡。老年人可以通过歌唱、跳舞、沟通等方式,排解不良情绪。

4. 闭目养神法　《养生四要》中讲:"目者,神之舍也,目宜常瞑,瞑则不昏。"闭目养神是最为简单易行的调神养生方法,每日早中晚各 1 次,每次 5~10 分钟,有助于缓解视觉疲劳,凝气安神。

(二) 睡眠养生

睡眠养生指人体遵循自然阴阳变化规律,采用合适调摄方法保证睡眠时长、提高睡眠质量、调节阴阳平衡,以达到延年益寿目的的方法。中国古代养生学提出"养生之诀,当以睡眠居先",体现了睡眠养生的重要地位。

中国古代养生学中,提出了"子午觉"的说法,即在子时(23 时—1 时)和午时(11 时—13 时)睡眠的方法。其与饮食方法结合,民间称作"三饱两倒",是来自于广大劳动人民的经验总结而成的养生理论。子时、午时都是自然界与人体阴阳交接、极盛转衰之时:子时阴气之至,阳气乃升;午时阳气之至,阴气乃升。在阴阳相互转化的时期,适时静卧,使阴阳在平稳中过渡,有助于老年人养生防护。

由于老年人气血衰少,阴阳失和,容易引起失眠的情况,除脏腑疾病导致的失眠需要治疗原发病以外,其他原因所引起的失眠应通过调整睡眠习惯、改善睡眠环境、调节睡眠节律等进行调理。首先,应当进行心神的自我调节。这需要老年人坚定可以入睡的信念和良好的自制力,在入睡前摒弃杂念,不要思考日间及过去的杂事,也不要为明日而烦忧。如有必要可以使用舒缓音乐,或燃熏助眠安神的香草,辅助营造适合安眠的环境。其次,睡前进行适宜的活动。在睡前用热水泡脚,并按摩足底涌泉穴,以降火排浊、健脑安神;配合适量舒展运动以缓解疲劳、疏通经络;遵循"寝不语"的原则,入睡前 1 小时阅读一些书籍,有助于夜间安然入睡。最后,避免滥用安眠药,可以适当服用镇惊安神中药以改善睡眠质量。

(三) 饮食养生

一日三餐是人体赖以生存的物质保证,合理的饮食是老年养生中重要的组成部分。《素问·藏气法时论》中说"五谷为养、五果为助、五畜为益、五菜为充",体现了合理膳食的重要性。

饮食作为日常生活的一部分,不应该马虎对待,需要遵照一定原则。一是饮食有节。《素问·上古天真论》中说:"上古之人,其知道者,法于阴阳,和于术数,饮食有节,起居有常。"需要做到定时、定量、寒温适度。二是五味调和。烹饪时不仅要做到食物荤素搭配合理,还要做到酸苦甘辛咸的调和。三是因人、因时、因地制宜。根据不同人的体质、年龄、性别和时令、地域不同,选择不同的饮食。四是以脾胃为本。脾胃为后天之本,气血生化之源。老年人脾胃多虚,养生中必须顾护脾胃,选择适合的口味,多食软食、温食。

(四) 环境养生

环境养生的要义在于人与自然和谐统一,帮助人体延年益寿。中国有句古话:"一方水土养一方人。"我国幅员辽阔,不同的地域具有不同的动植物、地质地貌,同时也造就了不同地区的风土民情、文化习俗。对于生活在同一地区、不同家乡的老年人,以及同一家乡、生活在不同地区的老年人,采取不同的养生方式,是中医学整体观念、因地制宜的具体体现。

居所周围的自然环境及人文环境对老年人养生具有重要的作用。孙思邈在《千金翼方·择地》中说:"山林深远,固是佳境……必在人野相近,心远地偏,背山临水,气候高爽,土地良沃,泉水清美,如此得十亩平坦处,便可构居。"在居住外环境的选择上,应关注绿化环境,正所谓"以景养人,以境养人"。而周边适宜的运动环境也必不可少,适度的体育锻炼不仅能够养护老年人的"精气神",而且可以提高人体机能。

老年人在室内活动的时间较多,所以住所内环境对其有着重要的影响。在居室的朝向上,古人云"坐北朝南"为最佳。我国地处北半球,这样的居所朝向能够合理利用自然采光,适当的阳光照射能够改善老年人精神状态,助于阳气的升发。此外,老年人居所应特别要注意隔音降噪,减少噪声污染对老年人生活的影响。同时,居所的通风换气也是居所内环境适宜的重要因素,都对老年人的身体健康有着重要影响。

(五) 四时养生

四时养生,指的是顺应四时之中阴阳变化的规律,结合自身特点,运用不同的手段而进行养生的方法。在中医学中,强调人与自然和谐统一,在老年养生中,尤其需要重视四时气候变化对老年人的影响,合理运用与周围环境相协调统一的养生方法。春生、夏长、秋收、冬藏,四季具有其各自的规律特性,《灵枢·本神》中说"故智者之养生也,必顺四时而适寒暑……如是则僻邪不至,长生久视"。

春季人体应借助大自然蓬勃生命力,激发脏腑功能,从冬季蛰伏状态中走出。在饮食中,减少酸味食物摄入,增加甘味食物,多食用辛温助阳的食物,如葱、姜、蒜、韭菜等。在起居中,做到夜卧早起,穿衣做到"春捂",衣着要宽松。在春季时,应注重养肝,令肝气顺应春季的生发而条达,保持内心愉悦。

夏季时应借助万物快速生长的动能,加速新陈代谢。饮食上减少苦寒之品,多食用西瓜、黄瓜、绿豆等清热解暑的食物,在清淡饮食的同时避免过食生冷,老年人脾胃渐虚,贪多食冷易导致寒伤脾胃。在起居方面应晚睡早起,以薄棉衣物为主,切不可不着衣物,防止风邪侵入腠理。对于老年人而言,此时更应注重养心,令心血心气充盈,以濡养脏腑。

秋季应顺应自然界收势,令人体从蓬勃的生长中转为平静、收涩的状态。秋季的饮食应减少辛辣之品,多食用酸味食物。在起居方面早睡早起,提倡"秋冻"。由于秋季多燥,燥易伤肺,此时应注重润肺。

冬季时的调养应符合自然界深藏的特性,进入休整蛰伏的状态。此时是冬令进补的最佳时间,可应用食补、药补的手段,虚寒体质的老年人可以进食羊肉等温补食品,或食用对症的膏方,帮助营养物质的有效吸收。冬季的起居应做到早睡晚起,注意保暖。此时应注意补肾,有助于次年春季阳气萌生。

除了顺应自然之外,在老年养生中,亦要防护四时邪气对人体的影响。《素问·八正神明论》说:"四时者,所以分春秋冬夏之气所在,以时调之也。八正之虚邪,而避之勿犯也。"外感六淫的致病常与四季气候相关:春季多风病、夏季多暑病、秋季多燥病、冬季多寒病。老年人体质较弱、适应能力低下,易生外感疾病,故顺应自然、未病先防是四时养生的重要方面。

(六) 运动养生

运动养生起源自导引吐纳术,主张应用适当的运动来保养生命。中国传统养生中所涉及的运动养生主要指行走及各种功法。运动养生应遵照内外合练、强度适度、因人制宜、循序渐进、持之以恒的基本原则,可以调节人体内外阴阳,使人精神内守、协调统一。

1. 行走养生法　行走作为简单、安全、有效的运动方式,不仅能够促进身体的新陈代谢,而且对于保持肌肉力量、加强关节灵活度、保持身体平衡方面具有一定作用,可以预防老年人摔跤。行走动作不仅运动下肢,同时通行全身气血,调畅全身经络气机。随着下肢运动、上肢摆动,手足三阴经与手足三阳经都得到气血充盈,能够帮助降低老年人疾病发生的概率。

2. 易筋经　易筋经是我国自古流传的功法。共有十二势,分别为:韦驮献杵、横担降魔杵、掌托天门、摘星换斗、倒拽九牛尾、出爪亮翅、九鬼拔马刀、三盘落地、青龙探爪、饿虎扑食、打躬击鼓、掉尾摇头。这十二势都要求躯体充分地屈伸、内收、外转等,通过"伸筋拔骨"牵动全身,以使气血畅通。

3. 八段锦　八段锦是我国经典传统保健功法之一,最早见于宋代《夷坚志》,主要起到内练"精、气、神"的保健功能。其共有八段,分别为:两手托天理三焦、左右开弓似射雕、调理脾胃须单举、五劳七伤往后瞧、摇头摆尾去心火、双手攀足固肾腰、背后七颠百病消。此八段又可分为文八段和武八段:武八段多以站裆式或马步式,适合青壮年与体力充沛者;文八段为坐式练功法,运动量小,适合老年人、久病卧床,或下地有困难的人锻炼。

(七) 体质养生

早在《黄帝内经》中就有对不同体质的论述,提出根据阴阳五行、阴阳太少、禀性勇怯、体型肥瘦等因素将人进行分类。不同的体质,是在先天禀赋和后天获得的基础上逐步形成的,反映了人体正气盛衰,也影响人寿命的长短。根据中华中医药学会发布的《中医体质分类与判定》标准,人体体质可以分为:平和质、气虚质、阳虚质、阴虚质、痰湿质、湿热质、血瘀质、气郁质、特禀质。而不同体质的人群可通过精神调摄、起居调摄、饮食调摄、运动调摄、药物调摄而调节至阴阳平衡的状态。

体质养生可以增强正气,抵御外邪,调节人体的气血、阴阳、脏腑等平衡,从而预防和减少老年人常见的慢性病、多发病的发生,延缓衰老,提高老年人晚年生活质量。

(八) 房事养生

房事养生保健重视研究性活动的规律和方式,旨在通过正确的性生活方式,达到保养身体、预防疾病、延年益寿的目的。

房事养生强调自然和谐、交合和谐,房事节制、保精养生,顺应天性、不宜禁欲。由于老年人脏腑渐衰,孙思邈在《备急千金要方·房中补益》中说:"四十已上,即顿觉气力一时衰退,衰退既至,众病蜂起……所以善摄生者,凡觉阳事辄盛,必谨而抑之,不可纵心竭意以自贼也。"从国内外长寿老人调查分析结果来看,性生活规律且克制,对长寿具有积极意义。

(九) 休闲养生

中国自古就有着浓厚的休闲养生保健的文化氛围和丰富的休闲养生方式。中国人向来推崇"静以修身,俭以养德,非淡泊无以明志,非宁静无以致远",高雅的文化活动不仅有助于提升个人修养,更是丰富了中华民族文化内涵。老年人可采取的休闲养生方式主要有琴棋书画、音乐舞蹈、花木园艺、垂钓旅游等。培养一种或多种个人兴趣,适度充实自己的晚年生活,可以达到调节身心健康、陶冶情操、延年益寿的目的。

(十) 足浴养生

足浴是指用含有中草药药液的温水泡足以养生保健的一种方法,属于中医外治法的一种。在一年四季中,足浴都有着十分显著的养生效果。春天洗脚升阳固脱,夏天洗脚湿邪乃除,秋天洗脚肺润肠濡,冬天洗脚丹田温灼。

人体多条经络在足部交汇,足底分布着66个穴位,这些经穴与人体脏腑器官有着紧密的联系。选择对症的药物进行足浴,可以通过皮肤腠理将药物的作用传至体内的五脏六腑,起到预防和治疗疾病的效果。同时足浴时的芳香之气又可以通过入鼻的形式,经过血脉传导,调节气血阴阳。老年人容易罹患糖尿病、高血压、高脂血症等慢性病,从而导致末梢循环障碍,足浴的养生方式也可以有效缓解此类症状。

但是,老年人在足浴养生过程中也要注意足浴的禁忌,患有肾衰竭、心力衰竭、心肌梗死、肝坏死等各种危重疾病的病人,或有严重出血倾向的病人,正处在大怒、大悲、大喜之中,或精神紧张、身体过度疲劳的人,脚上有伤、水疱、疥疮,或脚上发炎、化脓、溃疡、水肿,及较重的静脉曲张的人群,都不适合进行足浴。

第四节 中国古代其他科技与养老文化

中国古代科学技术的发展在相当长的历史时期均居于世界领先地位,成就最大的包括天文学、地理学、农学、数学等,为世界文明的发展做出了突出的贡献。古代科技发展与老百姓日常生产、生活息息相关,也对于养老文化的形成发展起到重要的推动促进作用。

一、中国古代主要科学与养老文化

(一)中国古代天文历法学与养老文化

中国古代天文历法学是人类对天体运动规律的观察和总结,不仅涉及时间的描述和计算,如日、月、年的计算方法和季节的变迁,还关联到农事活动的安排、庆祝节日,以及宗教信仰和祭祀仪式等方面。中国古代天文历法学对养老文化产生了深远的影响,这种影响渗透于日常生活之中,体现了古人对自然的观察和对生命的认知。通过对古代天文历法学的研究,我们可以更好地理解中国古代的养老文化,并从中汲取智慧、借鉴经验,形成顺应自然、因时制宜的养老方式。

首先,在传统的天人合一、天人感应等观念的影响下,天文历法学影响着中国传统节日的设立。在古代,人们通过观测大火星的位置和变化来确定季节的转换和农时安排。重阳节风俗的最初源流之一就是古时祭祀大火星的仪式,人们认为这一天是阳数之极,宜于登高祈福,以祈求来年的丰收和平安。而在中国的传统节日中,有许多与养老有关的习俗和活动。古人将日常生活细节和天地时令结合起来,这些活动不仅体现了人们对老者的关爱,也使古代社会的养老文化得以保留和传承。

其次,古代天文历法的相关著作中反映了当时的养老观念和文化传统。例如,《礼记·月令》载:"仲秋之月,养衰老,授几杖,行糜粥饮食。"记载了古代仲秋之月,人们对老年人的帮助和照顾。"养衰老"表示要尊敬和赡养老人,"授几杖"表示要为他们提供行走的便利,"行糜粥饮食"则表示要为他们提供易于消化的饮食。《月令》中还记载了古代其他一些养老事宜,如"养老孤寡,无时使之""以时尊孝,以令养老"等,意思是说要奉养老人、照顾孤儿寡妇,在农忙季节不役使老年人,按照时令对祖先和父母进行祭祀,按照政令赡养老年人。这些都反映了古代社会对老者的尊重和关爱,以及对养老问题的重视和关注。

再者,中医养生与天文历法学也密不可分。《黄帝内经》将天文历法知识广泛地应用于生命科学知识体系的建构。例如,应用十月太阳历知识,将一年分为与五脏相对应的五季,依据其特点总结出相应的养生方法。此外《黄帝内经》中还包含了十二月太阳历、太阳阳历和阴阳合历相关内容,共同构成了中医药学知识体系复杂的历法背景。《素问·四气调神大论》中提出了"春三月""养生"、"夏三月""养长"、"秋三月""养收"、"冬三月""养藏"的四季养生原则。

(二) 中国古代地理学与养老文化

中国古代地理学主要关注对自然环境和人文环境的观察、描述以及解释。其研究内容涵盖了地表形态、气候、水文、生态、人口分布、城市规划、交通线路、农业布局、矿产资源等多个方面。中国古代地理学对养老文化的影响是多方面的。

其一,古代地理学的生命观和环境观为养老观念的形成提供了重要的哲学基础。古人认为,生命源于天地之气的汇聚,死亡则是因为阴阳之气的消散。因此,古代养生特别重视养气。此外,古代地理学强调人与环境的和谐与平衡,使得人们非常重视老年人的生活环境和健康状况。

其二,古代地理学在养老政策方面也发挥了重要作用。古代根据地理学的知识,制定了许多有利于养老的政策。例如,提倡根据土地的不同类型合理选择适宜的作物,提高土地利用率和经济效益,为老年人提供必要的食物保障。此外,古代还根据地理学知识,在环境适宜的地区设立养老机构,为老年人提供舒适的生活居所。

其三,古代地理学在丧葬习俗中的应用也体现了对养老文化的影响。古代社会普遍认为,人的生命与天地息息相关。因此,古代社会的丧葬习俗强调人与自然的和谐共生,精心选择安息场所。

其四,地理学的相关知识融入了中医学的理论和实践。中医药在遣方用药、药材选择、养生保健等方面,都和古代地理知识息息相关。例如《素问·异法方宜论》中提到"北方者,天地所闭藏之域也,其地高陵居,风寒冰冽,其民乐野处而乳食,藏寒生满病,其治宜灸焫。"这句话描述了北方地区气候寒冷,人们饮食习惯以乳食为主,容易发生胀满等疾病,因此治疗时宜采用灸焫(艾灸)等方法。"南方者,天地之所长养,阳之所盛处也,其地下,水土弱,雾露之所聚也,其民嗜酸而食胕,故其民皆致理而赤色,其病挛痹,其治宜微针。"这句话描述了南方地区气候温暖潮湿,人们饮食习惯以酸味和腐熟食品为主,容易发生筋脉拘挛痹痛等疾病,因此治疗时宜采用微针(细针)等方法。在养生保健方面,北方地区地势高而寒冷,注重温热和补益,多使用温热的药物来治疗寒性疾病,其养生观点强调少食寒凉食品,以免损伤正气;南方地区地势低而温热,注重寒凉和清热,多使用寒凉的药物来治疗热性疾病,其养生观点强调饮食清淡,避免过度食用辛辣、油腻的食物。

(三) 中国古代农学与养老文化

中国古代农学与养老文化有着密切的联系。在古代社会,农业是国民经济的基础,而农学的研究和发展对于保障粮食供应和促进经济发展具有重要意义。同时,农学也注重传承和发扬农业生产的经验和技术,老年人作为农业生产经验和技术的传承者,被视为宝贵的财富,加深了人们敬老尊贤的观念。

另外,古代农学与医学关系密切。自古以来,药食同源,药食同用。《素问·藏气法时论》有"五谷为养、五果为助、五畜为益、五菜为充"的膳食制配原则,并十分重视稻谷在防治疾病中的作用。《灵枢·邪客》中有用"半夏秫米汤"治胃不和夜不得眠的记载,东汉名医张仲景治病善用粳米,各有妙义。农业水平的提升,农产品品种的丰富和产量的增加,为老年人保持身体健康、养生防病提供了重要保障。

(四) 中国古代数学与养老文化

在中国古代科学中,数学不仅是一门基础学科,它还以自然哲学等文化意蕴参与构建中国医学理论体系。数学的发展不仅为科学技术进步提供了基础,同时也为养老提供了科学的方法和思维方式。

首先,中国古代数学强调实用性和观察力,以天文、历法、田亩测量等为目标,注重解决现实问题。这种数学观念与养老文化的实用性相契合。在养老领域,需要关注老年人生活中的实际问题,而数学方法可以为这些问题提供科学的解决方案。例如,中医的"五行学说"以木、火、土、金、水的运动变化规律来认识世界和解释世界,通过计算五行的生克制化,指导老年人的养生和疾病防治。

其次,中国古代数学注重逻辑思维和问题解决能力的培养。这对于老年人来说非常重要。随着年龄的增长,老年人的身体和智力状况会有所下降,可以通过数学思维来提高自己的逻辑思考和判断能力。例如,老年人可以通过学习简单的数学游戏、逻辑推理题等来锻炼自己的思维,保持头脑的灵活性和创造力。

此外,数学还以其基础科学的作用参与构建中医学理论体系,是赋予中医学特质的重要因素。《黄帝内经》开宗明义指出,养生保健要"法于阴阳,和于术数",即按照数的规律和数的方法去做。数不仅是数学的数,而且包含着理念、规律和文化的功能,又具有阴阳、五行的属性和特定的象征,《灵枢·根结》提出"阴道偶,阳道奇"。数又和天地五行等相联系。《易·系辞上》说:"天一地二,天三地四,天五地六,天七地八,天九地十。天数五,地数五。"把生动的"象"的世界归纳为"数",把普遍的数由实到虚,并上升为贯穿天地的共同规律的标识。

(五) 中国古代物理学、化学与养老文化

中国古代物理学、化学与养老文化之间存在着深厚的联系,这种联系体现在中医药学的理论与实践以及人们的日常生活之中。

在物理学方面,中医理论中"气"的概念,虽非严格意义上的物理现象,却体现了古人对人体生命活动的朴素物理观察。比如,气血的流动、经络的通畅与身体的健康息息相关,这在一定程度上反映了物理学的流体力学原理在生命体中的应用。同时,中医的按摩、针灸等手法,也利用了力学的原理来调节人体的生理机能。此外,日常生活中,古代物理也与一些养老方法有一定的联系,例如太极拳是一种结合了物理学中力学原理的健身运动。老年人通过打太极拳,可以锻炼身体的平衡能力、协调性和力量控制。

在化学方面,中医药学的理论与实践更是与化学知识紧密相连。中草药的采集、炮制、配伍、煎煮等过程,无不涉及化学反应和成分的变化。这种对化学知识的应用,不仅体现了古代中国人民的智慧,也为现代中医药学的发展奠定了坚实的基础。此外,在日常生活中,古代化学知识也与养老有一定联系,例如在食物保存和烹饪中,利用化学反应来制作食物、改善食物的口感和营养价值,从而提高老年人生活质量。

二、中国古代制造技术与养老文化

中国古代制造技术蓬勃兴盛,如手工业技术、建筑技术、冶金技术等,为养老文化的发展提供了坚实的物质基础和技术支持,成为养老文化的重要组成部分。

中国古代制造技术注重实用性和功能性。《周礼·考工记》中云:"国有六职,百工与居一焉。审曲面执,以饬五材,以辨民器,谓之百工。"匠人们通过制作各种生活用品,为老年人提供便利和舒适的生活条件。例如针、灸、拔罐器等中医器具,在古代被广泛应用于老年人的养生保健和疾病治疗;鼎、簋等青铜器及陶瓷等,多作为古代老人的餐具,在养老方面发挥着重要作用。在建筑方面,古代建筑营造技术注重室内环境的舒适性和安全性,为老年人提供宜居的住所。此外,古代建筑营造技术在设计房屋时强调与自然景观的呼应,体现"天人相应"的哲学思想,有助于老年人在自然中放松身心。

总之,中国古代制造技术对养老文化的影响是全方位的,体现了古代匠人们的智慧和努力。这些宝贵的文化遗产不仅丰富了我们的历史宝库,也为现代养老事业的发展提供了有益的借鉴和启示。

复习思考题

1. 中国古代科技体系与中国传统养老文化间有什么关系？
2. 中国传统养老科技文化的传承现状如何？是否面临着失传的风险？
3. 中国古代医学怎样影响着养老文化？

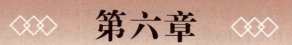

第六章

中国传统养老民俗文化

06章

PPT 课件

学习目标

知识目标

能够阐释民俗的概念、分类,分析养老民俗文化的内涵与价值,总结中国古代物质、社会、精神和语言民俗中的养老文化特点。

能力目标

能够提高养老民俗文化的理解能力、总结能力、传承能力和传播能力。

素质目标

能够提高传统文化素养,明礼仪、知风俗、通世情。

课程思政目标

能够加深对我国敬老、养老文化习俗的认识,坚定传承、发展优秀养老文化的信念,启迪敬老、养老的智慧。

学习要点

1. 养老民俗文化的价值与表现。

2. 物质民俗、社会民俗、精神民俗、语言民俗中培养学生的社会责任感,引导学生理解和实践社会主义核心价值观在居家社区养老服务中的体现,增强对老年人的尊重和关爱。

养老民俗文化是中国传统文化的重要组成部分。自古至今,尊老、敬老、养老是中华民族的传统美德,形成了关爱老人、尊敬老人、赡养老人的民间习俗与社会风尚。无论是衣食住行、生产商贸,还是人生礼仪、岁时节日,尊老之礼、敬老之情、养老之义都布散在悠久、丰富的民俗文化中,并不断传承、发展。

第一节　中国传统养老民俗文化概述

民俗是人民大众的文化。中华民族历经千百年来的生活实践,形成了丰富的尊老、敬老、养老的民俗文化,对于中华优秀传统文化的构建、扩布、传承,以及社会的和谐发展发挥了重要的作用。

一、民俗的概念和范围

(一) 民俗的概念

中外学者对民俗的定义颇多。一般来说,民俗是指人民大众所创造、享用和传承的民间生活文化。民俗来源于人类社会群体生活的需要,在特定的时代、民族和地域中不断形成、扩布和演变,并为民众日常生活服务。民俗对应的英文为"folklore"。该词是英国学者汤姆斯于1846年将撒克逊语的folk(民众、民间)和lore(知识、学问)合成的一个新词,用以指代民间风俗现象,以及研究这些现象的学问。

民俗是伴随着人类社会的产生而出现的。民俗一词,在中国早已有之。《管子·正世》载:"料事务,察民俗。"《礼记·缁衣》载:"故君民者,章好以示民俗,慎恶以御民之淫,则民不惑矣。"《史记·孙叔敖列传》载:"楚民俗,好庳车。"《汉书·董仲舒列传》云:"变民风,化民俗。"《说文解字》训:"民,众萌也。"又释"众,多也"。对于"俗"字,《说文解字》释为"习也"。阮籍《乐论》释云:"习而行之谓之俗。"《正韵·屋韵·入声》释:"俗,风俗也。上所化曰风,下所习曰俗。"可见,俗即为习惯、风尚。概言之,民俗应为民众的风俗习惯。与民俗类似的称谓还有"风俗""习俗""民风"等。

民俗的含义,可以概括为四点要素:一是民俗的形成、扩布环境。民俗是创造于民间又流传于民间的。二是民俗的固有属性。民俗具有世代相袭的传承事象(包括思想和行为)。三是民俗的主体来源。民俗是劳动群众在生活中自然创造的,为人们所长久承袭的。四是民俗的效用。民俗是用以约束人们行为和意识的物质文化与精神文化的表现。从以上四方面可以看出,民俗首要元素是"民"。民指民众、民间。民俗文化存在于城乡、村野最广阔的生活空间,涉及个人、家庭和社会,拥有民间社会最广大的群众基础。其次,从本质而言,民俗是文化的传承。任何民俗都是"人相习,代相传",世代传袭。再者,民俗的表现形式多样。民俗事象表现在人们的口头上、行动上、心理上,作为长期形成的习俗惯制,是不成文的规范,是非制度文化。民俗往往以循例从众的形式约束人们的行为和意识,同时也是民众习得、传承和积累文化创造成果的一种重要方式。

(二) 民俗的范围

民俗是一种社会文化现象。作为民间传承文化,它是广泛存在的。不论是在民间经济生活中,还是在民间社会生活以及精神生活中,都有不同的民俗事象存在。民俗既包含农村民俗,也包括城镇和都市民俗;既包括古代民俗传统,也包括新产生的民俗现象;既包括以口语传承的民间文学,也包括以物质形式、行为和心理等方式传承的物质、精神及社会组织等民俗。总体而言,从民俗的内容属性出发,民俗文化大体可分为四类,分别是物质民俗、社会民俗、精神民俗和语言民俗。

1. 物质民俗　物质民俗指人民在创造和消费物质财富过程中不断重复的、带有模式性的活动,以及由这种活动所产生的产品形式。物质民俗主要包括生产民俗、商贸民俗、饮食民俗、服饰民俗、居住民俗、交通民俗和医药保健民俗等。

2. 社会民俗　社会民俗亦称社会组织及制度民俗,是指人们在特定条件下所结成的社会关系的惯制。它所关涉的是从个人到家庭、家族、乡里、民族、国家乃至国际社会在结合、交往过程中使用并传承的集体行为方式。它主要包括社会组织民俗(如血缘组织、地缘组织、业缘组织等)、社会制度民俗(如习惯法、人生仪礼等)、岁时节日民俗和民间娱乐习俗等。

3. 精神民俗　精神民俗指在物质文化与制度文化基础上形成的有关意识形态方面的民俗。它是人类在认识和改造自然与社会过程中形成的心理经验,这种经验一旦成为集体的心理习惯,表现为特定的行为方式并世代传承,就成为精神民俗。精神民俗主要包括民间信仰、民间巫术、民间哲学伦理观念以及民间艺术等。

4. 语言民俗　语言民俗指通过口语约定俗成、集体传承的信息交流系统。它包括两大部分:民俗语言与民间文学。民俗语言有广义、狭义之分。广义的民俗语言是民族语言和方言。狭义的民俗语言是指在一个民族或地区中流行的那些具有特定含义,并且反复出现的套语，如民间俗语、谚语、谜语、歇后语、街头流行语、黑话、酒令等。民间文学是指由人民集体创作和流传的口头文学，主要有神话、民间传说、民间故事、民间歌谣和民间说唱等形式。

二、养老民俗文化的形成与主要体现

中国的敬老、养老风俗古已有之，同时一直得到延续、传承与发展，可谓"年之贵乎天下久矣"，并不断沉淀、积累，成为中国传统文化的重要组成部分。

（一）养老民俗文化的形成

中国的养老民俗文化具有历史悠久、积淀丰富、影响广泛而深远的特征。早在原始部落时期，生产力水平较低，生产效率的提高在很大程度上依赖生产经验的积累。相对而言，老人从事生产的时间比青壮年更长、积累的生产经验更为丰富，因此，青壮年对于生产经验丰富的老人十分敬重和爱戴，他们相信老年人能够指导部族生存和延续，并获得幸福生活。青壮年不仅在生产中主动听从老人的指导，更是在生活中自觉承担起侍奉和照顾老人的责任，并逐渐形成了对老人尊崇的观念。由此可见，农耕文明促进了敬老、养老观念的形成，并成为部族群体的行为习惯和风尚。至上古时代后期，由于农业生产力得到了较大程度的提高，以父权为核心、以血缘关系为纽带的家庭宗族逐渐取代以生产和生存为目的并以此为联系纽带的氏族部落。此时，伴随着农业生产单位的转变，人与人之间的"部族"之情也转变为"亲亲"之情。所谓的"亲亲"之情指的是以血缘关系为纽带建立的关系与情感系统。此时，尽管老年人由依靠生产关系获得尊崇和关照转化成了依靠血缘获得尊敬和赡养，但是尊老、敬老、养老的风俗、习惯一直得到传承与延续。

夏商周时代，继续传承和发扬华夏民族自古以来的敬老风尚和尚祖遗风。《礼记·祭义》中便有关于上古之时尊老敬老风俗、民俗的记载："昔者有虞氏贵德而尚齿，夏后氏贵爵而尚齿，殷人贵富而尚齿，周人贵亲而尚齿。"可见，三代以来，国家都对老者尊奉，对敬养老人极为重视。这种风尚深深影响着民间的风俗、习惯。殷商时期，甲骨文和金文中出现了"孝"字，孝与"老""考"相通，是养老文化在语言民俗中的呈现。再如，西周时期，养老文化成为一种礼制，对民众的思想观念和行为产生约束。

春秋战国时期，以孝道为载体的养老风尚得到进一步传承和发扬，此时的思想学派均关注敬老爱老、孝敬长者的问题。《道德经》强调："绝仁弃义，民复孝慈。"《墨子·经上》云："孝，利亲也。"《韩非子·忠孝》有言："臣事君，子事父，妻事夫，三者顺则天下治，三者逆则天下乱。"《论语·学而》更是提出："孝弟也者，其为仁之本与。"各家从不同视角对孝道观念进行阐释，促进了中国养老民俗文化的丰富与发展。汉代，儒家思想逐渐成为官方确立的正统意识形态，儒家思想中推崇的敬老尊贤思想在朝野之间流行，董仲舒更是将事亲和忠君结合起来，使养老敬老的观念上升为国家意志。这些都对民间养老敬老风俗产生了影响。例如，汉代学校开展养老敬老文化教育，固定举行乡饮酒礼，作为尊老敬老文化教育的重要仪式。

汉代到唐代，汉族民俗继续发展，少数民族民俗也不断融入，多民族民俗的交融对养老民俗文化产生了影响。《晋书》载："泰始之后，中国相尚用胡床貊盘，及为羌煮貊炙，贵人富室，必畜其器，吉享嘉会，皆以为先。"少数民族器具的引入促进了饮食坐具、桌具的改变。坐于胡床，坐姿由传统的跪坐向垂足坐发展演变，饮食方式也逐渐由分食制向合食制转变，宴会礼仪中的敬老、孝老的风俗也由此发生变革与发展。例如宋代以后，许多高桌椅家具出现，宴会中，主人、宾客不再分桌席地而坐，分案而食，而是使用方桌、圆桌，垂足坐于凳子，合餐而食。在堂中举行的宴会，坐北朝南是尊位，坐南朝北则是下座。清代的《礼经释例》有言："室中以东为尊,堂上以南为尊。"在宴桌上,老者被安排坐于尊位,与年轻人合餐而食。除了器具,少数民族传入的胡麻(芝麻)、胡桃(核桃)、胡豆(蚕豆)、槟榔、胡饼等食物,以及烤羊等特殊的烹饪方法融入民众传统的饮食风俗中,对丰富老年人的饮食,改善其营养状况,保养老年人的身体起到了积极的作用。另外,佛教的传入与道教的兴起也对民俗文化的丰富、演变和发展产生了重要影响。例如,佛教的因果报应、积德行善之说对于民间的精神信仰产生了影响,尤其影响着民间老年人的精神世界,同样也对民间的孝老、敬老观念产生了积极作用。再如,受道教方仙道等思想的影响,街头巷尾风行神鬼之谈,一些志怪小说与传奇在民间传播并逐渐汇集成册,成为民间文学的重要内容。这些语言民俗作品中不乏敬老、孝老、养老的人物与事件,从而促进了养老文化的教化及扩布。

汉代之后,岁时民俗渐成系统。据南北朝成书的《荆楚岁时记》可知,绝大多数至今仍沿用的传统节日及习俗,如春节、清明、端午、重阳等,在那时已经成形。上述节日风俗中蕴含着敬老、养老的风俗文化。例如,几乎所有的时令节日都有祈求长者福寿安康,或者对故去长者的祭祀怀念等风俗。宋、元、明、清是民俗的继续发展与繁荣期,之前形成的民间养老、敬老的风俗文化不断丰富、扩布和传承。受此种文化的熏陶和浸润,民间孝亲敬老仁爱的典范也不断涌现。

(二) 养老民俗文化的主要体现

民间的养老民俗文化主要体现在敬老、养老和祭祀怀念三个方面。如前所述,从远古时期开始,中国文化中就形成了集经验、德行、智慧于一身的老年人形象。因此,老年人在家庭内外都应当受到晚辈的尊敬。这种尊敬在家庭内部表现为长幼有序的礼仪规范,在家庭外部表现为年轻人对年长之人的谦恭与顺从。例如,在古代社会,有晨昏定省的风俗,即子孙等晚辈每天要在鸡鸣之时起床,穿戴整齐后到长辈居处问安,晚间亦需服侍父母就寝。几代人共同生活,家中之事应请长辈做主,晚辈不得私蓄财产,不得分门立户。在日常生活中,子孙辈不能坐尊长的座位、听长辈谈话时表情要端庄等。上述种种约定俗成的礼仪规范都体现了对长者的尊奉与敬重。

在中国古代社会,世人还将对老人的尊敬落实到对老人侍奉尽孝的行为中,即精心照顾他们的饮食起居、生活日常。据《礼记·文王世子》记载:"文王之为世子,朝于王季,日三。"周文王对待双亲极为孝敬,无论政务多么繁忙,都会每天三次给父母请安,并亲自将饭菜送到父母面前,极为关心父母的进食情况。在周文王的影响、教导下,周武王也十分孝敬父亲文王。文王生病时候,"武王不脱冠带而养,文王一饭,亦一饭,文王再饭,亦再饭"(《礼记·文王世子》)。

中国有慎终追远的传统,祭祖是一项隆重的传统民俗活动。"死犹生,祭如在"是古人对待故去长者的基本风俗习惯。对故去长辈的祭祀怀念是敬老、养老思想与信念的延续,也是养老民俗文化的重要内容。除夕、清明节、重阳节、中元节是传统节日里的祭祖四大节日。从古至今,这种礼俗十分盛行,因各地礼俗的不同,祭祖形式也各异。

三、传统养老民俗文化的价值与意义

养老民俗文化深刻体现了中国古人的思想与智慧,它不仅对中国古代的思想理念、政策制度和机构设置等方面影响深远,还对中国古代的经济发展、政治稳定、社会福利、道德伦理、律法管理等起到不容忽视的作用。传统养老民俗文化的价值与意义主要体现在两个方面。

首先,养老民俗文化是中国悠久历史和文明的积淀与表现,是中华民族宝贵的文化资源与精神财富,对于社会文明的维系与发展发挥了重要作用。一方面,对于人类个体而言,人是文化的产物,民俗对于人类个体在社会化过程中具有教育和模塑作用。人伴随着诞生礼俗出生,因长者的慈爱、关照就播下了敬老、爱老的种子。随后,从周围人群的语言风俗中习得自己的语言,从对老者的尊称中感知敬老、养老文化。而后,在交际中了解人际关系与礼仪,到依照特定的婚姻风俗组建家庭,再到特定的丧葬习俗等,敬老、养老是每个中国人生命历程中必不可少的内容。可以说,养老风俗教化着人的一生。另一方面,民俗对社会群体中每个成员的行为方式起到约束作用。尊重老人、赡养老人、关爱老人是伦理道德的基本要求,养老民俗文化约束、规范着世人的言行,敬老、养老已然成为中国人的精神信仰,并深刻地影响到中国古代社会的法律制度、道德伦理体系的建构和发展。

其次,养老民俗文化能够维护家庭稳定与社会和谐,对老龄化社会建设具有指导作用。中国古代社会形成的尊老养老风尚以及形成的养老文化是维持家庭稳定,进而促进社会和谐的重要因素。根据《新唐书》等史籍推算,唐代65岁以上老人的人口占全国总人口的比例约2%。就唐代5 000万~6 000万的人口数量而言,老年人口的绝对数量在当时而言并不少。正是中华民族养老、敬老的风俗文化传承发展,兼容并蓄,统一了整个社会的思想与行为,保证了中国人的向心力与凝聚力,使老年人群体获得了较好的关照与养护,并营造了和谐仁爱的家庭与社会文化氛围,促进了"老有所养""老者安之"稳定和谐社会的形成。此外,养老民俗活动中的娱乐、宣泄、补偿等方式,也使中国人的社会生活和心理本能得到有效调剂。老年人在时令节日的家庭聚会中享受含饴弄孙之乐,感受团圆畅叙之情;在祭祀供奉中慎终追远,追本归宗;在人生礼俗中明心见性,练达老成,渐至佳境。在各种养老民俗中,世人特别是老年人的情志得以调畅,心理得以宣泄,信仰得以安放,精神需求得以补偿,这些都为维护以家庭为单位的社会的和谐、稳定发挥了积极的作用。

当今,敬老养老的民俗文化依然在传承、扩布、丰富、变革和发展,社会主义的核心价值观念、中华文化的创新与发展也在民俗事象中得以呈现。中国传统文化中的敬老、孝老、养老风俗不仅可以为现代社会解决老年人家庭人际关系问题提供指导,也可以为老龄社会中老龄人口的社会福利和心理健康等问题的解决提供思路与方法。此外,民间围绕敬老、养老开展的物质生产活动及其成果也成为中国古代物态文化体系的重要内容,这些文化成果的合理利用和有效转化也将助力养老产业的创新发展。

第二节　中国物质民俗与养老文化

物质民俗,指一个民族或一定区域的社会群体,在一定生存环境中所创造、享用和传承的,与可感可见的居住、服饰、饮食、生产、交通、工艺制作等物质文化相伴随的民俗事项的总称。中华民族在长期的生产、生活以及社会实践活动中,所形成的衣、食、住、行等民俗事项和民俗文化传统中蕴含着丰富的养老文化。

一、服饰民俗文化与养老

中国享有"衣冠王国"的美誉。从"衣毛而冒皮"到"华服霓裳",中国人的服饰体现着从蔽体、御寒,到实用、美观,再到礼仪、政治等多维度的拓展与延伸。服饰已然成为中华各族人民生活内容、社会制度、风俗习惯、审美观念和精神风貌的外在反映。中国人对老年人的尊敬与关怀也体现在老年人服饰的质、形、饰、色中。

（一）选材制衣以敬老

在古代，一般只有贵族才能穿丝绸质地的衣服，而平民只能穿葛、麻等制作的衣服，故又称为"布衣"，但平民年长者可以穿丝绸做的衣服。《孟子·梁惠王上》有言："五亩之宅，树之以桑，五十者可以衣帛矣。"这是说百姓家种桑养蚕，以获得丝绸为家中长者做衣服。与葛、麻等制作的衣服相比，丝绸制作的衣服光滑柔软，穿着舒适。受上述风俗习惯的影响，古人见到桑梓就想到父母，流露出对父母的尊敬与依恋。《诗补传》载："桑梓者，父母手所植，以给蚕食、以供器用之物。为子孙者，见桑梓如见父母，心恭敬之而不敢慢。"后世也用"反哺桑梓"这一成语来比喻孝敬父母。对于鞋子的材质，古人认为老年人穿着的鞋底应该厚薄适中，底子太薄容易透湿气，底子太厚则容易"老来脚力不胜鞋"（元代清珙《赵会初心提举》）。

（二）精心制衣以养老

从保护老年人不受伤害的角度出发，古人为老年人设计、制作的衣服与青壮年的衣饰有所不同。老年人的衣服不会过于长、宽，因为过长的衣服容易将老人绊倒，而老年人"骨肉疏冷，风寒易中"，过宽的衣服不便于保暖。因此，老年人的衣服以窄衣贴身、温暖适体为佳，从而"暖气著体"，保证气血流利、四肢和畅。此外，古代民间还根据老年人的特点，随四时寒暑的变化，设计了各种样式的衣服来护养身体。如在冬季将御寒的皮衣做成"口衣"样式，俗称"一窝圆"，即前后不开胯的袍子，并将皮毛的毛露在外面，口衣外再套上褐（外衣），其保暖、防风的效果很好。到了乍暖还寒时候，因为气温不稳定，古人认为应当注意保护背部，因肺俞穴在背，肺输精于皮毛。民间有称"背搭"（又称半臂、绰子）的衣服适合老年人，此时穿着以保护脊背。夏日酷暑，古人认为即使炎热，老年人也不能袒露身体，以免感受风寒，此时为老年人制备了葛布做的"两当衫"，用以挡住前胸后背，避免虚邪贼风，且两当衫常常制备多件，以便出汗后及时更换。

除了背部，对于老年人的头、颈、腹等身体部位，古人认为尤应当通过衣饰进行重点防护。例如，梁代有空顶帽、隋代有半头帻，老年人戴此帽，既能保暖，又可使头顶空虚而宣达阳气。另外，宋代陈直《养老奉亲书》中提到老年人的头巾要比青壮年的长一些，并采用温暖柔软的紫软夹帛制作，自颈项后部入衣领中，至背部肩胛间，以保护足太阳膀胱经腧穴。除了头颈，古人认为老年人营卫脏腑功能衰退，腹部犹应当保暖。《老老恒言》有言："腹为五脏之总，故腹本喜暖。老人下元虚弱，更宜加意暖之。"因此，古人为老年人设计、制作了肚兜，将具有温热作用的蕲艾捶软铺匀，放于肚兜中以温暖腹部，老年人于日间及夜间均穿着保暖。另外，古人还将生姜、肉桂、麝香等药物放入肚兜以辅助治疗老年人腹部冷痛的病证。

此外，古代民间的一些衣饰也体现了对年长者的关爱和照料。例如，随着年龄增长，老年人会出现记忆力衰退的情况，因此古代民间老年人的腰带上常佩戴一个小囊，老年人可把善忘之事写于纸上，放入囊中，以备提醒。此外，囊中还可纳入牙签、耳挖、擦手巾等细小物品以便随时取用。再如，由于年老气血虚衰，容易出现腰脚不利、小腿抽筋的情况，古人即将木瓜晒干研末，将其与棉絮一起装进袜子里，用以治疗小腿抽筋。为预防老年人冻伤，古人还将老年人的袜底铺上棉絮，再将性质温热的花椒、肉桂研末后，合于棉絮中。

（三）制丧服以祭老

除了生时的穿戴，古人的敬老养老之情也体现在长者故去后，后人祭祀怀念时所穿戴的服饰上。例如，古代的"五服制"一直影响至今。"五服制"出自《礼记·丧服小记》。在古代礼仪中，根据血缘亲情的远近不同，丧服的面料、款式、配件以及制作方法不同，分别命名为斩衰、齐衰、大功、小功和缌麻，是为"五服"。其中斩衰是用最粗的生麻布制成的丧服，衣不辑边，断处外露，以示哀痛至极而顾不得修饰。它是丧服中最重的一种，服期三年，由和故去的长者血缘关系最近的人穿戴。而缌麻服是丧服中最轻的等级，用细熟麻布制作，服期三个月。

总之，古代民间的衣饰风俗体现着世人对老者的尊敬、照顾、关爱和护养之情，汇聚了世人精妙的构想、巧妙的设计和生活的智慧。

二、饮食民俗文化与养老

民以食为天。中国古代社会的敬老养老风俗也体现在老年人的肴馔饮食里。

（一）节饮食以养老

在家庭内，老者的饮食备受重视，且受到子孙后代的精心、特殊照顾。因为老年人的脾胃功能衰退，所以老年人的饮食尤当注重节制。《韩诗外传》载孔子曰："人有三死，而非命也者，自取之也。居处不理，饮食不节，劳过者，病共杀之。"说明饮食不节是加速衰老、导致死亡的重要因素。因此，古人提倡老者遵循"乐其食"与"不多食"的中庸之道。古人认为老年人的饮食不仅在量上要适中，还要尽量保持五味、寒热的调和。如《抱朴子内篇·极言》记载："酸多伤脾，苦多伤肺，辛多伤肝，咸多则伤心，甘多则伤肾，此五行自然之理也。凡言伤者，亦不便觉也，谓久则寿损耳。"说明五味偏嗜对老年人五脏的伤害是一个缓慢的过程。因此，照顾老年人的饮食，要注意节制。

（二）调饮食以养老

《礼记·内则》有言："孝子之养老也，乐其心，不违其志；乐其耳目，安其寝处，以其饮食忠养之。"说明用双亲喜欢的饮食尽心孝养是赡养父母的重要内容。《孟子·梁惠王上》云："鸡豚狗彘之畜，无失其时，七十者可以食肉矣。"子女应当通过精心调配饮食来孝敬、供养父母。

首先，古人会根据老年人不同年龄阶段和生理需要调配饮食。如《礼记·王制》记载："五十异粮，六十宿肉，七十贰膳，八十常珍，九十饮食不离寝，膳饮从于游可也。"即老年人的饮食与青壮年有所不同，常备肉馔珍馐，采用少食多餐的原则，备存饮食方便老人随时食用。宋代《郑氏规范》中也规定："男女六十者，礼宜异膳。旧管尽心奉养，务在合宜，违者罚之。"

其次，为了赡养老年人，子女为他们提供的饮食种类非常多样化。例如，《礼记·内则》中记载："饘、酏、酒、醴、芼、羹、菽、麦、蒉、稻、黍、秫唯所欲，枣、栗、饴、蜜以甘之，堇、荁、粉、榆、免、薧、滫、瀡以滑之，脂、膏以膏之。"子女要给老年人提供厚粥、薄粥、甜酒、菜、带汁的肉以及稻、黍、秫等谷类食物，以便长者根据意愿选择；子女还应供奉枣、栗子、饴糖、蜜等甘味的食物以满足老人的喜好。并且，为老人制作食物也要精心、细致，食物要柔滑、香美。即使是在食物短缺的情况下，子女后代也要想方设法获取食物，优先供养老年人。例如据《晋书·石季龙载记》，晋代发生天灾和战乱，物价飞涨，百姓无食物果腹，"使令长率丁壮，随山泽采橡捕鱼，以济老弱"，即青壮年采橡捕鱼获取食物以供养老年人。

此外，对老人的关爱也体现在良好的饮食卫生习惯中。例如，古人认为老年人牙齿过早脱落的一个重要原因是"甘味留齿"。因此晚辈会用柳木削签或用虎须做成牙签，以便让老年人剔除牙齿缝隙中的食物残渣，并为他们准备热浓茶，放冷后彻底漱口，特别是在老年人吃了甜味的食物以后。

思政元素

菽水承欢与饮食养老

"菽水承欢"出自《礼记·檀弓下》："子路曰：伤哉，贫也。生无以为养，死无以为礼也。孔子曰：啜菽饮水尽其欢，斯之谓孝。"菽为古代五谷之一，泛指各种豆类食物，属于粗粮。孔子的学生子路向老师抱怨，因为家贫不能提供好的物质条件来奉养父母。孔子说："尽心对待父母，令父母舒心、高兴，即使为父母供奉豆类和水，也是孝顺。"后世多用"菽水承欢"来比喻身虽贫寒，但尽心孝养父母。可见，奉养父母、尊敬老人首先是精神的关照，在为老人提供合理膳食以养生的同时，更要营造良好的社会、家庭氛围，令老人尽得其欢，乐享其膳。

（三）行糜粥饮食以养老

中国人自古就有奉粥以养老、敬老的风俗习惯。在各种节日、典礼和重要时日，古代民间的长者有时能受到朝廷的赏赐，以表达普天同乐的喜庆和治理者对老者的关怀照顾。朝廷赏赐的物品主要是粟米、酒肉等食物，以及布帛、几杖等物品。如《礼记·月令》记载在仲秋之月"养衰老，授几杖，行糜粥饮食"。从朝廷赐粥于老年人可知，粥在古代社会被认为是养老、敬老的佳品。李时珍在《本草纲目》中载粥方有62种之多。养生学家曹庭栋更是指出："粥能益人，老年尤宜。"并在其养生著作《老老恒言》中专列"粥谱"一章，详论老年养生粥的制作。古人供奉粥以养老是根据老年人的身体特征做出的选择与判断。一方面，老年人脾肾阳气渐衰，胃肠功能减退，宜食用温热，少食生冷，以免更损阳气，以"热不炙唇，冷不振齿"为宜。因此，啜热粥有助于固护阳气。另一方面，老年人牙齿多有松动或脱落，咀嚼能力下降，不宜食用坚硬、不易消化之品，可将食物切小切碎，选择合适的烹饪方式，改变食材质地，利于老年人咀嚼吞咽。粥通过长时间的熬煮，滋润软烂，便于老年人咀嚼吞咽。更重要的是，中医学认为，脾胃是后天之本，人以胃气为本，脾胃气旺则其他脏腑自强，否则"无胃气则死"。人至老年，气血阴阳俱衰，生理机能老化，所需热量减少，消化功能衰退，其饮食应以少而精、清淡熟软为宜。若恣食膏粱厚味，往往会加重脾胃负担，化生痰湿，造成痰湿、瘀血聚集，严重影响健康，加速衰老。因此，老年人要健康长寿，必须格外注意饮食的调养。粥一般以米为主，以水为辅，加火慢煎至糜腻似脂，具有补脾润胃、祛除浊气等功效，对于健运老年人的脾气、固护老年人的胃气具有较好的效果。宋代张耒《粥记赠邠老》中说粥能"畅胃气生津液"，每日食粥，是养生之要。

（四）遵礼仪以奉食敬老

在中国古代社会，世人对老人的尊敬还体现在饮食宴会等的礼仪中。比如，在原始社会，伴随着火的发明和利用，中国人建立了炊事和就餐的火塘。通过民族学资料分析，当时人们就餐时，按照长幼顺序围绕火塘而坐：全家坐于下火塘两侧，妇女居左，男子居右，老人在里，其他人则以辈分和年龄往外排坐。在中国古代封建社会的大部分时期，子女多与父母、兄弟共同居住。每日清晨，子女在向父母问安并照顾盥洗后，要恭敬地询问父母想吃什么，并和颜悦色地呈上饭食。日间用餐时，要等长者坐定后，晚辈亲自供奉匙箸等餐具，长辈允许进食后，方可开始。在宴会过程中，晚辈亦需充分表达对长者的尊敬。《礼记·曲礼》言："侍饮于长者，酒进，则起，拜受于尊所。长者辞，少者反席而饮。长者举未釂，少者不敢饮。长者赐，少者、贱者不敢辞。"

此外，古代社会形成的为长者祝寿的风俗一直影响至今。在祝寿过程中，一些特殊的饮食也会供奉给长者以表达对他们的尊敬与美好祝福。例如,以酒、茶祝寿之俗,在民间颇为普遍。酒因与"久"谐音,有祝贺长寿之意。且酒自古以来就被认为是养生保健之品,如《诗经》有言"以此春酒,以介眉寿",故时人称祝寿之酒为寿酒。不饮酒者,则以茶为礼。

(五) 节日奉食以养老

敬老、养老还体现在老年人的节日饮食风俗中。《荆楚岁时记》就记载在元旦清晨,全家老小"进椒柏酒,饮桃汤,进屠苏酒、胶牙饧,下五辛盘"。椒柏酒,是用椒花和柏叶浸制的酒。时人认为,椒为玉衡星之精,食之使人年轻;柏是一种仙药,食之能免除百病。元旦饮此,其意义在于预祝每个人特别是老年人在新的一年中身轻体健。饮酒的顺序也颇为特别,年龄最小的先饮,年龄最大的后饮。因为人们认为,少年人增长一岁,渐趋成熟;老年人失去一岁,日趋老迈,故先祝少年人事业有成,再祝老年人健康长寿。一杯椒柏酒,充分反映了中华民族对亲情伦理的重视。桃汤以桃枝、桃叶、桃茎浸煮而成。桃在古人眼中,具有驱邪伏鬼的法力,饮桃汤寄托了人们驱除邪气、镇压百鬼的良好愿望。屠苏酒,是以细辛、干姜等泡酒,食之可使人去除瘟气。胶牙饧,食之使人固齿。五辛盘,据周处《风土记》记载,是用五种辛辣的蔬菜葱、姜、蒜、韭和萝卜拼成,食之使人疏通五脏之气,有益身体健康。上述这些元日食品,均有助于老年人强身健体、祛病除疫,反映了人们渴望年长者身体健康、生活幸福的良好愿望。再如,九月九日重阳节,晚辈要向老年人敬献菊花酒,传说饮菊花酒能使人健康长寿。

三、起居民俗文化与养老

古代老人的起居风俗习惯也处处体现出对长者的敬爱、关照之情。

(一) 以礼侍起居

自汉代以来,子女和父母共同居住的家庭组织形式几乎贯穿整个中国封建社会,并形成了以"孝"为核心的家庭文化。例如,《唐律疏议》载:"诸祖父母、父母在而子孙别籍异财者,徒三年。"由于共同居住,尊老、亲老、孝老贯穿于每日起居。《礼记·内则》记载子女对待父母长辈:"出入则或先或后,而敬扶持之。进盥,少者奉盘,长者奉水,请沃盥,盥卒,授巾。问所欲而敬进之,柔色以温之。"一般而言,子女鸡鸣即起,洗漱完毕后就到双亲的卧室面前,和颜悦色地向父母嘘寒问暖,询问、关心父母的身体状况。然后进退有序,行动谨慎地搀扶着老人,把他们洗漱用具准备好,待父母洗漱完毕之后,就要问双亲需要什么。接着就按照双亲的意愿去准备,态度诚恳。子女须待到父母进完餐后,才能离开。《礼记·内则》还对子女提出要求:"父母舅姑将坐,奉席请何乡;将衽,长者奉席请何趾,少者执床与坐,御者举几。敛席与簟,悬衾、箧枕,敛簟而襡之。"即清晨父母长辈起床后,如果要坐下休息,子辈要捧着席子请示朝哪边铺;他们如果要更换卧处,子辈中的年长者要捧着卧席请示脚朝哪头,再由子辈中的年少者移动坐榻,服侍坐下。这时候,侍者搬来几案让父母公婆依凭,然后为他们整理内务,将大席和贴身的竹席收起来,把被子悬挂起来,把枕头放进箱子,把贴身竹席收藏起来。父母公婆的衣服、被子、簟席、枕头、几案,不得随便移动地方,以免用时还要费神寻找;他们的手杖、鞋子,更要敬而远之,不可乱动;晚上双亲就寝之前,又要把这些床褥之类的卧具按照老人的生活习惯和意愿,重新整理布置好。此外,长辈的居室,没有父母的同意,不能进去。如果父母有事呼叫,应该立即答应,并且恭敬地回答长辈的问题。还经常要给双亲打扫卫生,清洗衣物,为他们准备好洗澡水和换洗衣物用具。

(二) 精心营造起居环境以养老

除了礼仪要求,古人还主张在照顾老人生活起居时要细致周全,给老人提供一个舒适和谐的生活环境。例如,据考古发现,在原始社会,老年人的居所就建在火塘周边,以保证取暖。再如，子女照顾老年人起居时应该注意四时气候变化。《寿亲养老新书·宴处起居第五》中指出长者的居住之处"必常洁雅"，且"夏则虚敞，冬则温密"。平素子女应提醒老年人常避大风、大雨、大寒、大雾等恶劣天气；夏季不可于檐下过道、穿隙破窗处纳凉；冬季宜于密室，避其寒气。《老老恒言》言："老年宜于东偏生气之方，独房独卧。"指出老年人宜睡东侧旁室，且独房独卧。一则东方有升发之气，二则旁室安静，有利于长者静心休息。《老老恒言》还指出老年人的床应与青壮年者不同，"上盖顶板，以隔尘灰""镶板高尺许，可遮护汗体"。即为老年人置办的睡床上可置顶板以隔尘灰，床后及两旁可镶上板子，遮护汗体。床靠近墙壁，中间需放置杉木板防止潮湿，杉木质地疏松，有吸潮的作用。"黄梅时，以干栎炭置床下，堪收湿，晴燥即撤去，卧久令人病暗。"天气潮湿的时候，将干栎炭放置在床下吸收湿气，天气转晴、干燥的时候，则撤去。为方便老年人起居，床可制作得低一些，但为了防潮，床下可放置床垫。这样老年人的床上有顶、下有垫，后及两旁，都有实木板作门，三面镶密，用纸糊其缝，增加了床的保暖性。至盛夏时，则将床移置在室中央，保证通风。

另外，老年人的枕头要平软。《寿亲养老新书》指出枕头要"实以菊花，制在低长，低则寝无罅风，长则转不落枕"。菊花气味芳香可清利头目，具有散风清热、平肝明目的功效。现代研究表明，菊花枕对老年人常见的高血压病、头晕、失眠、眼部疾病等有良好的养生保健作用。使用低而长的枕头，既容易保暖，还不易造成落枕，对颈椎病也有预防作用。此外，古人还使用柔软的通草做枕头。除了日常枕头，考虑到老年人侧卧时耳必着枕，而老年人气血运行缓慢，耳朵受压可能会麻木，时间久甚至会诱发疼痛，古代民间就为老者设计了耳枕。耳枕长如普通枕头，高不过寸，中开一孔，卧时将耳朵纳入孔中，此枕可保障耳部气血流畅，从而预防耳鸣、耳聋。另外，为防止老人侧卧时上腿膝盖压迫下腿膝盖，晚辈还为其制备膝枕，放置被子一侧方便取用。古人还把磁石、散风养血的中药等放入老年人的枕头中，以达到养生保健的目的。老年人的被褥一般选择里外皆是绸布的，以保证舒适柔软。老者独卧，贴身盖的被子宜大，盖时可折如封套式，使暖气不散。此外，晚辈可根据温度循序渐进地为老年人加盖被子，加盖的被子两边勿折，以便老人能舒适自如地翻身。至夏季天气炎热时，则为老者准备葛布单被，避免夜半后汗收凉生。《老老恒言》道："葛布廓索，不全着体，而仍可遮护，使勿少受凉，晨起倍觉精神爽健。"

四、出行交通民俗文化与养老

在古代社会，民间的一些出行仪礼与行为习惯也体现出对老年人外出时的尽心辅助与关照。

（一）尚礼出行以尊老

出行期间与老者相遇，晚辈应遵照礼仪，以示对老年人的尊敬。《礼记·曲礼》言："遭先生于道，趋而进，正立拱手。先生与之言则对，不与之言则趋而退。"就是说，在路上遇见先生，要快步上前，正立拱手。先生和自己讲话，就回答；先生不与自己讲话，就快步退下。《礼记·曲礼》更规定"君子式黄发"，君子乘车，遇到老人要行式礼。

（二）便利出行以养老

古人认为年长之人如果久坐，会引起经络、血脉凝滞。因此，平素应在室内适当散步或外出，从而使"安燕而气血不惰"（《荀子·修身》）。尤其是在吃饭后应该缓慢行走几百步，以助食物的消化。《老老恒言》曰："古之老人，饭后必散步，欲摇动其身以消食也。"因此，世人也称饭后散步为"消摇"。老年人散步需要有一种闲暇自如的状态以养神，要揣度自己的脚力，不可勉强。

老年人出行应该观察自然界的变化，量力而行。《老老恒言》云："邵子自言四不出，大风、大雨、大寒、大热也。"指出大风、大雨、大寒、大热的天气状态,老年人不仅不可以出门,还应居家在密室里静心调摄,从而养育天和之气。老年人出行可以选择春、秋的好日子,挂着手杖,到屋外逍遥闲话,既锻炼身体,又可以抒发情志。老年人出行还应当根据情况,适当携带一些随身物品。如春秋天气,气温常常不稳定,老年人可以携带棉衣、夹衣。老年人还会携带茶具、果饵、斗笠等以备不时之需。严冬出行,老年人还会携带皮制的"将军帽"以御寒。

古人还特别关注老年人的出行安全和舒适。例如,老年人如果是乘船泛游,船的前后应如白居易诗中所言"两幅青幕覆船头",即船前后有障蔽以发挥保护作用。小船中也不可摆设椅子,因为高座摇动,会令老人心感不安。小船里另外可安置褥子,褥子要厚实、狭长,可坐可睡。另外可安置一具枕头,枕头要短而高,既可靠手臂,又可枕头部,使老者"微觉懒倦,有此则坐卧胥安"(《老老恒言》)。另外,民间还为老年人设计、制作了特殊的登山鞋,以帮助体力好的老年人登山。《宋书·谢灵运列传》记载南朝诗人谢灵运登山时"登蹑常著木履,上山则去前齿,下山去其后齿"。后世民间有为老者制备两双登山鞋,供老年人适情而选。另外,老人出行时可令随从随身携带"马踏子"(《老老恒言》),即一种折叠凳,脚力疲倦时可稍作休息。

五、生活日用民俗文化与养老

中国古代社会,老年人日常生活中使用的一些器物也体现出世人的适老化设计理念、思路与技术。

(一) 杖

古人作《杖铭》曰:"历危乘险,匪杖不行;年耆力竭,匪杖不强。"说明杖是古今老年人行走的辅助性工具。因此,民间又称杖为"扶老"。使用杖"既可步履借力,且使手足相顾,行不急躁"(《老老恒言》)。《礼记·内则》记载:"五十杖于家,六十杖于乡,七十杖于国,八十杖于朝,九十者,天子欲有问焉,则就其室,以珍从。"说明在古代,年五十岁以上就开始使用杖了。中国古代有赐老者杖的传统,以示对老者的关怀。《周礼·秋官》:"伊耆氏掌国之大祭祀,共其杖咸。军旅,授有爵者杖,共王之齿杖。"赐给老年人的杖,还常常进行一些精心设计,以表达对老者的尊敬之情和美好的祝福。《后汉书·仪礼志》记载:"仲秋之月,县道皆案户比民。年始七十者,授之以王杖,餔之糜粥。八十九十,礼有加赐,王杖长尺,端以鸠鸟为饰。"古人认为鸠鸟为不噎之鸟,手杖上雕刻鸠鸟,寄托了对老人能饮食不噎的美好愿望。杖的下端常常镶铜以保证耐用,且使杖的下端稍微尖锐,用以防滑。

杖头之下,还可悬挂一些备用物。如有人将钱挂在杖头下,名曰"杖头钱";有人将小瓶插上花放于杖头下,名"杖头瓶"。《抱朴子》中还记载将养生延年的丹药放于葫芦中,挂在杖头下。民间年画中的寿星形象一般为一老者执杖,杖头下挂一葫芦。除了悬挂物品,古人有时在杖上刻有"手杖铭",以言性情、表激励、备劝诫等。如苏轼就曾在手杖上刻下"竹杖芒鞋轻胜马";清代的曹庭栋刻下"左之左之,毋争先,行去自到兮,某水某山"的手杖铭;吴昌硕则在手杖上亲自刻下"坚多节,扶我蹩。辛酉春,缶"。

(二) 老年养生杂器

古代根据老年人日常生活和养生保健需求,发明创制了很多杂器以供使用,兹列举如下。

1. 太平车　年老后,因脏腑虚衰,气血流缓,难免经脉不舒、骨节酸痛。《老老恒言》记载了古代老年人使用的一种按摩的工具,叫"太平车"。其料用玉石或檀木均可,雕琢成圆形珠的样式,大的扁圆,形似算盘珠,可用五六粒,钻个小孔,用铁丝从中穿起来,再把两头折回合拢,用短柄连起来,可用手拿。酸痛的地方,可以令人执柄按摩。因其珠动好像车轮,所以叫太平车。

2. 美人拳　用手捶背,有些部位难以触及,民间还为老年人设计制作了"美人拳"。先制一个小囊,用棉絮填起来,形似莲房。共做两个,缀上柄,微微呈弯,好像带柄的莲房,令人拿住捶击,轻软称意。或者自己手执,反过肘部也可去捶,非常方便。《红楼梦》描写:"(贾母)因又命琥珀坐在榻上,拿着美人拳捶腿。"

3. 隐背　俗名"搔背爬"(今名"老头乐")。该物相传由唐朝的李泌设计制作。《新唐书·李泌传》载:"泌尝取松樛枝以隐背,名曰养和。后得如龙形者,因以献帝,四方争效之。"古人制作隐背,选取松樛枝,用象牙或犀角雕成小兜扇式,边薄如爪,柄长一尺多。凡是老人手探不到的地方,用这个东西去搔,最为快意。

4. 手炉　古人为老人设计、制作了冬日暖手用的小炉,多为铜制。手炉是民间普遍使用的一种取暖工具。因可以捧在手上,笼进袖内,所以又名"捧炉""袖炉"。因炉内装有炭火,故也称"火笼"。唐代时少数官宦人家开始使用铜制手炉"熏衣炙火"。宋代时火炉走进寻常百姓家中,成为取暖用具。《遵生八笺》记载手炉:"焚香携炉,当制有盖透香,如倭人所制漏空罩盖漆鼓熏炉,似便清斋焚香,炙手熏衣,作烹茶对客常谈之具。"此外,《老老恒言》还记载了老人冬日取暖的"暖手"。暖手的形状大得像鹅卵,质地极薄,开个小孔,注入水,把它装满,做个螺旋式的盖子,使水不致外漏,然后投放在滚水内,停一会取出来暖手,只要不离袖口,就可保持一天温暖。暖手也有玉的,如鸡卵大小,手中握得暖气,终日温和。

第三节　中国社会生活民俗与养老文化

中国社会生活民俗与养老文化紧密相连,体现了对老年人的尊重、关爱和敬重。在中国传统文化中,养老被视为一种道德和伦理责任,社会生活民俗中的许多传统习俗都与养老文化有关。春秋战国时期,许多诸侯王坚持尊老敬老、扶老助老的传统。齐桓公采纳管仲"老老""振孤寡"的政策,赐70岁以上的老人酒肉,没有子女照顾不能自存的孤寡老人则由国家照顾。"君出四十倍之粟,以振孤寡,牧贫病,视独老。穷而无子者,靡得相鬻而养之,勿使赴于沟浍之中"(《管子·轻重甲》)。晋悼公提出"逮孤寡""养老幼,恤孤疾"(《国语·晋语七》)的施政理念,越王勾践实行"老其老,慈其幼,长其孤,问其病"(《国语·吴语》)的政策,齐景公推行"振孤寡而敬老人"(《晏子春秋·景公异荧惑守虚而不去晏子谏》)的施政举措。这些都体现了尊老敬老的思想。

中国社会生活民俗中的家庭观念和家庭价值观对养老文化产生了深远影响。家庭被视为社会的基本单位,家庭成员之间有着密切的关系和互助的责任。尊老敬老是中国家庭观念的重要组成部分。子女们有义务照顾和孝顺年迈的父母,为他们提供支持和关怀。这种家庭观念和价值观在中国社会生活中得到广泛传承和实践。早在秦汉之际,国家每年在仲春、仲秋举行两次养老礼。《后汉书·礼仪志》载:"仲秋之月,县道皆案户比民,年始七十者,授之以王杖,餔以糜粥。八十九十,礼有加赐。"中国社会生活民俗中的许多节日和仪式体现了对老年人的尊重和敬意,例如春节、中秋节等传统节日,都是家庭团聚的时刻,也都有各自尊老敬老的礼仪。

总的来说,中国社会生活民俗与养老文化相互交织,共同构成了对老年人的尊重和关爱的价值观。这种尊老敬老的传统观念和实践贯穿于中国社会的方方面面,体现了中国人民对老年人的尊重和关怀。在现代社会中,随着人口老龄化的加剧,养老文化和老年人的需求也面临新的挑战。因此,继续弘扬和传承尊老敬老的传统文化,加强社会对老年人的关怀和支持,是保障老年人幸福和社会和谐的重要任务。

一、家族宗族民俗

(一)家族聚会

家族聚会是中国传统文化中重要的社交活动之一。在中国,重视家族观念和亲情关系是源远流长的传统,而定期举办家族聚会被视为维系家族纽带的重要方式。家族聚会不仅可以增进亲情、友情,还能传承家族文化和价值观念,为养老文化的传承提供重要寄托。对于养老文化而言,家族聚会主要有以下三个方面的影响。

首先,家族聚会提供了老年人与亲人相聚的机会。在传统的家庭观念中,子女对父母的孝顺和尊敬是非常重要的。通过家族聚会,年长者可以与子女、孙辈们团聚,共同度过美好的时光,增进亲情的联系。

其次,家族聚会是传承家族文化和价值观念的重要方式。家族聚会上,长辈们可以向年轻一代传授家族的历史、传统和价值观念,让年轻人了解家族的根源和文化传承。这对于养老文化的传承非常重要,因为家族的历史和传统是老年人晚年生活中的重要组成部分。

再次,家族聚会中,会有一些特定的敬老礼仪。例如,请老人坐在主位上享受尊贵的待遇,年轻一代在拜访老人时会行大礼,如磕头、双手奉上礼物、亲口道贺等。这些礼仪是对长辈地位的认可和尊重,以及表达对他们的敬爱之情。如果有老年人已经达到了较高的寿命,家族聚会中可能会举行一场专门的祝寿仪式,包括祝福长寿、祭拜祖先、燃放鞭炮、吃寿面等活动。

此外,家族聚会也给老年人提供了交流和表达的机会。在家族聚会上,老年人可以与亲人们畅谈人生经验、传承智慧,也可以倾听年轻人的想法和见解。这种跨代的交流和互动对于老年人来说,不仅可以满足他们的社交需求,也有助于保持积极的心态和精神状态。

总之,家族聚会作为中国传统文化中的一部分,对于养老文化的传承和老年人的生活质量有着积极的影响。通过家族聚会,老年人可以与亲人们共度美好时光,传承家族文化和价值观念,同时也能够满足他们的社交和交流需求。

(二)祭祖与宗祠活动

对长者的祭祀怀念也是民间孝亲敬老风俗的重要组成部分。《礼记·祭统》载:"孝子之事亲也,有三道焉:生则养,没则葬,丧毕则祭。"这既是古代家庭生命观的表达,也是尊老敬老的体现。祭祖是中国尊重祖先、传承家族血脉的传统仪式,而宗祠活动则是在家族的宗祠中举行的一系列仪式。这些传统活动在中国社会中具有重要的地位,对于养老文化也有着一定的影响。

首先,祭祖和宗祠活动强调对老人的尊敬和敬意。在中国传统文化中,尊重长辈和祖先是非常重要的价值观念。通过祭祖和参与宗祠活动,人们向祖先表达尊敬之情,传承家族的血脉和文化。对于老年人来说,这种尊重和敬意的传统有助于提升他们的自尊心和幸福感,使他们感受到家族的凝聚力和认同感。

在祭祖和宗祠仪式前,需要进行清扫宗祠和祭坛,准备祭品,如酒和食物等。宗祠和祭坛要保持整洁,以示对祖先的尊重。在宗祠中,首先要燃香祭拜祖先。家族成员依次拿起线香,点燃线香并向祖先牌位行三鞠躬,然后将线香插入香炉中。这个过程表达了对祖先的敬意和祝福。家族成员会献上各种供品,如水果、糕点、肉类等。这些供品代表着对祖先的敬意和感恩之情。供品应摆放整齐,体现出对祖先的尊重。家族中的长辈或指定的族人会宣读祭文,祭文通常包括对祖先的称颂、感谢和祝福,表达家族的衷心祈愿和对祖先的追思和尊崇。最后,通常会先向祖先牌位倒上一杯酒,然后再倒满其他杯子,向祖先敬酒,并表示对祖先的敬意和祝福。家族成员之间也会互相敬酒,以加强家族成员之间的凝聚力。

其次,祭祖和宗祠活动有助于老年人的社交和交流。祭祖和宗祠活动通常是家族成员共同参与的集体仪式,人们可以在这个过程中相互交流、分享感受,增进彼此的了解和联系。对于老年人来说,这种社交和交流的机会对于他们来说非常重要,可以帮助缓解孤独感和社交孤立的问题,提升他们的生活质量。

此外,祭祖和宗祠活动也是传承家族文化和价值观念的重要场合。在这些活动中,长辈们可以向年轻一代传授家族的历史、传统和道德观念,让年轻人了解自己的根源和家族的文化传承。这对于养老文化的传承非常重要,因为老年人的晚年生活中,家族的历史和传统是他们的重要支持和依托。

总的来说,祭祖和宗祠活动在中国传统文化中具有重要的地位,对于养老文化的传承和老年人的生活质量有着积极的影响。通过祭祖和参与宗祠活动,老年人可以感受到对他们的尊重和敬意,增进家族的凝聚力和认同感,同时也可以获得社交和交流的机会,传承家族的文化和价值观念。

二、村社群体民俗

农村庙会是中国传统的民俗活动之一,也是农村社区中重要的社交娱乐方式。庙会通常在特定的节日在庙宇周边举行,吸引着来自附近乡镇的居民和游客。庙会不仅是一种娱乐形式,更是一种传统文化的延续,其中蕴含着丰富的养老文化元素。

首先,农村庙会为老年人提供了一个社交交流的平台。在庙会上,老年人可以与邻里乡亲相聚,共同参与各种活动,增进友谊。在这里,老年人可以结识新朋友,分享彼此的生活经验和智慧,缓解孤独感和解决社交隔离的问题。庙会上的各种娱乐活动,不但愉悦身心,也为老年人提供了参与的机会,使他们能够积极参与社区生活,保持身心健康。

其次,农村庙会是传承和弘扬传统文化的平台。庙会上经常展示各种传统手工艺品、民间艺术表演和传统美食,如剪纸、木雕、布艺等。这些传统文化的展示让老年人有机会回忆和传承文化遗产,增强对传统文化的认同感。同时,年轻一代也可以通过参与庙会活动,了解和学习传统文化,促进代际交流和传统文化的传承。

此外,农村庙会还对老年人的养生有着积极的影响。庙会上通常有各种健身活动,如广场舞、太极拳等,老年人可以参与其中,锻炼身体,增强体质。同时,庙会上的传统美食也对老年人的饮食保健有一定的帮助。一些有益健康的传统食品,不仅可以满足口腹之欲,还有助于调理身体,增强免疫力。

总之,农村庙会作为村社群体民俗的一种形式,与养老文化息息相关。它为老年人提供了社交交流的机会,传承和弘扬传统文化,促进健康养生。农村庙会的举办不仅丰富了老年人的生活,也为整个社区营造了欢乐祥和的氛围,是一种可贵的养老文化传统。

三、交际活动民俗

交际活动民俗是中国传统文化中重要的一部分,也是养老文化的重要组成部分。茶道和酒宴作为交际活动民俗中的两个重要方面,不仅在社交场合起到重要作用,也对老年人的养老生活产生着积极的影响。

(一)茶道

茶道作为中国传统文化的瑰宝,不仅是一种独特的艺术形式,更是一种养生和修身的方式。茶道注重的是人与自然的和谐,通过泡茶、品茶的过程,使人们能够沉静下来,陶冶情操,达到身心的平衡与和谐。

对于老年人来说,参与茶道活动可以带来多重益处。首先,泡茶和品茶的过程需要细致入微的动作和专注的心态,这种练习可以提高老年人的专注力和集中力,有益于保持大脑的活跃和灵活性。其次,茶叶中的一些化学成分对老年人的健康有一定的好处,如茶叶中的茶多酚具有抗氧化、抗衰老的作用,有助于预防老年病。最重要的是,茶道是一种悠闲、淡雅的社交形式,老年人可以通过茶道活动结识新朋友,分享生活的喜悦和困惑,减轻孤独感和社交隔离的问题。

（二）酒宴

酒宴在中国文化中占有重要地位,是一种重要的交际活动民俗。在中国传统文化中,酒宴被视为一种亲情、友情和社交的表达方式,也是人们庆祝喜事、纪念重要时刻的重要方式之一。《礼记·乡饮酒义》中记载:"民知尊老敬老,而后乃能入孝弟;民入孝弟,出尊长养老,而后成教;成教,而后国可安也。"据史书记载,周朝每年都大规模地举行一两次"乡饮酒礼",其目的是"正齿位,序人伦,敬老重贤,息事端,敦睦乡里"。

对于老年人来说,参与酒宴活动也有一些积极的影响。首先,酒宴是老年人社交交流的重要平台。在酒宴上,老年人可以与亲朋好友相聚,共同庆祝重要时刻,增进彼此之间的感情。酒宴中的对饮和互助,也能够让老年人感受到温暖和关爱,减轻孤独感。其次,适量地饮酒有助于老年人的身心健康。一些研究表明,适量地饮酒可以促进血液循环、放松心情,对老年人的心脏健康和情绪调节有一定的好处。但需要注意的是,老年人在参与酒宴活动时饮酒应适量,过度饮酒会对健康产生负面影响。

总之,交际活动民俗中的茶道和酒宴,对养老文化具有重要意义。茶道的沉静和谐、酒宴的社交交流,都能够为老年人提供一种愉悦的参与方式,增强社交联系,促进身心健康。这些交际活动民俗的传承和发展,不仅是传统文化的延续,也是为老年人提供丰富多样的养老生活方式。

四、岁时节会民俗

岁时节会指中国传统农历历法中划分的一年中的特定时节。它是根据自然界的变化和农业生产的需要划分的,以反映不同季节的特点和农事活动的变化。岁时节会通常由二十四个节气和一些重要的节日组成。每个节气都有其独特的气候和自然现象,如春分、秋分代表昼夜平分等。除了二十四节气,岁时节还包括一些重要的传统节日,如春节、清明节、端午节、中秋节和重阳节等。这些节日在岁时节中具有特殊的意义,反映了人们对自然变化的感知、传统文化的传承和社会团结的重要性,也反映了人们对自然界的关注和对生活的热爱。

（一）春节

春节是中国最重要的传统节日,也是岁时节会中最具代表性的一个。"千门万户曈曈日,总把新桃换旧符"(王安石《元日》),作为中国文化的瑰宝,春节承载着丰富的养老文化元素。

首先,春节是家庭团聚的时刻。在春节期间,子女们通常会返乡与父母团聚,共度一个长假。这种家庭团聚的传统对于老年人来说具有特别重要的意义。他们可以与子女和孙辈共同庆祝新年,分享生活的喜悦和困扰,加深亲子关系和家庭纽带。同时,春节也是老年人向子女们传授家庭价值观和传统文化的重要时刻,促进代际交流和文化传承。

其次,春节是感恩和祭祖的时刻。"儿童唤翁起,今日是新年"(辛弃疾《元日》),元日有新年伊始的寓意。在春节期间,人们会前往祖坟扫墓祭祖,表达对祖先的敬意和感恩之情。对于老年人来说,祭祖活动是一种重要的精神寄托,让他们感受到自己的根源和家族的传统价值。祭祖活动也提醒人们要珍惜家庭的传统文化,传承家族的美德和智慧。过年的第一天,长辈会给未婚的晚辈以及年幼的孩子发放红包,象征着祝福和对晚辈的关爱。春节期间,婚后的女儿会回娘家探望父母,向父母表达敬意和关爱。

此外,春节的庙会活动也是老年人喜爱的养老文化形式。庙会上有各种传统手工艺品、民间艺术表演和美食,老年人可以在这里欣赏和参与各种活动,享受传统文化的熏陶。庙会上的文娱活动也为老年人提供了锻炼身体、保持健康的机会。

总体而言,春节作为岁时节会的代表,与养老文化密切相关。它强调家庭团聚、感恩和祭祖,为老年人提供了交流和传承传统文化的机会,也为他们的身心健康和社交活动带来了积极的影响。

(二) 清明节

清明节是中国传统的扫墓祭祀节日,也是一个重要的岁时节会。"春城无处不飞花,寒食东风御柳斜。日暮汉宫传蜡烛,轻烟散入五侯家。"(韩翃《寒食》)"七度逢寒食,何曾扫墓田。他乡长儿女,故国隔山川。"(洪升《寒食》)清明节承载着深厚的养老文化,与老年人的生活息息相关。

首先,清明节是人们祭祖扫墓的重要时刻。在这一天,人们会前往祖坟,整理墓地、烧纸、献花等,表达对祖先的敬意和思念之情。对于老年人来说,祭祖扫墓是一种重要的仪式,让他们感受到自己的根源和家族的传统,这种传统的延续和参与,有助于老年人维系亲情、增强归属感,促进家族的凝聚力和传统文化的传承。

其次,清明节也是人们缅怀先人、追思亲友的时刻。在这一天,人们会祭拜去世的亲人和朋友,表达对他们的思念和祝福。老年人常常在清明节这天回忆过往的岁月,怀念已经离世的亲人和朋友,思考生命的意义和生死的轮回。这种缅怀和追思的活动对老年人来说具有重要的心理宣泄和情感抒发的作用,有助于他们调适情绪,平衡内心。

此外,清明节也是赏花踏青的好时机。在春天的阳光明媚的日子里,老年人可以到郊外或公园里赏花、散步,感受大自然的美好。这种户外活动对于老年人来说是一种锻炼身体、放松心情的机会,有益于身心健康。

综上所述,清明节作为一个重要的岁时节会,与养老文化紧密相连。它通过祭祖扫墓、追思亲友和赏花踏青等活动,满足了老年人对于传统仪式的需求,帮助他们维系亲情、弘扬家族文化,并提供了身心健康和情感宣泄的机会。

(三) 端午节

端午节是中国传统的重要节日,也是一个富有养老文化的岁时节会。端午节的庆祝活动与老年人的生活息息相关。

首先,端午节是吃粽子的传统节日,一般由家中长辈亲手包粽子传承端午节习俗。粽子是端午节的特色食品,老年人常常亲手包制粽子,与家人一起品尝。这种传统食物的制作和分享,为老年人提供了参与家庭活动、传承传统美食的机会,增进亲情和家庭凝聚力。

其次,端午节是纪念屈原的节日,也是赛龙舟的时刻。赛龙舟是端午节最具特色的活动之一,人们组织赛龙舟比赛,以纪念屈原投江的传说。此外,端午节还有踏青郊游的传统。在端午节这一天,人们会到郊外或公园里进行户外活动,欣赏自然风光,放松身心。对于老年人来说,端午节举办的活动是锻炼身体、享受大自然的机会,有助于保持身体健康和积极的心态。

笔记栏

　　总的来说,端午节作为一个重要的岁时节会,与养老文化密切相关。它通过赛龙舟、吃粽子和踏青郊游等活动,为老年人提供了锻炼身体、增进亲情和享受自然的机会,有益于身心健康和社交活动。

(四) 中秋节

　　中秋节是中国传统文化中的重要节日,也是一个与养老文化紧密相关的岁时节会。在中秋节期间,人们以团圆、感恩和赏月为主题,将传统文化与养老文化相结合,为老年人提供了丰富多彩的活动和精神寄托。

　　首先,中秋节是家庭团聚的时刻。在这一天,人们会与亲人们团聚在一起,品尝月饼、赏月、聊天等。对于老年人来说,家庭团聚是一种重要的精神寄托,他们可以与子女、孙辈们共度时光,分享生活的喜悦和困扰,加深亲子关系和家庭纽带。家庭团聚也便于老年人向晚辈传递家庭价值观和传统文化,促进代际交流和文化传承。

　　其次,中秋节是感恩的时刻。在中秋节这一天,人们会向家人和朋友表达感恩之情,传递祝福和关怀。老年人常常会感慨时光荏苒,感激家人的陪伴和照顾。同时,中秋节也是老人向子女们传授家庭价值观和传统文化的重要时刻,让子女们懂得孝敬和关爱父母,维系家庭和睦与幸福。

　　此外,中秋节的赏月活动也是老年人喜爱的养老文化形式。在这一天,人们会赏月、吟诗、赋词,感受月光的温柔和宁静。老年人可以借此机会与朋友们一同赏月,分享诗词,回忆往事,享受平和宁静的氛围。赏月活动不仅让老年人感受到自然的美好,也为他们提供了锻炼身心、放松心情的机会。

　　最后,中秋节的传统美食——月饼,也深受老年人喜爱。老年人常常会亲手制作月饼,或者与家人一同品尝。制作月饼是一种传统的手艺活动,老年人可以通过亲自动手,传承和弘扬传统文化。同时,与家人一同品尝月饼也是一种亲情的表达,增进家庭的凝聚力。

　　综上,中秋节作为一个重要的岁时节会,与养老文化紧密相关。它强调家庭团聚、感恩和赏月,为老年人提供了交流和传承传统文化的机会,也为他们的身心健康和社交活动带来了积极的影响。在中秋节这一天,让我们与家人团聚,一同感受传统文化的魅力,共同度过一个温馨而难忘的时刻。

(五) 重阳节

　　重阳节是中国传统节日之一,也被称为"老人节"。它在农历九月初九这一天庆祝,寓意着长寿和吉祥。重阳节起源于中国古代的养生文化,人们在这一天会登高远足、赏菊花、佩戴茱萸等,以祈求健康长寿和祛除厄运。

　　《易经》中以"九"称"阳爻",古人认为"九"为阳数,九月初九,两九相重,故曰"重阳",又名"重九"。早在《楚辞》中,"重阳"一词就出现了。屈原《远游》曰:"集重阳入帝宫兮,造旬始而观清都。"重阳节被正式定为节日,相传是从唐代开始。《千金月令》中写到:"重阳之日,必以肴酒登高眺远,为时宴之游赏,以畅秋志。""九月九,搬回闺女息息手。"据《帝京景物略》载,北京旧俗,重阳节"父母家必迎女来食花糕,或不得迎,母则诟,女则怨诧,小妹则泣望其姊姨,亦曰'女儿节'"。中国自古有"一到九月九,全家高处走"之民谣,实则指重阳登高。俗云:"九月九,精大软米咬一口。"九月九妇女例吃重阳糕,《隋书·五行志》载,南北朝时民间有"七月刘禾伤早,九月吃糕正好"之童谣。是日,男女老幼,皆吃重阳糕象征重阳大家步步高。

　　菊花可谓重阳节庆之花。汉代已有九月九日饮菊花酒的习俗。《西京杂记》云:"九月九日,佩茱萸、食蓬饵、饮菊花酒,令人长寿。菊花舒时,并采茎叶,杂黍米酿之,至来年九月九日始熟,就饮焉,故谓之菊花酒。"习俗中饮菊花酒令人长寿的说法并非无稽之谈,《本草纲目》说菊花"久服利血气,轻身耐劳延年",汉魏时期兴起的道教长生、修仙之说也视菊花为"仙草"。

"九"和"九"两个阳数叠加,谐音"久久",重阳便有了长长久久之意,寄托着对老人健康长寿的祝福。重阳节和养老文化有着紧密的联系。重阳节作为"老人节",强调了对老年人的尊重和关怀。这一节日提醒人们要关注老年人的身心健康和生活品质,为他们提供适宜的居住环境和社会支持。重阳节也是表达孝心和感恩之情的时刻,人们会回家探望父母和祖父母,陪伴他们度过这个特殊的日子。

五、人生仪礼民俗

人生仪礼民俗是一种传统文化形式,它承载着社会各个阶层的生活方式和价值观念。这些习俗和仪式在传统社会中扮演着重要的角色,不仅让人们感受到传统文化的魅力,也为养老文化提供了丰富多彩的活动形式和精神寄托。民间社会的孝亲敬老主要表现在对老年人的日常饮食起居方面的照料、老年节日的精心安排和为老人举行寿诞礼的仪式实践中。如《荆楚岁时记》记载:"《礼·内则》云:子事父母,妇事舅姑。鸡初鸣,咸盥漱,栉縰笄。则惟其常,非独此日。"节日的仪式更为隆重,如腊祭后第二天为小年,这天早晨晚辈比往常起得更早,先伺候老人洗漱梳妆,再拜贺老人,还要奉上胡椒或柏树叶浸泡的美酒给老人饮用。人们认为,饮用这种酒能抗百病、不易老。

(一) 婚礼

婚礼是人生中的重要时刻,也是家庭和社会的重要仪式。在传统文化中,婚礼被视为家族延续和传承的象征,承载着对后代的期望和祝福。

对于老年人来说,参与子女的婚礼是一种重要的精神寄托,他们可以见证子女的成长和幸福,享受家庭的团聚和喜悦。同时,婚礼也为老年人提供了交流和社交的机会,他们可以与亲朋好友共同庆祝,并传递家庭价值观和传统文化。

(二) 生日庆祝

生日庆祝是人们对生命的庆祝和感恩。在传统文化中,生日被视为一个重要的节点,人们通过庆祝生日来表达对自己和他人的祝福和关怀。对于老年人来说,生日庆祝是一种对自己长寿和幸福的庆祝,也是家人和朋友对他们关爱和尊重的表达,同时也为他们提供了社交的机会,增强了社会参与感和幸福感。

各地一般称年登五十者(虚龄)谓之"上寿"。此后,每逢"十"岁之年,子孙即要为之祝寿庆贺,故寿庆又被称为"做十""贺十"。做寿前夕,寿家预先知会亲友,邀其皆来祝贺。亲友们都馈以贺礼,如寿联、寿幛、寿轴、寿桃、寿烛、鞭炮、衣料、鞋袜、鸡蛋、猪腿、猪肉、线面等,称"送寿""送十"。寿联总要在"寿"字上做文章,像"颐性养寿,屡获嘉祥""仁慈殷实,获寿保年""晚年逢盛世,青松迎舞鹤"等。寿幛是题有吉语贺词的大幅布帛或绸缎被面,基本是金色或红色。寿轴多为"松鹤图""百寿图""福禄寿三星图"。寿桃是用米面制成的,取蟠桃"延年益寿""长命百岁"之意。寿烛即专供祝寿用的红色蜡烛,比普通蜡烛粗大许多,重约斤许,甚至三五斤,蜡面印有金色"寿"字或"福如东海""寿比南山"等吉语。寿庆寿星要吃寿面,寿星全家人都要吃一点,称为"暖寿"。寿面讲究又细又长,表示寿禄长久,盼望老人"富贵不回头"。

总之,人生仪礼民俗和养老文化相互关联,互为补充。婚礼、生日庆祝等礼仪活动让老年人感受到家庭的温暖和社会的关怀,同时也为他们提供了交流和社交的机会。

第四节　中国精神生活民俗与养老文化

中国是一个历史悠久、文化丰富的国家,拥有丰富多样的精神生活民俗,这些民俗不仅是传统文化的重要组成部分,也与养老文化密切相关。在中国的养老文化中,人们常常通过信仰习俗来寻找内心的慰藉和安宁,同时也为老年人提供了社交和交流的机会。

一、民间艺术

民间艺术是一种源远流长的文化表达形式,承载着人们的情感、价值观和历史记忆。戏曲、民间音乐、民俗舞蹈、剪纸和民间绘画是常见的民间艺术形式,通过音乐、舞蹈、表演和故事情节等元素,向人们展示了独特的艺术风格和文化内涵。民间还流传着许多《敬老谣》《劝孝歌》,如"世有不孝子,浮生空碌碌,不念父母恩,何异栽枯木"等。

它们不仅是一种艺术形式,更是一种文化传承和交流的纽带。对于老年人来说,参与和欣赏民间艺术可以带来许多益处。首先,参与民间艺术活动可以促进老年人的社交互动和社会融入。他们可以与其他艺术爱好者一起学习和表演,建立新的社交关系,增强社会支持网络。其次,参与民间艺术可以激发老年人的创造力和想象力,提供一种表达自我的方式。他们可以通过创作和表演艺术作品来展示自己的才华和个性,获得满足感和成就感。此外,欣赏民间艺术也可以给老年人带来美的享受和心灵的慰藉,提升生活质量和幸福感。

(一) 戏曲

戏曲是中国传统文化中的重要组成部分,具有悠久的历史和丰富的艺术内涵。它是一种综合性的表演艺术形式,融合了音乐、舞蹈、表演和文学等元素,戏曲以其独特的唱腔、曲调和表演风格,吸引了无数观众的关注和喜爱。戏曲与养老之间存在着一种独特的关系。戏曲作为中国传统文化的瑰宝,不仅是一种艺术形式,也承载着社会价值观、道德教化和人生智慧。在养老领域,戏曲可以发挥多重作用,为老年人提供文化娱乐、社交互动和精神慰藉。

中国的戏曲有许多不同的剧种,如京剧、豫剧、粤剧等。每个剧种都有其独特的表演风格和曲调。京剧是中国最具代表性的戏曲剧种之一,它以其高亢激昂的唱腔和精湛的表演技巧而闻名。豫剧则以其豪放的唱腔和激情四溢的表演风格而受到广泛欢迎。粤剧则以其婉转动人的唱腔和精致的表演形式而深受南方地区观众的喜爱。作为一种富有表现力和情感张力的艺术形式,不同的戏曲有不同特点。但戏曲相同特点是,都可以为老年人提供精神慰藉和情感交流的机会。观看戏曲表演可以激发人们的情感共鸣,帮助老年人释放内心的情感,缓解孤独和焦虑感。

戏曲是中国传统文化的重要组成部分。通过观看和学习戏曲,老年人可以加深对传统文化的了解和认同感。戏曲表演中所展示的价值观、道德教化和人生智慧,可以为老年人提供指导和启发,帮助他们重新审视生活和价值观。戏曲表演可以成为老年人之间社交互动和团体活动的媒介。老年人可以通过观看戏曲演出的团体活动,一同欣赏演出,交流感受,增进彼此之间的社交联系和友谊。这种社交互动对于老年人的生理和社会心理适应具有积极的影响。

(二) 民间音乐

民间音乐是人们在日常生活中创作和演奏的音乐形式。它通常是由普通人民创作和演奏,以表达他们的情感、生活体验和文化认同。民间音乐的形式多样,包括民歌、民间乐器演奏和舞蹈音乐等。

民歌是民间音乐中最常见的形式之一。它通常以简单易懂的歌词和朗朗上口的旋律为特点，表达了人们对生活、爱情、自然和社会问题的思考和感受。由于子女的工作忙、陪伴少等，导致空巢老人越来越多，情感得不到宣泄，而民歌既是老年人们生活的记录，也是情感的宣泄和交流的方式。

此外，民间音乐还包括各种乐器演奏和舞蹈音乐。在中国，民间乐器如二胡、琵琶、古筝等被广泛使用，演奏出悠扬的旋律和动人的音乐，音乐的旋律和节奏可以激发愉悦和平静的情绪，帮助老年人调节情绪，促进心理健康。

（三）民俗舞蹈

民俗舞蹈是一种以舞蹈为主要表现形式的民间艺术形式。它通常与特定的地域、民族和节日等密切相关，反映了当地人民的生活方式、价值观和文化传统。民俗舞蹈以其独特的舞姿、舞步和音乐伴奏，吸引了无数观众的关注和喜爱。

民俗舞蹈是一种身体活动形式。舞蹈动作的展示和节奏的感受，可以提升老年人的身体灵活性、协调性和耐力。舞蹈运动可以促进血液循环，增强肌肉力量，改善身体机能，对老年人的康体养生具有积极的影响。

不同地区和民族的民俗舞蹈风格各异。例如，中国的龙舞和舞狮是颇具代表性的民俗舞蹈。龙舞以其独特的龙形舞蹈和鼓乐声，象征着中国人民的勇气和智慧。舞狮则以其灵动的舞姿和欢快的音乐，寓意着吉祥和幸福。老年人都希望有个好兆头、好的寓意，观看民间舞蹈表演可以带给老年人美的享受和艺术欣赏的满足和精神的愉悦。

（四）剪纸

剪纸是中国传统的手工艺，通过剪刻纸张，创造出各种图案和形象。在养老文化中，老年人常常会参与剪纸的制作和欣赏。剪纸需要精细的手部协调和眼手配合，剪纸可以锻炼手指的灵活性和精细动作的控制能力，尤其是对防止手部功能退化和手部关节炎产生等有积极的影响。

剪纸和过年、养老等文化密切相关，过门笺，又称"吊钱""门彩""斋牒"，一般用于门楣上或堂屋的二梁上。其样式多为锦旗形，天头大、两边宽，下作流苏。多以红纸刻成，也有其他颜色的或套色的。图案多作几何纹，或嵌以人物、花卉、龙凤及吉祥文字的，如"普天同庆""国泰民安""连年有余""风调雨顺""金玉满堂""喜鹊登梅""福、禄、寿、喜、财""五业兴旺"等。张贴时或一张一字，或一张一个内容，成套悬挂，一般以五张为多。贴过门笺除有迎春除旧之意外，也有祈福驱邪，保佑老人平安吉祥之意。

同时剪纸也可以为老者提供一种放松和专注的体验。老年人可以通过剪纸来展现自己的创造力和艺术才华，享受手工艺术带来的乐趣和满足感。

（五）民间绘画

民间绘画是一种以绘画为主要表现形式的民间艺术形式。它通常由普通人民创作，以其朴素、真实和独特的风格而受到人们的喜爱。民间绘画的题材广泛，包括风景、人物、动物、神话传说等，反映了人们对生活、自然和宇宙的理解和想象。

寿画，是呈赠给寿诞者的画轴。作为民间绘画的一种，寿画中多以梅、桃、菊、松、柏、竹、鹤、锦鸡、绶带鸟为内容，以柏谐百，以竹谐祝，以鹤谐贺，象征长寿。堂下铺红地毯，两旁寿屏、寿联，四周锦帐或寿彩作衬托。寿屏上面叙述寿星的生平、功德，显示老人德高望重，地位显贵。

民间绘画不仅是一种艺术形式，也是一种文化传承和社会交流的方式。老年人可以通过绘画，表达自己的情感和思想，记录和传承历史文化。同时，民间绘画可以成为老年人之间的互动和交流的媒介。老年人可以组织或参加绘画活动,一同创作和分享绘画作品。这种社交互动不仅增进了彼此之间的联系和友谊,还提供了一种有意义的社区参与和活动形式,拓宽了老年人的社会支持网络。

二、语言民俗

在中国的养老文化中,民间语言习俗扮演着重要的角色。这些语言习俗不仅是地域文化的体现,也是老年人交流和表达情感的重要方式。民间语言习俗在老年人社交互动中起着重要的作用,有助于老年人维系社交网络和友谊,增强他们的归属感,感受到自身的重要性和存在价值。其中,各地方言与惯用语以及节日祝福语是最常见的两种民间语言习俗。

(一) 各地方言与惯用语

中国是一个多民族、多方言的国家,各地区拥有独特的方言和语言特点。方言是地域文化的重要组成部分,也是老年人与家乡、亲友之间联系的纽带。在养老阶段,老年人常常使用自己熟悉的方言进行日常交流和表达,这种方式能够让他们感受到归属感和亲切感。

方言不仅仅是一种语言工具,更是一种文化传承和情感表达的方式。老年人使用方言时,往往能够借助特定的词汇和表达方式,更准确地表达自己的情感和思想。同时,方言也是老年人之间交流的桥梁,他们可以用熟悉的方言与亲友分享生活的点滴、传递关心和问候。方言中有许多敬老爱老的用语,比如闽南语,"亲耐嘎"意为亲爱的老人,是对长辈的亲切称呼,"顶老人"表示尊敬老人;客家"阿公、阿嬷",指祖父和祖母,也是对长辈的敬爱称呼;粤语"阿伯、阿姆",是对祖辈的尊敬称呼。这些方言中的用语都反映了对长辈的尊重和敬爱之情。人们使用这些称呼来表达对长辈的亲近和敬意,传承着尊老敬长的传统价值观。

除了方言,各地还有各具特色的敬老惯用语。这些惯用语是当地人在生活中习以为常的表达方式,往往蕴含着深厚的文化内涵和智慧。比如,淮北农村敬老俗语"六十六,吃块肉,吃了肉活不够""七十七,吃只鸡,吉星高照寿无比";张家界敬老俗语"种田得谷,敬老得福";上海话"扶老携幼,传家美德""老人智慧如珠玉,幼儿纯真是宝贝"等。此外,"家有一老,如有一宝""老人开心笑,胜似灵丹药""活到老,学到老,人生七十还学巧"等,都表达了对老人的尊敬。老年人常常使用惯用语来传递人生的经验和智慧,也能够借此与他人建立更深层次的沟通和理解。同时,这些惯用语中包含的传统价值观老年人可以用来教育、引导后辈们保持良好的道德品质。民间语言习俗中的谚语、俗语和格言等,可以传达对老年人的尊重、孝敬和关爱,鼓励他们保持积极乐观的心态,传承家族和社会的优良传统。

(二) 节日祝福语

中国拥有丰富多彩的传统节日,每个节日都有独特的祝福语和祝福习俗。"福如东海,寿比南山""松柏常青,春秋不老""春秋鼎盛,福寿双全""松龄鹤寿,日月长明""康宁喜乐""福寿与天齐"等节日祝福语是对老年人的关怀和祝福的表达方式,它们体现了养老文化中尊老、敬老的重要价值观。这些祝福语不仅可以带给老年人温暖和快乐,也是对他们智慧、经验的肯定和敬意。在养老文化中,通过节日祝福语的传递,可以促进家庭和社区的和谐和亲情关系,同时也是传承尊老敬老传统的重要方式。

在中国的养老文化中,民间语言习俗与养老生活紧密相连。它们成为老年人交流、表达情感和传承文化的重要媒介。通过使用各地方言与惯用语,老年人能够更好地与家人、朋友和社区保持联系,并且在传统节日中用祝福语表达对亲友的祝福和关怀。同时,这些民间语言习俗不仅丰富了老年人的生活,也传承了中华民族的文化智慧和价值观念。

复习思考题

1. 养老民俗文化的价值是什么？
2. 养老民俗文化对我国老龄化社会建设的意义是什么？
3. 我国与养老文化相关的民俗有哪些？请列举至少五项。

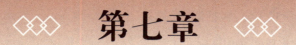

第七章

中国传统养老文学艺术

学习目标

知识目标

掌握养老文学艺术的基本概念、发展历程和特点,理解养老文学艺术的内涵和意义,熟悉养老文学艺术的经典作品、代表艺术家以及相关的理论研究成果,了解养老文学艺术的主题思想。

能力目标

了解养老文学艺术的社会意义和价值,培养学生对养老文学艺术的理解和欣赏能力,能够分析和解读养老文学艺术作品,理解其中的情感表达和思想内涵;能够正确评价和分析养老文学艺术作品,传播和推广养老文学艺术的理念,批判性地传承和发展中国传统养老文化。

素质目标

深刻把握中国古代养老文学艺术中蕴含的中国传统养老文化精髓,增强对老年人生活和心理需求的关注和理解,强化对老年人的尊重和关爱意识;培养审美情趣和文化素养,提高对艺术作品欣赏和鉴赏的能力;培养情感共鸣和人文关怀的能力,增强与老年人进行情感沟通和交流的能力。

课程思政目标

培养敬老、孝老、养老意识,践行敬老、孝老、养老观念。

学习要点

1. 中国传统养老文学艺术的内涵与特点。

2. 中国古代文学对养老文化的影响。

3. 中国古代其他艺术中蕴含的养老文化。

养老文学艺术是养老文化不可或缺的一部分,是弘扬中国传统养老文化的重要载体,其中蕴含着丰富而深刻的养老理念、卓有成效的养老经验和方法,具有鲜明的历史特征。在养老文学艺术发展嬗变历程中,积淀的许多价值观念和精神标识对现代社会仍具有启示意义。中国传统养老文学艺术不仅能够反映古代人们对养老的重视,也为我们了解古代社会的生活、家庭结构和价值观提供了宝贵的资料。

第一节　中国传统养老文学艺术的思想性与艺术性

养老文学艺术是指以反映养老思想、情感、行为、生活、制度等为主题的文学和艺术作品。养老文学艺术的形式多样,包括诗歌、散文、小说、绘画、音乐、舞蹈、戏剧等。

一、养老文学艺术的思想性

中国文化强调"以人为本"。养老文学艺术不仅具有审美价值,更具有丰富的思想性,反映着养老的时代变迁和价值观念的演变。

(一)以孝为核心

东汉许慎《说文解字》解释"孝"云:"孝,善事父母者。从老省,从子,子承老也。"自西周开始,"孝"的观念就在社会中广泛存在,并流传至今。《荀子·礼论》:"先祖者,类之本也;君师者,治之本也。无天地,恶生?无先祖,恶出?"《论语·为政》:"子游问孝。子曰:今之孝者,是谓能养,至于犬马皆能有养;不敬,何以别乎?"《孟子·万章上》:"孝子之至,莫大乎尊亲。"作为一种代代相传的文化观念,孝文化根深蒂固,为家庭养老在中国的长久延续提供了思想保障。此外,孝文化与政治之间也有着密切的联系,"举孝廉""以孝治天下"等就是以孝文化来举荐贤良、维护社会稳定。《三字经》《千字文》等启蒙读物均强调孝道的重要性,对后世影响深远。但过于强调孝道至上的观念,也衍生出一些"愚孝"的迂腐行为,如《二十四孝》中"卧冰求鲤""郭巨埋儿"等典故,应以理性批判的眼光予以审视,取其精华,去其糟粕。

(二)以尊老敬长为社会伦理道德

尊老敬长是中国传统孝道观念从家庭向社会延伸的一个表现,也是中国养老文化的重要理念。孔子及其继承者将"孝"观念从单纯的"养"提高到"尊"和"敬"的层次,提升了"孝"的道德境界。孟子则将此观点进一步向社会拓展,提出"老吾老以及人之老,幼吾幼以及人之幼"的观念,倡导人们在孝敬家中老人的同时,也应尊敬社会上所有老人,在全社会形成尊老敬老观念。陈子昂《座右铭》中写道:"事父尽孝敬,事君贵端贞。兄弟敦和睦,朋友笃信诚。"唐宋八大家之一的苏辙在《古今家诫叙》中指出:"慈孝之心,人皆有之,特患无以发之耳。"寓意深刻、发人深思的文学艺术作品,一方面提高了社会对养老问题的关注度,另一方面也潜移默化地影响了人们的价值观,推动形成尊老敬老的社会风气。

(三)坚持精神赡养与物质供养相统一

人的精神欲求和物质欲求同等重要,对老年人来说也是如此。精神赡养,就是积极满足老人的精神生活需要。《礼记·檀弓下》载:"子路曰:伤哉贫也。生无以为养,死无以为礼也。孔子曰:啜菽饮水,尽其欢,斯之谓孝。"汉代郑玄注:"王云熬豆而食曰啜菽。"唐代孔颖达疏:"谓使亲尽其欢乐,此之谓孝。"菽水,指的是豆和水,也就是普通饮食。孔子称赞子路虽然让父母所食乃普通之物,但却使得父母欢乐,这本身就是孝。"菽水之欢"强调的就是对父母的精神赡养。唐代诗人张说在《封泰山乐章·太和》中写道:"孝敬中发,和容外彰。腾华照宇,如升太阳。贞璧就奠,玄灵垂光。礼乐具举,济济洋洋。"因此,子女不仅要在物质上供养老人,更要在精神上慰藉老人。

二、养老文学艺术的艺术性

中国古代养老文学艺术是中国传统文化的重要组成部分,它通过诗词、歌赋、戏曲等多种形式,生动地展现了古代人们对养老问题的关注和思考。这些文学艺术作品不仅具有深刻的思想内涵,还具有独特的艺术特征。

(一)情感深沉,意境深远

在古代文学艺术中,养老的题材常常与自然、情感、哲理相结合,蕴含着深沉的内涵,形成了深邃的艺术意境。以孟郊的《游子吟》为例,这首诗描绘了母亲为远行的儿子缝制衣服的场景,歌颂了母爱的伟大。诗歌开头两句"慈母手中线,游子身上衣",用"线"与"衣"两件极常见的东西将"慈母"与"游子"紧紧联系在一起,写出母子相依为命的骨肉感情。三、四句"临行密密缝,意恐迟迟归",通过对慈母为游子赶制出门衣服的动作和心理的刻画,深化这种骨肉之情。母亲千针万线"密密缝"是怕儿子"迟迟"难归,饱含母亲对儿子归家的期待。而五、六句"谁言寸草心,报得三春晖"的意思是子女像小草般微弱的孝心,远远不足以报答像春晖普泽一样伟大的母爱,则隐含了孝亲养老的寓意,期盼老人晚年能享受儿女绕膝的天伦之乐。

悼念亡故亲人的文学艺术作品,通过艺术手法将个人的思念和回忆转化为艺术的表达,给予人们安慰和启示。这些作品不仅展现了对亲人深深的爱和思念,也让人们重新思考生命的意义和价值。如秦腔剧目《丁郎刻母》中的唱词:"乌鸦都有反哺义,我丁郎待娘如同禽兽一般。丁郎低头自参想,孝敬双亲理应当……大舜耕田首一件,文雷守墓在坟园。安安送米把娘探,老赖子撒欢在堂前。郭巨埋儿黄金现,鞭打芦花飞满天。王祥卧冰鱼出现,朱春登放饭祭祖先。世上的孝子表不完,丁郎祭母代代传。"再如清代周淑然的《元日哭先大人》:"一夜思亲泪,天明又复收。恐伤慈母意,暗向枕边流。"这首诗的前两句"一夜思亲泪,天明又复收"直接表达了作者对故去父亲浓郁的思念之情。夜晚的寂静让思念更加浓烈,泪水无法自禁地流下。但当天亮时,作者又会强忍住悲伤,收起泪水。后两句"恐伤慈母意,暗向枕边流"则进一步揭示了作者的内心世界。她深知自己的悲伤会让母亲更加担忧和伤心,因此选择偷偷流泪,不让母亲知道。这种对母亲的体谅和关爱让人感动,缅怀逝者的同时,更加珍惜对生者的爱,展现了孝心和人性的光辉。

(二)形象鲜明,生动逼真

中国古代养老文学艺术作品在塑造人物形象方面具有很高的艺术成就。这些作品通过细腻的描写和刻画,使人物形象栩栩如生,跃然纸上。如《红楼梦》中,曹雪芹通过对贾母、刘姥姥等人物的生动描绘,展现了不同社会地位和家庭背景的老年人在养老问题上的态度和行为,人物形象具有鲜明独特的个性特征和丰富的内心世界,使得整部作品充满了生命力和真实感。生活在钟鸣鼎食之家,贾母享受着子孙承欢膝下、物质富足、令人羡慕的老年生活。她的养生之道主要体现在如下方面:管理饮食,喜欢清淡的食物,注意饮食的搭配;适度运动,如游园、赏花;心态平和,为人处世宽容大度,性格开朗,心胸开阔;善于调节自己的情绪,不轻易发怒或忧虑;遵循传统医学养生法则,注重食补和药补。刘姥姥则没有贾母那样优渥的生活了,"这刘姥姥乃是个久经世代的老寡妇,膝下又无子息,只靠两亩薄田度日。如今女婿接了养活,岂不愿意?遂一心一意帮着女儿女婿过活起来。"她和女儿女婿生活在一起,晚年生活虽然艰辛,但适当的日常劳动使得身体硬朗、精神健旺。从刘姥姥第一次、第二次进贾府的不同目标诉求、逢人处世的言语和行为举止,以及后来救出巧姐的事情可知,她为人聪明又乐观豁达,是一个能够顾得了"长远"的乡村老妪。

(三)语言优美,韵律和谐

中国古代养老文学艺术作品在语言运用和韵律方面具有很高的艺术性。这些作品常常采用优美的言辞、和谐的韵律来表达情感和思想。如"思尔为雏日,高飞背母时"(白居易《燕诗示刘叟》)、"慈母倚门情,游子行路苦"(王冕《墨萱图·其一》)、"白头老母遮门啼,挽断衫袖留不止"(韩愈《谁氏子》)、"老母与子别,呼天野草间"(李白《豫章行》)、"低徊愧人子,不敢叹风尘"(蒋士铨《岁暮到家》)等诗句,体现了诗歌语言的音乐美。这些作品有的讽刺子女无情无义、拒绝反哺的社会现象;有的表达在外游子对故乡母亲的深切思念之情和不能在母亲身边尽孝的愧疚之情;有的描述久别回家的游子与母亲相见时的情景,颂扬了母爱的深厚和伟大。

唐代诗人白居易有关于应对疾病和日常养生的独到见解的涉医诗。白居易诗作中记载的疾病种类涉及眼科、口腔科、内科、外科和骨伤科等,具体疾病有肺病、齿疾、脚疮、腰部跌伤、头痛等。如"头痛牙疼三日卧,妻看煎药婢来扶"(《病中赠南邻觅酒》)、"酒狂怜性逸,药效喜身轻"(《早春独游曲江》)、"若问乐天忧病否,乐天知命了无忧"(《病中诗十五首·枕上作》)、"病来道士教调气,老去山僧劝坐禅"(《负春》)等诗句,采用严谨的对仗和平仄的韵律,整首诗语言优美、韵律和谐,形象生动地表达了病中体验和感悟。

(四) 题材广泛,内容丰富

　　中国古代养老文学艺术作品的题材广泛、内容丰富。这些作品不仅涉及家庭、亲情和孝道等主题,还涉及社会、政治、历史等多个领域。例如,元代杂剧家关汉卿的《窦娥冤》,窦娥丧夫,与婆婆相依为命,受到地痞张驴儿和其父张孛老的欺负,张驴儿为逼迫窦娥成亲,暗自下毒欲毒死婆婆,却阴差阳错毒死了其父张孛老,张驴儿恼羞成怒诬告窦娥,贪官为让窦娥招认,就当着窦娥的面要拷打婆婆,窦娥孝顺婆婆,只好含冤招供,被定了死罪予以处决。通过对窦娥这一宁可含冤而死也要护住婆婆周全的悲剧角色的塑造,体现了敬老尊老的思想。

　　古代文学艺术中对老人形象的塑造,往往是通过凸显他们所面临的生活上的困难、精神上的孤独、社会地位的低下等问题展开的。如白居易在《卖炭翁》中描述了一位卖炭老人的贫困生活:"卖炭翁,伐薪烧炭南山中。满面尘灰烟火色,两鬓苍苍十指黑。卖炭得钱何所营?身上衣裳口中食。可怜身上衣正单,心忧炭贱愿天寒。"这首诗通过卖炭老翁的悲惨遭遇,反映了下层劳动人民谋生的困苦,深刻地揭露了当时社会的剥削现实。

　　古代文学艺术还揭示了病老难分的养老难题。杜甫在《登高》中写道:"万里悲秋常作客,百年多病独登台。艰难苦恨繁霜鬓,潦倒新停浊酒杯。"诗人通过登高所见秋江景色,倾诉了长年漂泊、老病孤愁的复杂感情。

　　有的作品则呼唤社会福利,保障老百姓的生活。如杜甫在《茅屋为秋风所破歌》中提出了"安得广厦千万间,大庇天下寒士俱欢颜"的理想,希望能够为社会上的弱势群体提供庇护的住所。

第二节　中国古代文学与养老文化

　　在不同时代的文学作品中,其蕴含的养老观念与当时的社会环境紧密相连。养老文学作品生动的描绘,提高了社会对养老问题的关注度,影响了人们的价值观,推动形成尊老敬老的社会风气,彰显了文学的社会功能。

(一)《诗经》中的养老文化

　　钱穆在《中国文化史导论》中这样评价《诗经》:"《诗经》是中国一部伦理的歌咏集。中国古代人对于人生伦理的观念,自然而然地由他们最恳挚最和平的一种内部心情上歌咏出来了。我们要懂得中国古代人对于世界、国家、社会、家庭种种方面的态度与观点,最好的资料,无过于此《诗经》三百首。"《诗经》是我国最早的一部现实主义的诗歌集,其中蕴含着尊老、养老、孝思等主题,反映了周代社会的养老观念和家庭伦理,是研究中国古代养老文化的重要资料。

　　《蓼莪》是《诗经·小雅》中表达孝子之思很著名的篇章:

　　蓼蓼者莪,匪莪伊蒿。哀哀父母,生我劬劳。

　　蓼蓼者莪,匪莪伊蔚。哀哀父母,生我劳瘁。

　　瓶之罄矣,维罍之耻。鲜民之生,不如死之久矣。无父何怙,无母何恃。出则衔恤,入则靡至。

父兮生我，母兮鞠我。拊我畜我，长我育我。顾我复我，出入腹我。欲报之德，昊天罔极。

南山烈烈，飘风发发。民莫不穀，我独何害。

南山律律，飘风弗弗。民莫不穀，我独不卒。

该诗共分六章，一、二、五、六章各四句，三、四章各八句，其中首二章和末二章各自形成复沓结构。首二章以"匪莪伊蒿"起兴，引出对父母"生我劬劳"的哀悯之情。中二章具体回顾父母生养我的艰辛和无微不至的关怀，"生""鞠""拊""畜""长""育""顾""复""腹"九个动词和九个"我"字，字字含情，如泣如诉，回环往复，正如姚际恒《诗经通论》所评"勾人眼泪全在此无数'我'字"。末二章以"南山"和"飘风"起兴，通过"民"和"我"的对比，抒发不能终养父母的痛心和遗憾。《蓼莪》一诗，抒发了诗人对父母生养之恩的无比感念，和不能终养父母以报其恩的痛切之心。《毛诗序》认为此诗主旨为"民人劳苦，孝子不得终养尔"，朱熹《诗集传》云"乃言父母生我之劬劳而重自哀伤也"，皆贴合诗意。

相似的主题思想和情感抒发在《北山》中也有体现：

陟彼北山，言采其杞。

偕偕士子，朝夕从事。

王事靡盬，忧我父母。

这首诗从一名士子任职的角度，对自己多劳而无功的遭遇发出了喟叹，对朝廷中事务分配不公的时局进行了讽刺。正如《毛诗序》所说，此诗为"大夫刺幽王也"，因为"役使不均，己劳于从事，而不得养其父母焉"。不能养其父母还使得父母忧愁，真实地表达了作者心中的愧疚与不满。

在《诗经》中，还表达了德高寿长的思想。如《诗经·小雅·南山有台》：

南山有台，北山有莱。乐只君子，邦家之基。乐只君子，万寿无期。

南山有桑，北山有杨。乐只君子，邦家之光。乐只君子，万寿无疆。

南山有杞，北山有李。乐只君子，民之父母。乐只君子，德音不已。

南山有栲，北山有杻。乐只君子，遐不眉寿。乐只君子，德音是茂。

南山有枸，北山有楰。乐只君子，遐不黄耇。乐只君子，保艾尔后。

全诗五章，每章六句，是一首对德才兼备君子贤人的赞歌。每章后四句都是歌功颂德和祝寿之词。第一、二章敬祝邦家之光、万寿无疆，第三、四章祝福民之父母、德音不已，第五章祝愿子孙万代、幸福绵长。宋代朱熹《诗集传》对此诗的主题思想解读云："乐只君子，则万寿无期矣。所以道达主人尊宾之意，美其德而祝其寿也。"

据研究统计，《诗经》中共有 27 篇反映孝道思想的篇章，分别是《天保》《六月》《楚茨》《下武》《文王有声》《既醉》《卷阿》《雍》《载见》《闵予小子》《泮水》《閟宫》《凯风》《陟岵》《鸨羽》《四牡》《小宛》《小弁》《蓼莪》《采蘋》《南山》《斯干》《文王》《执竞》《思文》《丰年》《酌》。这些篇目有关孝的论述，涉及诸多方面，有对先祖的祭祀，有在外征战之人对父母生活的担忧，有女子出嫁后对父母的思念，也有公务繁多的官吏不能在父母面前尽孝的无奈，有子女对已逝父母的深切怀念与不能尽孝的悔恨等。

总体而言，《诗经》中的养老文化强调了家庭和谐、尊老爱幼的价值观，认为赡养老人是年轻人的责任和荣誉。这种养老文化不仅重视对老人的物质赡养，更强调对老人精神层面给予尊重和关爱，体现了中国古代社会的家庭伦理和道德观念。

（二）魏晋南北朝文学中的养老文化

魏晋南北朝时期，社会动荡不安，政治格局复杂，但这一时期的文学却取得了巨大的成就。在这一时期的文学作品中,纵情山水、追求精神自由成为一个重要的主题,体现了一定的养生观。

魏武帝曹操热心于研究炼气养性之理,以求健康长寿。在他的养生诗中,最精彩的一篇当推《步出夏门行·龟虽寿》。诗中写道:

神龟虽寿,犹有竟时;腾蛇乘雾,终为土灰。

老骥伏枥,志在千里;烈士暮年,壮心不已。

盈缩之期,不但在天;养怡之福,可得永年。

幸甚至哉,歌以咏志。

这是一首具有哲理意味的咏怀诗。"神龟虽寿,犹有竟时"说明了生老病死的规律,而"烈士暮年,壮心不已"则抒发了奋发有为、建功立业的豪情壮志。这首诗同时也是一曲养生之道的千古绝唱,"盈缩之期,不但在天;养怡之福,可得永年",说明人之生命虽皆有终,但生命的长度和高度却不只由天命来决定,还应该掌握在自己的手中。从养生角度而言,一个人如果能够将物质上的保养和精神调养结合起来,那就可以延长生命。

嵇康在《答难养生论》中提出:"养生有五难:名利不灭,此一难也;喜怒不除,此二难也;声色不去,此三难也;滋味不绝,此四难也;神虑转发,此五难也。"这"五难"实际上将养生的要诀分为三类:一是淡泊名利;二是摒弃声色滋味的嗜好;三是保持心情思想的宁静。说到底就是要做到清静寡欲。因此嵇康认为,长寿者多为思想单纯、欲望不多的人。

善于养神,是重要的修身养性之道,也是延年益寿的良方。东晋名士陶渊明《饮酒》诗曰:

结庐在人境,而无车马喧。问君何能尔?心远地自偏。

采菊东篱下,悠然见南山。山气日夕佳,飞鸟相与还。

这首典型的养生诗,境与意会,物与心融。养生保健在于人与外界自然生态环境保持和谐统一。清静幽美的生态环境有助于洗涤内心的烦躁和杂念,与世俗的功利欲望拉开一定的心理距离,自然就能获得怡然自乐的精神自由,这是精神养生的关键所在。

陶渊明在《桃花源记》中描绘了一幅自由恬静的乡村生活:"有良田美池桑竹之属,阡陌交通,鸡犬相闻。其中往来种作,男女衣着悉如外人。黄发垂髫,并怡然自乐。"节怒、除虑、去烦恼,顺应自然,怡养真性,保持心理卫生、精神健康才是长寿和养生之道。

(三) 唐诗宋词中的养老文化

作为中国传统文化的重要组成部分,唐诗宋词中蕴含着丰富的养老文化。这些诗词不仅反映了古代人们对养老问题的关注,也体现了他们对家庭、亲情和孝道的重视。

1. 积极面对老年生活　生老病死是生命的自然过程,接受现实,珍惜当下,保持健康的生活方式和积极的心态,老年生活因此也会更美好。刘禹锡《酬乐天咏老见示》云:

人谁不愿老,老去有谁怜。

身瘦带频减,发稀冠自偏。

废书缘惜眼,多灸为随年。

经事还谙事,阅人如阅川。

细思皆幸矣,下此便翛然。

莫道桑榆晚,为霞尚满天。

人变老了,经历了许多事情,积累了丰富的人生经验。变老也有美好的一面,就像桑榆之上的余晖,也能化作美丽的晚霞,照亮整个天空。

2. 家庭养老的重要性　杜甫《江村》诗曰:

清江一曲抱村流,长夏江村事事幽。

自去自来梁上燕，相亲相近水中鸥。

老妻画纸为棋局，稚子敲针作钓钩。

但有故人供禄米，微躯此外更何求？

这是诗圣杜甫的肺腑之言。杜甫一生劳碌奔波，而温馨的家庭生活给了诗人至纯至厚的情、至深至广的爱，使他晚年一度过得安闲而自在。因而，这首诗也充分印证了家庭在养老中不可或缺的地位。

3. 孝道观念和敬老尊贤的传统　在唐诗宋词中，许多诗人抒发对老年人的尊重和敬仰，体现养老文化的意蕴。前述孟郊《游子吟》便是一首尊老之诗。"慈母"一词深情地表达了对母亲的爱和敬意，而"游子"则代表着对家乡和亲人的思念和牵挂。整首诗通过细腻的笔触，展现了母爱的伟大和深沉，也表达了对母亲的敬爱和感激。孟浩然的《送张参明经举兼向泾州觐省》也是一首尊老之作。"十五彩衣年，承欢慈母前"描绘了一个聪明勤奋、孝敬父母的少年形象，"承欢慈母前"表达了对母亲的孝敬和尊重，也体现了对家庭美德的传承和弘扬。

4. 日常生活与养生方法　唐代诗人白居易的诗作中有不少是书写养生方法的。他的"养生方法"之一就是勤练气功。他在《负冬日》诗中写道：

杲杲冬日出，照我屋南隅。

负暄闭目坐，和气生肌肤。

初似饮醇醪，又如蛰者苏。

外融百骸畅，中适一念无。

旷然忘所在，心与虚空俱。

从诗中可以看出，白居易不但爱好气功，而且已达到了"外融百骸畅，中适一念无"的状态，身体通畅，心中安适，内外调和。在《北窗闲坐》这首诗中，白居易指出自己的益寿延年之道是"自有延年术，心闲岁月长"，强调了追求内心平静和自由的重要性。

北宋文豪苏轼，不仅有丰富的养生经验，还在诗文中多次予以记录。他被贬儋州，写于绍圣四年（1097）的组诗《谪居三适》，即是关于养生心得的诗意描述。多梳头、按摩面部是中国古人行之有效的保健方法。《旦起理发》云："一洗耳目明，习习万窍通。"头部是人精气聚集之处，若出现问题，人的身体、精神都会受到损伤。药王孙思邈的日常养生十三法中就包含了"发常梳""目常运"等。苏轼的坐睡与静坐、睡眠养生法密切相关。《午窗坐睡》描述坐睡姿势云"蒲团蟠两膝，竹几阁双肘"，即盘腿坐于蒲团，双肘搁于小桌上。诗人坐睡时"神凝疑夜禅，体适剧卯酒"，精神凝聚仿佛在夜间坐禅，身体舒适胜过清晨饮酒，可见其坐睡效果之好。还有《夜卧濯足》"土无重腿药，独以薪水瘳。谁能更包裹，冠履装沐猴"等诗句，描绘了诗人夜晚睡前用热水洗脚以缓解脚肿的画面。这几种养生方法并非苏轼谪居海南岛后才开始修习，而是他坚持多年的养生经验总结。苏轼还潜心研究医药，收集民间验方，后人编成《苏沈良方》以济世救人。他在养生健身诗《六月十二日酒醒步月理发而寝》中写道："羽虫见月争翩翻，我亦散发虚明轩。千梳冷快肌骨醒，风露气入霜蓬根。"描绘了苏轼月夜站立在空旷的轩阁之中梳发健身的情景。

南宋爱国诗人陆游诗中蕴含独特的养生之道。陆游钟情食养，清淡为主，在诸多食疗方法中对食粥有所偏好。他写道：

世人个个学长年，不悟长年在目前。

我得宛丘平易法，只将食粥致神仙。

陆游认为饮食太过丰盛会加重肠胃的负担，日常应以粗茶淡饭为宜。粥为流质食物，老幼皆宜，味美香糯，营养丰富，易为人体消化吸收，如果在粥中加入相应的食品或食物，如莲心、薏苡仁、花生米、羊肉、西洋参、胡萝卜等,还有防治疾病、祛病延年的功用。

陆游在《铭座》诗中写道:

天下本无事,庸人实扰之。

吾身本无患,卫养在得宜。

一毫不加谨,百疾所由滋。

人生快意事,嗤嗟莫能追。

汝顾不少忍,杀身常在斯。

深居勿妄动,一动当百思。

每食视本草,此意未可嗤。

赋诗置座右,终身作元龟。

这首座右铭诗,从五个方面谈了养生之道:一是要摒除不利于身体的行为;二是要保持精神愉快;三是要宽宏大量;四是不要轻举妄动;五是要按照科学的方法进食。这体现了中医养生身心并调的特色。

就养老而言,"心乐"才是关键。如何才能达到"心乐"呢? 北宋著名理学家、教育家,"洛学"代表人物程颢的《春日偶成》,给人以深刻的启示:

云淡风轻近午天,傍花随柳过前川。

时人不识余心乐,将谓偷闲学少年。

程颢认为人的一生,即便老了,生活也应当和少年人一样丰富多彩,以愉悦身心,欢度晚年。

课堂互动

讨论:结合清代袁枚《老行》诗,谈一谈你对运动养生以及旅游养老的理解。

老行万里全凭胆,吟向千峰屡掉头。

总觉名山似名士,不蒙一见不甘休。

——清代袁枚《老行》

(四) 明清小说中的养老文化

明清小说代表明清时期文学的最高成就,对后世文学产生了深远的影响。明清小说大多采用章回体形式,每回都有标题,小说语言更加贴近人民群众,易于理解和接受。明清小说涉及的养老文化多种多样,涵盖了居住环境、休闲娱乐、饮食保健等多个方面。古代四大名著《水浒传》《三国演义》《西游记》《红楼梦》是章回小说的代表作,其中蕴含丰富的养老文化。

1.《水浒传》中的养老文化 《水浒传》是明代小说,100 回,作者为施耐庵和罗贯中。《水浒传》取材于北宋末年宋江起义的故事,塑造了 108 名梁山好汉的英雄形象。书中有不少关于养老和养生的知识,并塑造了一名神医——安道全,借由安道全之口,阐述医理。

日常保健与医药养生。如《水浒传》第 21 回提到的王公卖给宋江喝的"二陈汤",是由陈皮、半夏、茯苓、甘草四味中药组成,有健脾化痰、消食理气作用,是很好的防病治病饮品。《水浒传》中,吃茶是很常见的行为,茶具有解毒、清热、醒酒、兴奋、解渴之功。

尊重和照顾长辈。在梁山好汉中,许多人的成长和提升都离不开长辈的教诲和指导。林冲在加入梁山之前曾是东京八十万禁军教头,他的师傅是周侗;鲁智深则是大相国寺的和尚,智真长老对他的影响非常大。这些长辈或师傅在故事中扮演着重要的角色,他们的智慧和教诲对主人公的成长和发展起到了至关重要的作用,同时也受到后辈的尊重和敬爱。

浓厚的孝亲之情。《水浒传》中的许多英雄好汉都有自己的家庭,宋江在加入梁山之前一直过着与家人团聚的生活,在成为梁山好汉之后也经常回家探望自己的父亲和兄弟。第43回,黑旋风李逵见公孙胜见到久别的老母亲后,潸然泪下,便下梁山去接老母,半路遇见冒充自己的李鬼。李鬼哭着喊着说自己上有90岁老母,下有7岁小儿,乞求李逵放了他。李逵不仅未杀他,还赠予他二两银子。李逵老母因思念儿子哭瞎了眼睛,李逵骗母亲说做了官,接她去享福,结果半路上母亲不幸被老虎吃掉,他便痛杀老虎,将母亲安葬。

2.《三国演义》中的养老文化　《三国演义》,亦称《三国志通俗演义》或《三国志演义》,明代小说,120回,作者为罗贯中。《三国演义》作为中国古典文学的杰作,不仅在战争和政治斗争的描绘上精彩绝伦,而且在人物性格和道德伦理的刻画上也极为细腻,尊老敬老的文化传统在小说中得到了充分的体现。

人物称谓和礼节。《三国演义》中的人物称谓非常讲究,尤其是对长辈或尊敬的人,通常会使用更为恭敬的称谓。刘备在称呼诸葛亮时,常用"先生"或"军师"等敬语,以表达对诸葛亮的尊敬。在正式场合或书信往来中,人们往往会使用更为庄重的称呼表达敬意,如"明公""君侯"等,这种通过称谓来表达尊敬的细节,体现了尊老敬老的文化传统。

尊长敬贤,注重家庭。尊重长者和贤者的思想在《三国演义》有充分体现。刘备在拜访诸葛亮时,不惜三顾茅庐,表现出对诸葛亮的极大尊敬。在许多场合下,人们会向年长者或贤者请教,虚心听取他们的意见和建议。这种尊重长者和贤者的态度,不仅是一种个人修养的表现,也是一种尊老敬老文化的体现。徐庶在得知母亲被曹操囚禁后,毅然决定回到曹营侍奉母亲。尽管徐庶是被迫离开刘备的,但他的孝行却成为小说中一个感人至深的情节。

军事斗争中的人心向背。《三国演义》中的政治和军事斗争虽然激烈复杂,但其中也蕴含着尊老敬老的文化传统。"携民渡江"的情节出现在刘备于荆州遭遇危机的时候。曹操大军南下征讨荆州,荆州牧刘表病逝,其次子刘琮接替荆州牧。在手下蔡瑁等人的劝说下,刘琮将荆州献与曹操。刘备事前毫不知情,得知消息时曹操大军已经南下,震惊愤怒之余,只能南撤,渡过汉江往襄阳而去。因为曹操曾屠徐州,曹军所过之处又多屠戮,襄阳百姓害怕曹操,十余万人拖家带口自愿跟随刘备逃难。每天只能行进十余里,向江陵缓慢转移,最终刘备败走汉津渡口。刘备作为一位仁德之君,对待百姓非常仁慈和关爱,这种怜惜人命、尊亲爱幼的行为受到了百姓的赞誉。

情志病与养老理念。古代医家普遍认为,情志与身体健康密切相关。情志指人的喜、怒、忧、思、悲、恐、惊七种情绪,情志不遂可导致一系列的疾病。《三国演义》第1回,词曰:"滚滚长江东逝水,浪花淘尽英雄。是非成败转头空,青山依旧在,几度夕阳红。白发渔樵江渚上,惯看秋月春风。一壶浊酒喜相逢,古今多少事,都付笑谈中。"这些人生箴言,说明名利、地位均是身外之物,看淡是非、不计名利对养生而言很重要。第51回,诸葛亮三气周瑜,周瑜因气量狭小吐血而亡;第77回,曹操因为看见关羽的首级,惊惧不已,之后头痛加剧,最终不治而亡;第75回,华佗为关公刮骨疗毒,叮嘱曰:"君侯箭疮虽治,然须爱护,切勿怒气伤触,过百日后,平复如旧矣。"都说明了情志对健康的重要性。

3.《西游记》中的养老文化　《西游记》是明代小说,100回,作者为吴承恩。《西游记》以取经之路为主线,描绘了唐僧师徒四人历经九九八十一难,最终成功取得真经的故事。除了引人入胜的情节和鲜活的人物形象,《西游记》中还蕴含了丰富的延年益寿的养生理论和方法。

道教养生思想。老子《道德经》云:"人法地,地法天,天法道,道法自然。"认为自然与人类生命息息相关,只有顺乎自然的变化规律才能健康长寿。《西游记》中多次涉及道教养生思想。孙悟空在花果山"食草木,饮涧泉,采山花,觅树果……夜宿石崖之下,朝游峰洞之中""春采百花为饮食,夏寻诸果作生涯。秋收芋栗延时节,冬觅黄精度岁华"。此种合于四时、顺应自然的生活方式体现了道家养生法则。在孙悟空拜访菩提祖师学艺的过程中,菩提祖师向他传授了"动功"和"静功",动功注重锻炼身体、强健体魄;静功则强调内心修炼,调节气息,保持内心平静。内外兼修的养生思想,有助于身心健康。

饮食养生思想。在《西游记》中,饮食养生也是重要的文化内涵之一。第 86 回,孙悟空在豹子精洞里救了一樵夫,樵夫请师徒四人到家,因家中寒薄,准备几品野菜招待师徒四人:"果是几盘野菜。但见那:嫩焯黄花菜,酸齑白鼓丁。浮蔷马齿苋,江荠雁肠英。燕子不来香且嫩,芽儿拳小脆还青。烂煮马蓝头,白灼狗脚迹。……羊耳秃,枸杞头,加上乌蓝不用油。几般野菜一餐饭,樵子虔心为谢酬。"从书中描述可以看出,樵夫准备的素宴中含有多种野菜,有黄花菜、白鼓丁、浮蔷、马齿苋、江荠、雁肠英、燕子不来香、马蓝头、狗脚迹、羊耳秃、枸杞头、乌蓝等。据李时珍《本草纲目》记载,黄花菜,又名黄瓜菜,通结气,利肠胃;马齿苋,又名五星草、长命菜,治诸肿瘘疣目,捣揩之,破痃癖,止消渴;马蓝头,又名马兰头、马兰、鸡儿肠,能清热解毒,散瘀止血;枸杞头,又名枸杞苗、枸杞尖,能清热明目。这些野菜都具有很高的药用功效和养生价值。

精神养生思想。取经路上,师徒四人不避山岚瘴气,一路饥餐渴饮,跋山涉水,夜住晓行,可谓是历尽艰难险阻。每遇歇息之处,唐僧必"参禅打坐,戒语持斋",并"入定坐关"之类。唐僧与比丘国王坐而论道曰:"行功打坐,乃为入定之原。"中国医学早在《五十二病方》中即有药后温覆静坐、以助发汗祛邪的记载,调息静坐、摄生修持被历代医家所推崇。托名孙思邈的明代眼科专著《银海精微》认为:"有能静坐澄神,爱护目力,放怀息虑,心逸目休,调和饮食以养之,斟酌药饵以平之,明察秋毫,断可必矣。"取经路上遭遇诸多磨难,唐僧坚守佛教信仰,不动摇、不偏离,为整个团队提供了精神上的指引;孙悟空则表现出机智、勇敢和乐观的精神状态,这些都有助于他们保持良好的心理状态和精神健康。

4.《红楼梦》中的养老文化 《红楼梦》是清代小说,通行本共 120 回,一般认为前 80 回是清代作家曹雪芹所著,后 40 回作者为无名氏,由高鹗、程伟元整理。《红楼梦》的养老文化涉及饮食、医药、茶酒、情志、运动等生活的方方面面。

物质生活与精神生活的供给。贾母作为贾府中辈分最高的人,她的生活状态在很大程度上代表了当时贵族家庭对老年人的照顾与关心。贾母日常的生活起居被安排得井井有条,无论是饮食、衣物,还是居住环境,都体现了晚辈对长辈的关心和尊敬。贾母非常注重饮食养生。第 49 回,"好容易等摆上来,头一样菜便是牛乳蒸羊羔。贾母便说:这是我们有年纪的人的药,没见天日的东西,可惜你们小孩子们吃不得。今儿另外有新鹿肉,你们等着吃罢"。牛乳蒸羊羔,大热,补气养血,适宜年老体虚者;鹿肉性温,补中益气,强五脏,对年轻人的健康有利。饮茶方面,贾母十分注重茶的品种、饮用方法及用量。第 41 回,妙玉捧了一盅茶给贾母,贾母道:"我不吃六安茶。"妙玉笑说:"知道。这是老君眉。"六安茶过于浓郁,不适合老年人肠胃,贾母更加喜爱温和的老君眉茶。除了物质上的供养,贾母的精神生活也相当丰富。在《红楼梦》中,经常可以看到贾母与众子孙一起看戏、听曲、游园、赏花、品茶,或是与身边的人聊天解闷。如第 22 回,薛宝钗过生日,众人皆知贾母"喜热闹,更喜谑笑科诨"的戏曲,就点了《西游记》《刘二当衣》《鲁智深醉闹五台山》等。这种精神上的关怀使贾母在晚年生活中得到了慰藉。

晚辈对长辈的尊敬与孝顺。《红楼梦》主角之一贾宝玉对长辈极为尊敬,言行举止中充满了对长辈的关心和孝顺。宝玉即使非常受宠爱,但在荣国府的日常生活中,也表现出了对于尊长父母极高的顺从和孝敬。《礼记·曲礼上》："凡为人子之礼,冬温而夏清,昏定而晨省。"定省之礼是贾府这样"仓廪实而知礼节"之家教育子孙后辈的必然要求。如第3回,林黛玉初进贾府,宝玉晚归,贾母先命宝玉"去见你娘来"。这之后才是宝黛二人的经典见面场景。第71回,贾母过八十大寿,庙里念"保安延寿经",宝玉去"跪经",本回还写道"宝玉却在榻上,与贾母捶腿"这样的孝顺祖辈的场景。

宗族与祭祀活动。在《红楼梦》中多次出现宗族活动与祭祀行为,如第29回贾母与众人去清虚观打醮、第53回贾府除夕祭宗祠等。这种集体行动能够增强家族成员之间的联系,也让长辈们感受到家族的温暖和尊重,是中国传统家庭模式下的产物。长辈们被奉为座上宾,晚辈们在这些活动中向长辈请教、聆听长辈的经验和教诲,体现了对长辈智慧和经验的尊重,同时也是对家族和传统文化的传承。

第三节　中国古代其他艺术与养老文化

中国古代其他艺术,如孝子图、二十四孝义图、二十四孝图和孝子戏均以儒家思想中的"孝"为核心,体现了中国古代的养老文化——"善事父母""生养死葬"。

一、孝子图、孝义图、二十四孝图与养老文化

汉武帝时期,儒家思想成为立国之本。孝是儒家思想的核心,被广为推崇。汉代以来,孝子图、二十四孝义图、二十四孝图广为流传,宣扬孝文化。

(一) 孝子图中的养老文化

在中国传统养老文化中,孝是孩子对其父母表现出的德行,即子女在父母在世时对他们尊敬照料,父母去世后竭诚祭祀,并在一生中遵循父母的教诲。因此孝道可以说是作为"孩子"的道德。文献和考古发现,现存最早的孝子图为山东武梁祠的汉代画像石,其中一个画像石上刻了闵子骞"芦衣顺母"的故事。闵子骞是孔子弟子,母亲很早去世,后母又养了三个儿子,对他很不好,冬天只给他穿芦花做的衣服。一次,父亲让他驾车,他瑟瑟发抖,父亲才知道情况,便要休掉他的继母,闵子骞恳求父亲说,如果后母在,不过是我一个人受苦,如果您休了她,那么弟弟们就没有母亲了。后母听说后,悔恨知错。对于闵子骞的孝行,孔子曾赞扬说:"孝哉,闵子骞!"(《论语·先进》)。北魏时期有两个重要的孝子图,一个在宁懋石室,此室里面有一个不清晰的图像。根据研究,中间部分是《天仙配》的主人公董永"卖身葬父"图。董永在父亲死去之后,因为贫穷,无法为父亲下葬,便卖自己为佣工,筹集殡葬费为其父下葬。传说后来他得到七仙女的帮助,才完成了这一伟大的孝行。另外一个在北魏石棺,石棺外镌刻了孝孙原谷图。此图讲述的故事是原谷年迈的祖父身体非常羸弱,生活不能自理,原谷的父亲想用担架将其抬出家后遗弃,原谷哀求父亲留下爷爷,父亲不同意,并用担架把祖父抬走了。原谷把担架捡了回来,父亲问他为什么把担架拿回来,他答道:"等您老了,还可以再用啊!"父亲因此幡然悔悟。

(二) 二十四孝义图与养老文化

在宋、辽、金、元时期,传统孝文化得到了进一步发展。洛阳发现的北宋石棺上的二十四孝义图中,不仅有孝的故事,还有义的故事。孝义图的主人公分别是大舜、曾参、郯子、闵子骞、老莱子、陆绩、董永、丁兰、孟宗、郭巨、姜诗、王祥、蔡顺、杨香、田真、元觉、曹娥、鲁义姑、韩伯瑜、赵孝宗、刘明达、王武子、鲍山、刘殷二十四人。20世纪60年代,在山西闻喜发现一批金代壁画墓,其中一号墓里也有一张二十四孝义图。这张孝义图画的是蔡顺的故事。蔡

顺是汉末人,小时候家境贫穷,经常挖野菜、找桑葚。桑葚比较生的时候是红色的,待成熟后就会变黑。蔡顺很细心,将成熟的桑葚放一个篮子,留给母亲,比较生的放另一个篮子,自己吃。有一次,蔡顺遇到了匪徒,匪徒很奇怪他为什么用两个篮子装桑葚,究明原委后大为感动,竟送他三斗米和一条牛腿。

20 世纪 80 年代在山西长治市石哲镇发现的金代壁画墓中也有孝义图。壁画中右边站着一个人,旁边有一头大象,后面有树,树上有一些飞鸟,画上题款是一个"舜"字。由此可见,金代的壁画已有"榜题",即画的名称。舜是二十四孝故事中地位最高的角色。他行孝故事的主题是"大舜耕田"和"孝感动天"。所谓"孝感动天",意思是照顾父母任劳任怨,耕田时也能得到上苍的帮助。故事讲的是舜在当皇帝之前,家庭困苦,父亲很凶,家中还有继母,所以他经常自己耕田,当他耕田时大象来帮忙,飞鸟也来助阵,所以耕得又快又好。

山西沁县发现的圆形金代砖雕墓,中部的小龛里雕刻了二十四孝义图,塑造了完全立体的孝义形象。龛背面用墨书题写了二十四孝义的题名,"王祥"是其题名之一。王祥是晋代真实的人物,孝义图描绘的是"王祥卧冰"的故事。讲的是他的继母非常喜欢吃鱼,而且一年四季都想吃,但是在冬天水面结冰的时候很难捕到鱼。为了捕鱼,王祥脱光衣服躺在冰上,用自己的体温去化冰。就在这时,冰下跳出了鲤鱼,他就顺势捕捞,献给继母。这个圆雕中的图形绘制的是一个侧卧裸体的王祥,旁边还有一个看热闹的人。

2002 年在河北涿州发现的元代壁画墓中也绘制了完整的二十四孝义图,二十四孝故事被绘制在山的曲折回环处。

(三) 二十四孝图中的养老文化

在明代,传颂孝道的养老文化得到进一步发展。明朝万历年间,"二十四孝"得以真正确立,二十四孝义图中体现兄弟之义的田真和张孝、张礼的故事被更换为江革"行佣供母"和子路"为亲负米"的故事,使得"二十四孝义图"成为"二十四孝图"。二十四孝图中"行佣供母"讲的是江革家很穷,父亲早亡,他与寡母相依为命。遭逢战乱,他经常背着母亲到处逃难。一次碰到强盗要杀他,看他十分不易,便放过了他。子路"为亲负米"的故事讲的是子路早年非常穷,为了不让母亲挨饿,经常跑到百里之外去背米回来。

清代仍以孝为主题传承养老文化。二十四孝图的表现形式从壁画发展为浮雕。2001年在陕西大荔发现的清代石室墓的墓穴门楣上方,有浅浮雕石刻《二十四孝图》。图中有一个场景是朱寿昌弃官寻母的故事。宋代的朱寿昌是苏东坡的朋友,曾在朝廷为官。其母原本是他父亲的小妾,生完朱寿昌后不久就被抛弃。五十年后,朱寿昌突然发愿,一定要找到生母。后来他居然找到了,但他母亲早已改嫁,并另外生了几个儿子,朱寿昌就把母亲和同母异父的兄弟都接回家,供养他们。石室墓的浮雕中还有南北朝时期庾黔娄"尝粪验疾"的故事。庾黔娄,南齐高士,任孱陵县令,赴任不满十天,忽觉心惊流汗,预感家中有事,当即辞官返乡,回到家中,知父亲已病重两日,就诊的医生嘱咐说:"要想知道病情和性命的吉凶,需尝一尝病人粪便的味道,味苦的就好。"于是,庾黔娄毫不犹豫地亲自去尝父亲的粪便,发现味甜,内心十分忧虑,夜里跪拜北斗星,乞求以身代父赴死。即使这样,仍无力回天,几天后父亲去世,庾黔娄悉心地安葬了父亲,并在家中守孝三年。庾黔娄遵医嘱,亲尝父粪以验病之凶吉,这是常人很难做到的。

民国时期,许多著名画家也为传承中国古代孝文化而绘制二十四孝图。现在看到的主要有两个:一个是民国时期著名的上海画家王震(号一亭)所画的水墨二十四孝图,是用中国传统的大写意笔法绘制;另外一个是陈少梅用工笔画的二十四孝图。自五四运动以来,中国学者对二十四孝图采取批判态度,所以二十四孝图渐渐淡出了人们的视野。当代画家戴逸如先生为《漫话二十四孝》一书画的插图,为二十四孝图的变迁历史留下了很有意味的一笔。例如主题是“恣蚊饱血”的画，讲的是吴猛家里很穷，买不起蚊帐，夏天蚊子多，他就主动脱去衣服让蚊子咬他，认为只要蚊子咬了他，就不会再咬父母了。戴先生的画，用微妙的讽刺笔法，画了一个心智不太健康的小孩样子。另外一幅，是姜诗的“涌泉跃鲤”。图中故事讲的是东汉时期四川广汉人姜诗，娶庞氏为妻，夫妻俩都非常孝顺，婆婆喜欢喝江水，庞氏常去六七里外的江边取水；婆婆爱吃鱼，夫妻俩就常做鱼给她吃；婆婆不愿意独自吃，夫妻俩又请来邻居老人陪母亲一起吃。一次因庞氏取水晚归，姜诗怀疑她有意怠慢其母亲，遂将她逐出家门。庞氏寄居在邻家，昼夜辛勤纺织，将积蓄所得托邻居送回家中孝敬婆婆。其后，婆婆得知此事，令姜诗将庞氏请回家。当天，庭院中忽然喷涌出泉水，味与江水相同，随即还有两条鲤鱼跃出，日后天天如此。从此，庞氏便用这些鱼和水供奉婆婆，不必远走江边了。一般的画家都只画很小的鱼，而这幅画中绘制了很大的泉水和鲤鱼，和故事的情景非常契合。

在我国古代以孝为主题的养老文化传颂中，图像起了重要的作用。但是传统的《孝子图》《二十四孝义图》《二十四孝图》受封建思想影响，残留了一些封建迷信和“愚孝”色彩，如《孝感动天》《啮指痛心》《卖身葬父》《刻木事亲》《涌泉跃鲤》《哭竹生笋》《卧冰求鲤》等故事从良好的愿望出发，把凡人不可能做到的事寄托于神仙的力量来实现；又如《鹿乳奉亲》《戏彩娱亲》《闻雷慰墓》《恣蚊饱血》《扼虎救父》《尝粪验疾》《乳姑不怠》等故事用非常笨拙且极不科学的办法行孝。最残忍的一则是郭巨埋儿奉母的故事，说一对青年夫妇为了节省粮食供母食用，竟然把幼儿活埋掉。因此，我们要批判性地继承二十四孝中的养老文化。

二、中国传统孝子戏与养老文化

伴随着中国戏曲的萌芽、成熟和发展，各类孝行故事一直是戏曲选题的富矿。唐代变文中，就已有歌颂大舜孝行的《舜子至孝变文》，描写目连历经千辛万苦救母出地狱的《大目乾连冥间救母变文》。这两个题材在以后的戏曲作品中也常见常新。作为中国戏曲前形态的宋杂剧中有《目连救母》，另外还有“孝经借衣爨”“大孝经孤爨”等涉及孝义的剧目留存。据《辍耕录》记载，于宋杂剧前后出现的金院本，在“诸杂大小院本”“诸杂院爨”下分别有“孝经孤”“擂鼓孝经”的名目，虽具体内容已不可得，但其内容与孝道有关确为无疑。

明清传奇戏曲中的孝子戏分为万里寻亲型、养亲顺亲型、奇节之孝型、女孝女德型、报亲报仇型五种。当然，这样的题材划分，只是为了表述和研究的方便，并非严格学术意义上的分类。比如《跃鲤记》既可以归入养亲顺亲型，也可以归入女孝女德型；《寻亲记》《万里圆》等寻亲题材的戏曲作品，可归入奇节之孝型。历史上这五类题材的戏曲被一写再写，不同体裁的文学作品也对这一题材一再改编，社会上对这五种孝行非常关注，呈现出强大的时空穿透力。

（一）万里寻亲型孝子戏中的养老文化

孝子寻亲的戏曲中有些孝子从幼年时就和父母失散，如《黄孝子》。《寻亲记》中的周瑞隆甚至是在父亲被逼出走后才出生。在戏曲中，作者把孝子寻亲的动机解释为“至情至性”，这既有一定的社会原因，也有一定的心理因素，是“孝”这一社会规范的内化表现。正如杨国枢在《中国人的心理》一书中所说：“孝的社会规范一旦内化而为个人的道德意念，便会产生不少戏剧化的人生情节，使人误认是‘孝道天生’使然。例如，有些人自小因故未曾见过生身父母，在强烈至孝的社会规范与道德意念的影响下，会长期引以为憾，长大后甚至演变为万里寻亲的事件。”

榜样的力量是无穷的，历代孝子寻亲事迹对作品主人公起到巨大的激励作用。在戏曲作品中主人公寻亲的方式很大程度上是在模仿前代的孝子,如"刺血写经"(《寻亲记》)、"茹素断荤"(《节孝记》)、"弃官寻亲"(《劝善记》《寻亲记》)都是模仿朱寿昌的孝行。而主人公的寻亲故事又成为激励观赏者的重要教科书,最终形成交互影响的网络,起到了强大的养老文化宣传效应。

从寻亲戏曲情节模式中对历史材料的取舍、重点段落的发挥、矛盾纠葛的解决等都可以看出,寻亲戏曲的创作者有强烈的"主题先行"意识和教化意图,通过感人故事塑造代表性的孝道形象是第一任务。这些故事的广为流传,使广大民众只要一提到黄向坚、目连,联想到的就是"孝",感受的就是孝道德的至高无上和孝道力量的不可战胜。抽象的孝道理念有了这些具体可感的孝道典范更方便传承和传播,也更便于效仿。寻亲戏曲对真实性的强调,其用意不仅使寻亲故事真实可感、贴近受众,还可以帮助受众释放沉淀在其心底的情感,以产生强大的感化效果,更用真实性调动大众的行为,让人人觉得可以效仿,并进而积极践行。

(二) 养亲顺亲型孝子戏中的养老文化

善事父母,最基本的义务就是养亲。《礼记·祭统》:"君子生则敬养,死则敬享。"把奉养放在了起点的位置。养亲指居常之养。所谓"居常",就是照顾父母的日常饮食起居,让父母衣食周全,身体舒适。《礼记·曲礼》:"凡为人子之礼,冬温而夏清,昏定而晨省。"就是说,首先要照顾好父母的日常起居,做到冬天温暖、夏天凉爽,另外还要在晚上安顿好父母休息,早上要去省亲问安,可谓周全细致。因此,"养亲"类的戏曲,集中表现了孝子们对父母的奉养,既包括常态下照顾其日常饮食起居,也包括战乱、疾病等状态下竭尽全力奉养父母。"养亲"行为是戏曲舞台上孝子们的标配,以完美的养亲行为作为开场戏或过场戏是孝子戏曲的熟套。

戏曲舞台上的养亲故事与民间传说相比更为丰富多样。养亲戏曲中常见的祝寿类开场戏里,孝子孝媳往往表现出对母辈的恭顺虔敬,"竭力承颜,尽心行孝"(《香囊记》);舞台上呈现"母慈子孝"和其乐融融的家庭生活场景,"喜截发寿母长康,更齐眉令妻相得"(《祝发记》),"黄金万两未为贵,一家安乐祭升平"(《祝发记》),母亲身体康健象征家庭基础的稳固,向母亲贺寿便有祈求家庭福泽绵延的意思。而母亲更是孝子"移孝作忠"的启蒙者,《香囊记》中母亲崔氏"教子成名,只指望异日封褒",揭示出家庭长者对下一代光宗耀祖的愿望,强调家庭成员的个人成就与家庭的成就息息相关,突出了百行孝为先、百业孝为本的道德取向,其蕴含的多重伦理内容绝非"口体之养"所能涵盖。

顺亲戏曲是指对非慈的父母,孝子仍以"孝"回报。在这类戏曲故事中,为父母者常常对子女百般挑剔,如后母为了财产等问题对前妻之子百般刁难,而孝子则逆来顺受,以德报怨,即所谓"曲尽孝养"。明清时期此类戏曲作品有唐英《芦花记》,沈璟《十孝记·衣芦御车》《十孝记·薛包被逐》,郑国轩《白蛇记》等。闵子骞衣芦御车和薛包被逐的故事均来自二十四孝,而《白蛇记》的故事则来源于民间传说。

(三) 奇节之孝型戏曲中的养老文化

养亲奉亲戏曲中"奇节之孝"是最为剧作家津津乐道的题材,"奇节之孝"即那些超乎常情的孝行。在这类故事里,作者通常会设置一种异常艰难的情境,使居常之养经过一番脱胎换骨,变成了值得大书特书的奇节、奇行。这种情境包括极为严重的灾荒灾害、极为贫困的生活条件、极为沉重的经济负担,或极其难以治愈的疾病等。它们虚构了一个非正常的情境,使在正常情况下奉养老人的基本义务遭到威胁,迫使孝子做出巨大牺牲,如割股、卖儿、鬻妻等。戏曲对此类故事有其特有的书写策略,一方面显示了戏曲文化对奇节孝行的独特诠释,另一方面强化了戏曲在孝道教化体系中的地位和作用。《祝发记》源自《南史·徐摛传》,是明代剧作家张凤翼所作。叙南朝梁国国子监博士徐孝克,遇上叛乱,米价奇贵,老母无所养,徐孝克无奈,把妻子臧氏送给叛军将领孔景行以换米养母,臧氏也欲舍身成孝,后孔景行出征战死,未能与臧氏成婚,徐孝克祝发出家不再续弦以谢妻,后几经辗转,叛乱平息,一家人方得团聚,徐氏夫妇皆被嘉赏。

养亲奉亲是孝的基本义务,也是孝道德的底线,行孝首必奉养是基本共识。因此,养亲是底线,顺亲是最高标准,表现了"事亲为大"的伦理追求,奇节之孝则是孝子拼命维持底线的惨烈努力。当然其中有些行为如鬻妻卖儿之类违背基本的社会道德,应以历史的眼光看待,并以批判的视角予以审视。

(四) 女孝女德型戏曲中的养老文化

女孝女德型戏曲是指以女性孝行为主题的戏曲作品。明清时期流传下来 30 余种孝子戏剧本,其中女孝女德戏有 15 种,约占一半,可见在孝道教化方面,女性也是重要的受众群体。但女孝戏并非男性孝行故事的简单重复,而是有着一些独有的孝行实践,同时也有鲜明的女性形象特征。这既与孝道教化的基本要求一致,也是剧作家有意识筛选的结果。这样的筛选有着强烈的"受众意识",其目标受众就是封建社会的女性群体,特别是基层女性群体。以孝妇为主题的戏曲故事主要有《东海记》《琵琶记》《跃鲤记》。

(五) 报亲报仇型戏曲中的养老文化

报亲报仇指孝子为父辈复仇的孝行。现存这种题材的明清戏曲不多,只有两部,分别是查慎行《阴阳判》和夏纶《杏花村》。这两部剧都取材于真人真事,且都是当时具有轰动效应的血亲复仇案件。明清时期,众多孝子戏曲取材于历朝历代的史传方志、流传久远的民间传说,或者完全虚构的故事。然而,报亲报仇型戏曲取材于真人实事,选取了当时影响较大的复仇案件,呈现孝道传播与舆论热点互动、互进的现象。报亲报仇戏曲利用时事热点,并借助戏曲的传播优势成功引导社会舆论,用"以案说孝"的方式达到了良好的教化效果。

复习思考题

1. 如何理解中国古代诗词中的养老文化? 请举例说明。
2. 请谈谈我国古代"二十四孝图"与中国传统养老文化的关系。
3. 如何看待"二十四孝图"中的孝道?

第八章

中国传统养老文化的域外传播与影响

> **学习目标**
>
> **知识目标**
> 掌握中国传统养老文化在域外传播的历史、应用与发展,了解中国传统养老文化对世界的影响。
>
> **能力目标**
> 能够正确认知并分析当下域外中国传统养老文化。
>
> **素质目标**
> 深刻体会中国传统养老文化对于域外文化的影响,加深对中国传统养老文化的理解。
>
> **课程思政目标**
> 体会中国传统养老文化对世界解决养老问题的影响,树立文化自信、专业自信。
>
> **学习要点**
> 1. 中国传统养老文化在东亚、东南亚的传播与影响。
> 2. 中国传统养老文化在欧美国家的传播与影响。

在历史上,随着中外交往的加深,中国传统养老文化作为中华文明的重要组成部分在海外广泛传播,对域外养老文化产生了一定影响。面对老龄化社会的挑战,中国传统养老文化与域外本土元素相融合,各种文明之间交流互鉴、互促互进,共同推动了现代养老文明的构建和发展。

第一节　中国传统养老文化在东亚、东南亚的传播与影响

儒家文化不仅是中国文化的主流文化,亦对世界文化影响颇深,尤其对东亚文化圈国家和地区产生了深刻的影响,如东亚的日本、韩国,东南亚的新加坡、越南等均深受儒家文化的浸润。孝文化是儒家文化的核心文化,凡是受中国儒家文化影响的东亚文化圈国家和地区在制度设计中都非常重视家庭和亲情文化的因素,倡导孝敬父母的传统美德。在东亚文化圈的任何一个国家和地区,无论是在历史上还是在现实社会生活中,家庭都居于举足轻重的地位,形成了特殊的家庭养老保障体系和道德规范,甚至在法律上确认家庭系统是赡养老年人的主要载体。可以说,源于中国的传统养老文化成为东亚文化圈国家和地区老人保障体系中的鲜明特色。

一、日本

日本文化深受中国文化的影响,并将儒家文化渗透于国民生活的各个方面,要求以儒家文化来规范行为,并将其融入人际交往。据相关数据和资料表明,日本对中国文化的学习和发展是一个十分漫长的过程,并且涉及中国文化的各个方面,不仅包括对中国汉字、儒学的学习,还包括对中国律令制度以及技术的吸收和融合。甚至可以说,中国文化便是日本传统文化得以生长和繁荣的母体。

据《宋书》记载,日本在 5 世纪就开始向东晋入贡。同时,汉字以及汉籍逐渐传入到了日本,成为日本传统文化形成的关键之一。成书于 8 世纪初期,日本现存最早的历史和文学著作《古事记·应神天皇·文化的渡来》载:"百济国王照古王以牡马一匹、牝马一匹,付阿知吉师上贡……王又贡横刀及大镜。又命百济国道:若有贤人,亦上贡。于是,受命进贡的人名为和迩吉师,即以《论语》十卷、《千字文》一卷,付是人上贡。"与此同时,《日本书纪·应神纪》也对汉字和中国文化传入日本的历史事件进行了记载:"十六年春二月,王仁来之。则太子菟道稚郎子师之,习诸典籍于王仁,莫不通达。故所谓王仁者,是书首者之始祖也。"汉字和中国文化传入日本之后,引起了日本天皇的高度重视,曾经邀请著名学者王仁进行教学,并以身作则学习儒家经典,鼓励和要求皇室子女学习,使得儒学思想逐渐在日本生根发芽。在日本出土的最古老的木简上有"子曰学而时习之"部分隶书字样,这些文字均出自《论语》,可见汉字和儒学对日本文化的影响是多么源远流长。平安年代的大江匡房对此曾发表过这样的评论:"我朝始书文字,代结绳之政,即创于此朝,应神朝。"隋唐时期有大批的"遣隋使""遣唐使"将中华典籍、律令制度、医药文献等传播到日本。日本古代的贵族阶层受到中国儒家思想的熏染,将尊老敬老作为一种美德和道德准则,强调尊重和孝顺年长者。《孝经》何时传入日本尚不明确,日本学者远藤隆吉认为:"大概是百济派五经博士段杨尔来日本之后的事情。确定的是,圣德太子所处时期,《孝经》已经传来了。"《孝经》传入日本后,受到了日本天皇的高度重视。第四十六代天皇孝谦天皇,曾下诏强调"孝"是"百行之本","令天下家家藏《孝经》一本,精勤诵习"。对于孝行予以表彰,对于不孝之人则予以流放。"百姓间有孝行通人,乡间钦仰者,宜令所有长官,具以名荐。其有不孝不恭不顺者,宜配陆奥国桃生,出羽国小胜以清风俗,以捍边防"。

日本战后颁布的新宪法和新民法明确规定直系血统、兄弟姐妹、夫妻之间有相互扶养的义务,并在发挥家庭功能的基础上,制定有关社会保障的政策和制度以发挥家庭的同居赡养功能。依据《民法典》第一千零七十四条:有负担能力的祖父母、外祖父母,对于父母已经死亡或者父母无力抚养的未成年孙子女、外孙子女,有抚养的义务。有负担能力的孙子女、外孙子女,对于子女已经死亡或者子女无力赡养的祖父母、外祖父母,有赡养的义务。日本政府提倡三代同堂,子女尽赡养老年人的义务,如果子女照顾 70 岁以上收入低的老人,可享受减税,与老人一起住的子女则享受更大的税收优惠。从 20 世纪 80 年代末开始,日本政府进一步修正了以老年人福利设施为侧重点的政策,将老年人福利的重心转移到居家福利模式上,体现了日本受"儒家"文化影响而重"孝"德的思想观念。

中国的养生文化在日本也有广泛传播。中国的饮食文化注重食物的营养平衡和药膳的疗效,通过适当的食物搭配和烹饪方法来维护身体的健康。日本在饮食方面也注重营养平衡和健康,有很多与中国类似的饮食习惯和烹饪方法,如多吃米饭、蔬菜、豆腐等,尽量避免过度食用油腻和刺激性食物。此外,中国的禅宗文化也对日本的养老文化产生了深刻影响。禅宗注重内心宁静和修行,强调领悟人生的真谛和追求内心的平静。禅宗的修行方式包括了养生的方法和理念,如冥想、呼吸调节等,这些对健康和长寿有益的养生方法在日本得到了广泛传播。总的来说,中国传统养老文化在日本的传播历史悠久且深远,它不仅影响了日本的养老观念和价值观,也为日本人提供了丰富的养生方法和理念。

二、朝鲜半岛

朝鲜半岛与中国接壤,深受中华文明影响。朝鲜半岛对于中国传统孝道文化的吸收和借鉴至深,血缘关系情结深厚,将孝道观念作为维系家庭关系的纽带。早在三国时期,随着儒家思想的传入,中国的尊老敬老理念便开始在朝鲜半岛流传。儒家文化重视家族伦理,尤其强调以"孝"作为家庭和社会秩序的基石。中国古代的孝文化,尤其是《二十四孝》等经典故事,成为儒家教育的重要内容,在朝鲜半岛得到广泛传播。在朝鲜半岛,无论是朝鲜还是韩国,家庭养老观念都深受儒家文化的影响。子女们普遍尊重并照顾年迈的父母,将赡养父母视为自己的责任。这种观念在朝鲜半岛社会中得到了广泛的传承和发扬,形成了尊老爱幼的良好社会风尚。

(一)中国儒家孝养文化对朝鲜的影响

1. 家庭养老观念的塑造　朝鲜作为中国的近邻,自古以来就深受中国文化的影响。在儒家孝养文化的熏陶下,朝鲜形成了独特的家庭养老观念。朝鲜子女不仅诚心诚意照顾父母的饮食、起居等日常生活,还为父母用心操办花甲礼、进甲礼、回婚礼等。花甲礼是朝鲜为60周岁老人举行的生日宴会,必备寿礼食品不下50种,以表达对父母的敬重。

2. 社会养老保障制度的完善　朝鲜政府高度重视养老保障工作,制定了一系列政策措施来保障老年人的基本生活。这些政策体现了儒家文化中"仁爱"和"孝道"的精神,旨在营造一个尊老爱幼、和谐稳定的社会环境。同时,朝鲜政府还鼓励家庭养老和社区养老相结合的模式,为老年人提供更为人性化的关怀和服务。

3. 文化教育的渗透　682年,朝鲜仿唐于首都设立国学,向学生传授《论语》《孝经》《尚书》《周易》等儒家经典。地方亦设学以儒学教育民间子弟。史载朝鲜人"知书喜学",号称"君子之国"。朝鲜还以表彰孝子顺孙等办法扩大儒学的社会影响。朝鲜与唐频繁交往,仅840年自唐回国的留学生即达105人。金云卿、崔致远等朝鲜留学生还在唐科考登弟,他们学成回国均对儒学在朝鲜的传播做出过贡献。朝鲜王朝以儒立国,太祖李成桂立国之初就创立太学,建立科举考试制度,为朝中选拔官员。地方上设立乡校,习读"四书五经",培养儒学人才。朝鲜儒学因之大盛,涌现出一批颇具学术成就的性理学家,如郑梦周、李滉、李珥、李睟光、宋时烈、李瀷等。朝鲜儒学尊崇程、朱,更加注重程朱理学中较为抽象的性理学思想。持续500多年的朝鲜王朝被视为世界上存续最长的儒教王朝。

(二)中国儒家孝养文化对韩国的影响

1. 家庭养老观念的塑造　在中国古典文化中,孝道的实践不单是道德层面的要求,还涉及老年人的生活照护等方面,家庭成员应尽可能在物质和情感上支持老人,这一点在韩国亦得到了体现。韩国国会于2007年7月高票通过了世界上第一部关于"孝"的法律——《孝行奖励资助法》,成为"孝文化"发展史上具有里程碑意义的标志性事件。韩国人崇尚"人伦之中,忠孝为本"的儒家思想,把每年的5月8日定为"父母节",把父亲节、母亲节、老人节三节合一。父母节这一天,子女只要在国内,都会赶到父母身边祝贺,送上节日礼物。韩国人十分看重孝敬老人,以此作为评判一个人道德水准的标准。

2. 社会养老保障制度的完善　韩国政府在"社会习俗""学校教育""法律制度"等方面亦做了很多传承弘扬孝道文化的工作,鼓励推广以孝解决当今老龄化社会面临的各种问题。韩国坚持"家庭照顾第一,公共照顾第二"的养老政策,制定了较为细致的税收优惠政策,鼓励和支持家庭养老:对于赡养老人五年以上的三代同堂家庭,在继承遗产时减免税收额的 90%；每赡养一名老人即可扣除 3 000 万韩元的遗产税；对于需要赡养 60 岁（女 55 岁）以上直系亲属的纳税人，每年可扣除 48 万韩元的所得税；对于子女和父母各自拥有住房，又选择在一起生活者，可以免除一方出租或出售住房的所得税；本人或其配偶与直系亲属老人共同生活两年以上者，可以获得政府优惠贷款，用来购置、改造或新建住房。

3. 文化教育的渗透　在韩国中学道德伦理教育科目中，分初中"道德"和高中"国民伦理"科目。初中道德科目主要是"人际关系与各种礼节"，以家庭内的父慈子孝、兄友弟恭为起点，提倡学生之间相敬互爱和精诚协作，同时培养学生敬老孝亲的思想。高中的德育课程包括公民伦理教育、伦理思想教育和传统道德教育三个方面，均贯穿着忠、诚、敬与协作的主旨。每到中小学生的寒暑假，各地学校都会举办"忠孝教育"讲座，向学生们宣传"忠、孝、礼"等传统伦理道德思想。李顺连在《孔子的人生哲学及其在韩国的影响》一文中指出："尽管在西方影响下的现代化进程开始以来，韩国人的价值观念和道德标准发生了变化，但韩国人仍然保持着代代相传的孝顺父母和尊敬老人的风尚，而且非常重视礼节和道德观念。""孝是韩国人最重视的民族道德精神之一，也是个人道德的根源，还是个人修养的根本。"

另外，粮食作物和中医的传入，也对朝鲜半岛的养老产生了影响。约在 4 300 年前，中国水稻就传到朝鲜半岛，至今仍是当地人民的主食。泡菜是朝鲜半岛的国民食物，主材料是自中国传入的白菜。白菜在中国有 6 000 多年的栽培史，秦汉时期就有了专门的名字"菘"，唐朝培育出白菘，宋代正式称作白菜，大约在明朝传入朝鲜半岛。692 年，新罗僧人道证回国后，设置医博士，教材为中国医学经典《素问》《本草》《难经》《脉经》等。经过多年发展，1613 年编成《东医宝鉴》，理论和药材都以中医为基础，成为朝鲜半岛学习中国医学的集大成之作。中国传统医学强调顺应自然、阴阳平衡，以及通过饮食调养、草药治疗、健身功法等方式保持身体健康，这对朝鲜半岛的养生文化产生了深远影响。

中国传统养老文化在朝鲜半岛的传播和实践，不仅反映了古代两国文化的互动，也体现了朝鲜半岛在现代化过程中对传统价值的继承和发展。这一传统文化的传播历程不仅丰富了朝鲜半岛人民的社会生活，也为两国人民搭建了一座互相了解和学习的桥梁。朝鲜半岛也在尝试将传统养老文化与现代养老服务相结合，探索出适合自身国情的养老模式。

三、新加坡

新加坡共同价值观的内容体系蕴涵着传统孝文化中"以孝齐家""由孝至忠""孝亲及人"的价值内核，在共同价值观的构建过程中，新加坡通过对传统孝文化中合理价值精神的诠释、创新，以及与时代发展需求相适应的调适，在传承和发展传统孝文化的同时，实现共同价值观的社会传播、认同与践行。新加坡国父李光耀一直是儒家思想的坚定支持者和实践者，将家庭养老看作是东方社会的优秀传统，十分推崇三代同堂的传统家庭模式，并指出奉养父母是子女应尽的责任。李光耀在接受《外交》季刊采访时就明确表示新加坡是通过家庭促进经济发展的，在舆论导向方面不遗余力地向人民灌输儒家思想，宣传孝道，每年的农历新年均会开展敬老活动，将老年人称为乐龄人士，在全社会树立尊重老人、关爱老人的风尚。1995 年，新加坡国会通过《赡养父母法令》，成为世界上第一个为"赡养父母"立法的国家。

在养老方式上，新加坡将居家养老放在首位，其居家养老服务主要由居家护理机构、居家姑息照护机构和综合诊所提供。新加坡重点发展的社区养老是以居家养老为主、机构养老为辅，整合各种社会资源为老年人服务，让老人在自己熟悉的社区环境里生活，符合老年人"安土重迁"的传统思想。新加坡提倡以家庭为中心的养老模式，制定了津贴、住房政策、税收优惠等一系列支持家庭养老的福利政策,体现了孝文化中的亲情因素,具有浓厚的儒家文化底蕴。新加坡政府通过实施"居者有其屋"计划,对三代同堂的家庭给予价格上的优惠并优先安排,同时规定单身男女青年不可租赁或者购买祖屋,但若愿意与父母或者四五十岁以上的老人居住,可优先照顾。如果和父母同住,或子女的住房离父母的住所较近,政府也会给予一定的住房补贴,并免除子女探望父母时的部分小区停车费。

四、越南

孝道思想深受越南人民重视,尤其体现在越南民族文化特色的节日和习俗活动中。例如春节是越南最重要的传统节日之一,也是全家团圆的时刻。在这个节日里,无论子女身在何处,都会尽力回家与父母团聚,一起祭祖、拜年、吃团圆饭。在越南,祭祖是一项非常重要的传统习俗。在重要节日越南人都会举行祭祖活动,向祖先表达敬意和感激之情。越南人普遍认为,家庭是社会的基石,家庭成员之间应该相互关心、相互扶持。因此,在越南的家庭中,子女通常会尽力照顾和赡养年迈的父母。这些均充分表现了越南民众汲取儒家文明养分后的本土继承、转化与发展,以慎终追远、崇德报功维系的民族传统价值观默默影响着越南民众的道德修养。

第二节　中国传统养老文化在欧美国家的传播与影响

中国的养老文化也在欧美等西方国家传播,中国对家庭责任和对尊重老年人的重视为欧美西方国家构建新型养老模式提供了借鉴。

(一)中国传统养老文化在欧美国家传播概况

1. 早期接触和传播　中国很早就开始与西方沟通交流,汉武帝时期张骞出使西域之后,一条从中国经中亚抵达欧洲的"丝绸之路"出现,中西交流得以进一步发展。有学者认为早在张骞出使西域之前,中原地区的人们和西域及其以西地区就已经有了交流,汉代张骞通西域并非丝绸之路的开始,而是开启了古代东方与西方交流的新时代,由零星、断续、小规模的民间交流转变为大规模、持续、官民结合的交流。一些中药就是通过这条丝绸之路传播出去的,美国学者斯塔夫里阿诺斯在《全球通史:从史前史到21世纪》中介绍丝绸之路贸易的物品说道:"中国丝织品是各地最需要的,至少占中国出口商品的90%,剩下的10%包括肉桂、大黄和优质铁。作为回报,中国也得到了各种物产,如来自中亚的毛皮、毛织品、玉和牲畜,来自波罗的海的琥珀,来自罗马诸行省的玻璃、珊瑚、珍珠、亚麻布、羊毛织品和黄金。"

隋唐两代,中国又一次实现大一统的局面,经济繁荣,陆路、海路贸易非常发达。操着阿拉伯语、波斯语、罗马语、法兰克语、安达卢西亚语、斯拉夫语的商人经陆路和海路来到中国,他们携带"中国麝香、沉香、樟脑、肉桂"及其他各地的商货返回红海,然后将其带到君士坦丁堡,卖给罗马人,或是带到法兰克王国去贩卖。广州是当时重要的对外贸易港口,"南海市舶利不赀",就是八九世纪广州对外贸易蒸蒸日上的真实写照,运出的货物主要为丝绸、麝香、芦葵、马鞍、瓷器、肉桂和良姜等。甚至有人从陆道自撒马尔罕(今乌兹别克斯坦撒马尔罕市)一路背负麝香徒步来到广州进行交易。由此可知撒马尔罕商人足迹之广,和广州国际贸易之盛。但13世纪以前,中西交往主要停留在以贸易为主的经济联系上,缺乏直接的接触和了解。

《马可·波罗游记》的出现开启了中西方之间直接的政治、经济、文化交流的新时代。马可·波罗在游记中对中医药的记载颇为详细,比如大黄,"抵一别州,名曰肃州……如是诸州之山中并产大黄甚富,商人来此购买,贩售世界","此城(苏州)附近山中饶有大黄,并有姜,其数之多,威尼斯钱(gros)一枚可购六十磅"。麝香,在蛮子境内的阿黑八里州"有不少兽类产生麝香","(土番州)尚有不少兽类出产麝香","(建都州)境内有产麝香之兽甚众,所以出产麝香甚多";肉桂,建都州"肉桂甚饶"。蛇胆,在哈剌章州"出产毒蛇大蟒……捕得以后,取其腹胆售之,其价甚贵。盖此为一种极宝贵之药品,设有为疯狗所啮者,用此胆些许,量如一小钱(denier)重,饮之立愈。设有妇女难产者,以相当之量治之,胎儿立下。此外凡有疾如癣疥,或其他恶疾者,若以此胆些许治之,在一最短期间内,必可痊愈,所以其售价甚贵"。

17世纪前后,中国与西方国家的联系主要通过早期的探险家、商人和传教士实现。其中,耶稣会士的贡献尤为显著,他们不仅在科学和宗教领域进行交流,也成为中国传统文化传播到西方国家的重要媒介。1603年,苏格兰商人在北美洲建立弗吉尼亚公司,积极打通中国贸易渠道,从美国西部渡过太平洋到达中国,又从中国带回丝绸、瓷器、茶叶和中药。耶稣会士如利玛窦和白晋等,在中国的长期居留使他们有机会深入观察和体验中国的社会习俗。这些传教士的著述如《利玛窦中国札记》等成了欧洲了解中国的重要窗口。在该书的第一卷,利玛窦比较集中地介绍了明代社会各方面的情况,其内容都是比较客观的。对于中国人民,他说:"根据我们自己的经验,大家知道中国人民是最勤劳的人民。""中国这个古老帝国以普遍讲究温文有礼而知名于世,这是他们最为重视的五大美德之一。""中国哲学家之中最有名的叫作孔子……他既以著作和授徒,也以自己的身教来激励他的人民追求道德。他的自制力和有节制的生活方式使他的同胞断言,他远比世界各国过去所有被认为是德高望重的人更为神圣。的确,如果我们批判地研究他那些被载入史册中的言行,我们就不得不承认他可以与异教哲学家相媲美,而且还超过他们中的大多数人。"以儒家学说为思想基础的中国政治体制得到众多启蒙思想家的推崇。在伏尔泰眼中,中国建立在父权社会基础上的政治体制最合乎理性,中国是世界上管理最好的国家,他以中国的长治久安来论证中国体制的优良。他在《风俗论》中写道:"儿女孝敬父母是国家的基础。在中国,父权从来没有削弱……一省一县的文官被称为父母官,而帝王则是一国的君父。这种思想在人们心中根深蒂固,把这个幅员广阔的国家组成一个大家庭。"这些作品详细描述了中国社会的各个方面,其中包括家庭结构、伦理关系,以及对老年人的尊重和照护方式。他们发现,与西方以核心家庭为主的养老方式不同,中国有着深植于文化之中的孝道传统,这种传统强调子女对父母的尊敬与赡养义务。通过这些描述,中国的养老文化理念开始在欧洲产生影响。同时,中国的医学知识也随同其他文化要素一同传入欧洲。耶稣会士通过详细的观察和记录,介绍了中医的基本原则和治疗方法,包括草药、针灸和按摩等。这些以预防为主,注重调和身心的医疗实践,为欧洲的医学思想和实践提供了新的视角。早期探险家、商人和耶稣会士的这些工作,不仅展示了中国的中医文化、养老文化,而且通过这些早期的文化交流,中国的养老观念在欧洲悄然生根,对其本土的文化传统、宗教教义(如基督教的慈善观念)和社会经济结构造成潜在的影响。

2. 东方热与养老哲学的传入　随着18世纪"东方热"的兴起,西方国家对中国传统文化的兴趣达到了一个新的高度。中国哲学、文学和艺术开始成为西方知识分子研究的对象,中国的养老文化也随之进入欧美知识界更为广阔的视野。

在此前后,一些欧洲作家和哲学家开始深入探讨中国的儒家思想,其中包括孝道的概念。例如,17世纪法国自由思想家拉莫特·勒瓦耶的《论异教徒的道德》开拓性地将孔子和苏格拉底进行平行比较,力举中国儒学文化精神、自然神论和道德哲学。孟德斯鸠对中国进行过长期研究,在他的著作、笔记、手稿中有大量有关中国的论述,他的代表作《论法的精神》31章中有21章涉及中国,其中有9节完全以中国为题,如《中国政体的特质》《中国的良俗》《中国人的礼仪》等。他对法国绝对专制政体大为反感,而对"伦理与政治相互关联"的中国德治主义却深表赞同。他的这一主张影响深远,一直延续到法国大革命时期。不仅是学术界,中国养老文化的哲学和实践也开始通过展览、书籍和文化交流项目传播到更为广泛的公众群体中。在中国文化中,老年人被视为智慧和经验的象征,他们在家庭和社会中享有崇高的地位。这种对老年人的尊敬和照顾的文化传统通过贸易和文化交流逐渐传入了欧洲,影响了欧洲人的家庭观念和社会价值观。这种影响不仅体现在对老年人的尊重和照顾上,更体现在对家庭关系的重视和对传统文化的传承上。

中国的养老哲学之所以能够吸引西方的注意,很大程度上是因为它的社会价值观与当时欧美社会中的观念形成了对比。西方社会正逐渐步入工业化和现代化,家庭结构的变化导致对老年人的照顾成为一个社会问题。而中国的养老文化强调的是家庭的责任和对老年人的尊重,这为欧美提供了一个不同的视角来反思自己的养老问题。然而,尽管19世纪的欧洲人对中国文化充满好奇,但他们对这些哲学和实践的理解往往是浅层次的,常常带有异国情调的想象和曲解,对社会的实际影响还很有限。实际上,真正深入了解中国养老文化并将其融入西方实践中的尝试,直到20世纪才开始逐渐发生。

3. 中医和养生文化的传播　到了20世纪,随着全球化步伐的加快,更多的西方国家开始接触并了解中医和中国的养生哲学。二战后,随着东西方政治局势的变化和文化交流的增加,中医和中国传统养生方法逐渐在西方社会取得一席之地。

中医哲学中的"天人合一"和"阴阳五行"理论为西方人提供了一个全新的健康和养生视角。针灸、草药、气功和太极拳这些具有代表性的中医疗法和养生方法开始传入西方,并被一些开放的医学人士和健康爱好者所接受。对于越来越多关注健康生活方式的西方人来说,这些传统中国养生法成为极具吸引力的新选择。1972年美国总统尼克松访华,为中医在西方的传播开启了新的篇章。在随后的年代里,西方对于中医药的研究和实践愈发深入,中医药逐渐被纳入一些西方国家的医疗体系。太极拳作为一种兼具防身术和健身效用的慢速武术,其对身心健康的益处逐渐被西方科学研究所证实,在西方国家特别是在老年人中,成为一种健康活动。中国的饮食文化,特别是其在养生方面的智慧,亦逐渐为西方所接受。

除了中医和养生,中国的养老观念也对西方产生了影响。外国作家对中国家庭关系和对老年人态度描述的代表作品如赛珍珠的《大地》等。《大地》中老年人(如王龙的父母)在家庭中享有崇高的地位,他们的经验和智慧受到尊重。然而,随着年轻一代的成长和权力的转移,老年人的地位可能会受到挑战。这部作品深入探讨了这种权力转移对家庭关系的影响,以及家庭成员如何应对这种变化。这些文学作品以一种贴近民众的方式,改变了不少西方读者眼中中国那种"历史悠久而又软弱落后的神秘国度"印象,同时使得中国的养老文化得以在西方社会传播。随着人口老龄化问题的凸显,西方国家开始关注中国在家庭养老和社区支持方面的经验。中国的养老文化强调家庭关系和社会责任,这在一定程度上启发了西方探索养老新模式。20世纪的文化交流和科技进步使中医和中国养生文化不仅在理论上,而且在实践中得到了西方社会的广泛认可。这不仅为西方社会带来了新的养生方法,也为不断发展的养老模式提供了更多的可能性。

4. 当代互动与养老模式的融合　进入21世纪,随着科技的发展和信息时代的到来,全球文化交流变得前所未有的密集和快速。在这个时代背景下,中国的养老理念和实践也与西方的养老模式发生了更多的互动与融合。

在养老服务领域,西方国家借鉴中国的家庭和社区相结合的养老模式。许多西方养老机构开始重视社区的参与和家庭的作用,推出了包括居家护理、日间照料、社区互助等多样化的养老服务。这些服务不仅让老年人感受到家庭的温暖和社区的关怀,也有效缓解了养老机构的供求压力。与此同时,中医和中国传统养生方法进一步渗透到西方社会的日常生活中。针灸和中草药在西方的医疗体系中不断得到认可和推广,成为许多西方人在面对慢性疾病和疼痛管理时的替代医疗选项。这种融合有助于全球范围内形成更加包容、多元和可持续的养老新模式,以应对全球老龄化带来的挑战。

(二)东西方孝文化的差异与借鉴

南怀瑾先生认为:"孝是西方文化制度和社会习惯上的最大漏洞。"费孝通先生曾提出"反馈模式"和"接力模式"的概念,分别用来概括东、西方代际文化的特征。所谓"接力模式"是指父母将子女养育成人后,子女直接进入下一代的养育过程中,不对父母有赡养义务,这种关系是单向的义务关系。而"反馈模式"则恰恰相反,指父母将子女养育成人后,子女在养育下一代的同时必须回报父母的养育之恩,子女有赡养父母的义务,这种关系是双向互动的代际关系。"反馈模式"是中国以及受中国传统文化影响的日、韩等东亚诸国特有的代际关系和文化现象,而"接力模式"则是当代西方世界普遍存在的代际关系,两者之间不仅体现了历史发展、风俗习惯和思想文化的差异,也直接影响了今天中西方养老制度和养老现状的差异。

西方社会虽然同样提倡子女孝敬父母,如古罗马时期流传着"孝敬父母是自然法则中的第一条",基督教第五诫命强调"要尊敬父母",美国流传着"在孩子的嘴上和心中,母亲就是上帝",意大利流传着"母亲的心是儿女的天堂"等谚语。但由于价值观的不同,西方并未像我国一样将传统孝道发展成为系统的价值体系,并加以弘扬和用以教化。除了《圣经》外,西方对于孝的相关阐述并不多,"孝"在西方始终不是传统思想的核心,英文里甚至没有"孝"这个词,基督教的孝道并不像儒家孝道具有最高的价值原则,蓬勃发展的个人主义也在客观上削弱了孝文化的影响力。中西方孝文化的差异主要有以下方面。一是父母养老的责任人不同。在中国父母养老的责任人主要是子女,在西方国家主要是社会。二是是否顺从父母。顺从父母是中国孝文化的重要内容,西方国家则不然。三是"孝"之根本不同。中国的"孝"是人本之孝,西方国家的"孝"是神本之孝,孝敬父母是听从神的指示。四是"孝"本位的不同。中国的"孝"以家庭为本位,西方国家的"孝"以个人为本位。所有这些不同或者说差异,必然导致在实施养老过程中出现不同的养老模式。西方将更多注意力放在了社会养老,因此社会养老理论发展速度较快,而基于家庭伦理的孝文化发展缓慢。

但这并不是说西方没有家庭养老,尤其是随着老龄化社会的到来,西方国家日益关注家庭在养老上的重要性。美国的老年人虽然不与成年子女生活在一起,但老年人仍是家庭网中的组成部分。通常有一名或数名子女居住在老人附近,保持着"有距离的亲近"。老年人与子女、孙辈可以互相探望和照应。英国居家养老服务深受"去机构化"观念的影响,提出"在社区照顾"和"由社区照顾"两个概念,其目标是使老年人在家中或在"像家似的"环境中享受养老服务。德国提出了"联邦式家庭"模式,即老人、青年同住或邻近居住,缓解老年人因缺乏天伦之乐而引起的精神空虚,但要求父辈和子辈经济独立,这样有"分"有"联",以期老年人有个美好的晚年。在瑞典、芬兰等北欧福利国家的法律中,也有关于子女对父母精神赡养的具体要求,以保证老人们晚年的幸福,并以量化的方式具体规定子女与父母的居住距离,每年、每月、每周或每日应当与父母接触的时间和次数,甚至子女与父母谈话的忌语都受到限制,从而在立法上最大限度地保证赡养行为的质量。

孝文化不仅在中华文化圈内,在世界文化中亦具有重要价值。从人类学意义上说,孝意识的出现是区别人与动物的重要标志。不理解孝,人类学在很大程度上就徒有虚名,哲学家们所讨论的人性和人的生存结构就是无根之木。由于我国与其他国家孝文化既有共性,更有自身独特的文化优势和魅力,至今在世界上仍然发挥着重要影响。从东亚文化圈来看,中华孝文化是推动一些国家发展的重要精神动力。因此,我们完全有理由、有信心在世界范围内弘扬好中国传统养老文化,提升中国传统养老文化的世界影响力,让中国传统养老文化对人类发展作出更大的贡献。

复习思考题

1. 请谈谈儒家文化对东亚文化圈国家或地区养老文化的影响。
2. 请谈谈中西方"孝文化"的异同。
3. 请谈谈中国传统养老文化对欧美国家养老文化的影响。

参考文献

1. 杨天宇. 礼记译注 [M]. 上海：上海古籍出版社, 2004.

2. 二十四史 [M]. 北京：中华书局, 1999.

3. 汤一介, 李中华. 中国儒学史 [M]. 北京：北京大学出版社, 2011.

4. 梁漱溟. 中国文化要义 [M]. 2 版. 上海：上海人民出版社, 2011.

5. 张岱年, 方克力. 中国文化概论 [M]. 3 版. 北京：北京师范大学出版社, 2023.

6. 骆承烈. 历代孝亲敬老诏令律例 [M]. 北京：光明日报出版社, 2013.

7. 骆明, 李娟. 历代养老礼、乡饮酒礼辑释 [M]. 北京：光明日报出版社, 2016.

8. 梁满仓. 魏晋南北朝五礼制度考论 [M]. 北京：社会科学文献出版社, 2009.

9. 陈正宏. "孝" 与中华传统 [M]. 上海：上海文艺出版社, 2020.

10. 卢明霞. 养老视阈下中国孝德教育传统研究 [M]. 北京：中国社会科学出版社, 2016.

11. 谢元鲁, 王定璋. 中国古代敬老养老风俗 [M]. 2 版. 西安：陕西人民出版社, 2004.

12. 李岩. 中国古代尊老养老问题研究 [M]. 北京：中国社会科学出版社, 2016 年.

13. 王子今, 刘悦斌, 常宗虎. 中国社会福利史 [M]. 武汉：武汉大学出版社, 2013.

14. 谭克俭. 农村养老保障体系构建研究 [M]. 北京：中国社会出版社, 2009.

15. 郝勤. 中国古代养生文化 [M]. 成都：巴蜀书社, 1989.

16. 萧天石. 道家养生学概要 [M]. 北京：华夏出版社, 2007.

17. 钟敬文. 民俗学概论 [M]. 2 版. 北京：高等教育出版社, 2010.

18. 蒋力生, 王平. 中医养生文献学 [M]. 北京：中国中医药出版社, 2021.

19. 杨金长. 中国古代科学技术史 [M]. 北京：人民军医出版社, 2007.

20. 范红娟. 明清戏曲研究：以孝道教化与传播为视角 [M]. 北京：人民日报出版社, 2022.

复习思考题
答案要点

模拟试卷